PETITE HISTOIRE

DU CANADA

ILLUSTRÉE

POITIERS. — IMPRIMERIE GÉNÉRALE DE L'OUEST : A. BUÉ.

Samuel de Champlain.

François de Laval.
I.er Ev. de Québec.

PETITE HISTOIRE
DU CANADA

ILLUSTRÉE

PAR

LE VICOMTE DE LASTIC SAINT-JAL

POITIERS
CHEZ L'AUTEUR ET CHEZ MOTHE, LIBRAIRE
26, PLACE D'ARMES, 26

1875

A MON PETIT-FILS

JEAN DE LASTIC SAINT-JAL

Mon cher Enfant,

Je te dédie cette œuvre de ma vieillesse. La lecture de cette Petite Histoire du Canada *t'apprendra ce que peuvent produire de grand l'amour de Dieu et l'amour de la Patrie. L'un inspire les hautes vertus, l'autre donne la force d'exécuter les nobles et généreuses actions.*

C'est à ces deux puissants mobiles qu'un petit nombre d'hommes durent d'avoir doté la France d'une contrée plus vaste que l'Europe. Tu verras aussi quels funestes effets produisent la cupidité, la soif des richesses, l'amour du jeu et la licence des mœurs. Ceux qui sont dominés par ces passions funestes recueillent la honte dans le présent et le mépris de la postérité; ils consomment la ruine des peuples et la perte des États.

Puisses-tu, mon enfant, méditer ces leçons de l'histoire ! Puisse la génération qui se lève, répudiant les fautes du passé, se retremper dans la Foi et dans le Patriotisme, et préparer, par le recueillement et le travail, la régénération sociale qui, seule, peut relever la France de l'abaissement où nous avons eu la douleur de la voir tomber, pour avoir ébranlé les bases fondamentales de toute société humaine : la Religion et la Royauté !

Poitiers, 1er juin 1875.

AVANT-PROPOS

On ne connaît plus guère en France que de nom les anciens écrivains qui ont raconté la découverte de ces vastes contrées du Canada désignées longtemps sous le nom de *Nouvelle-France*, et la conversion laborieuse de ces nombreuses tribus indigènes qui peuplaient ses forêts. Ces récits n'ont rien perdu cependant de leur intérêt, et ils seront comme nouveaux pour un grand nombre de lecteurs. On ne peut pas suivre d'un œil indifférent les aventures des hardis découvreurs de ces terres nouvelles, ni les progrès de la civilisation religieuse parmi ces nations sauvages généralement douces et hospitalières, mais inconstantes, naïves et crédules comme des enfants, et, dans certaines circonstances, cruelles comme des bêtes féroces. Il est même difficile de ne pas se sentir ému en voyant le sort fait à ces habitants d'origine française, devenus Anglais par conquête, et qui ont conservé, comme un dépôt sacré, leur langue, leurs mœurs, leur religion et leur amour pour leur ingrate patrie.

Nous ne donnons qu'un abrégé de cette histoire. C'est avec regret que nous avons dû supprimer les détails de ces courses aventureuses sur la glace et sur la neige, dans l'épaisseur des forêts vierges ou sur les eaux de ses fleuves rapides et de ses immenses lacs, ces entreprises guerrières et hardies contre d'injustes voisins ou des indigènes menaçants, ces combats de la Foi que d'intrépides missionnaires soutinrent au milieu des plus terribles privations et souvent même au prix de leur sang; nous les avons décrits dans une Étude beaucoup plus étendue dont le manuscrit n'est plus entre nos mains.

Ces noms, devenus justement historiques par leur vertu et leur bravoure, sortis souvent des rangs du peuple, adoptés par des nations sauvages comme enfants de leur tribu, admis dans leurs Conseils comme capitaines ou anoblis par nos rois, en récompense de leurs services ou de leurs hauts faits, méritaient d'être conservés.

Ce petit travail, destiné surtout à l'enfance, offrira des enseignements et des exemples propres, nous croyons, à inspirer les plus nobles sentiments de courage et de dévouement, d'amour de la Foi et de la Patrie.

Nous avons été dirigé dans notre travail par les notes et les conseils du R. P. F. MARTIN, de la Compagnie de Jésus, pendant longtemps missionnaire en Canada, et nous lui devons les vignettes et les gravures insérées dans l'ouvrage.

I

Découverte du Canada. — Jean Vérazzani (1523). — Jacques Cartier (1534).

Pendant bien des siècles l'Amérique est restée inconnue, malgré certaines données qui auraient dû, depuis longtemps, faire soupçonner son existence. Au XVe siècle, elle fut révélée comme subitement aux habitants de l'ancien monde, et s'ouvrit à leur avidité insatiable plus encore qu'à leur curiosité.

Une soif ardente de découvertes agitait alors les nations européennes. Les richesses fabuleuses qu'on avait trouvées dans les Indes exaltaient les imaginations et excitaient les convoitises.

L'idée d'atteindre plus promptement ces régions orientales en traversant les mers de l'Ouest fit naître les premiers projets de découverte. Cette initiative glorieuse est due à l'illustre Génois Christophe Colomb. Au nom de Ferdinand et d'Isabelle il arbora, en 1492, le drapeau de l'Espagne sur ces rivages inconnus.

Cette nouvelle émut l'Angleterre, et Henri VIII chargea le Vénitien Jean Cabot et son fils Sébastien d'aller occuper, en son nom, un autre point de ces contrées lointaines.

Jaloux de l'agrandissement de ces deux puissances rivales (1), François Ier voulut ménager à la France une part de ces conquêtes. Jean Vérazzani, Florentin, en reçut la commission de s'emparer, au nom de la France, de quelques terres inoccupées de l'Amérique du Nord.

En 1524, Vérazzani aborda au Canada, le nomma Nouvelle-France et y planta le drapeau français.

C'est ainsi que l'Espagne, l'Angleterre et la France durent à trois navigateurs italiens leurs possessions en Amérique.

Cependant, depuis longtemps, les côtes du nord de ces parages lointains étaient fréquentées par les Basques et les Bretons, pour la pêche de la baleine et de la morue.

Les vicissitudes du règne de François Ier et les guerres qu'il eut à soutenir ne lui permirent pas d'exécuter immédiatement ses projets d'agrandisse-

---

(1) On rapporte cette parole de François Ier : « Où donc est l'article du testament d'Adam qui m'a déshérité du nouveau monde, au profit des rois d'Espagne et de Portugal? »

ment. Mais, après la paix de Cambrai, et sur les instances de l'amiral Philippe de Chabot, il reprit ses plans de colonisation et les confia à Jacques Cartier, de Saint-Malo. Avec la gloire du nom français, le Roi voulait porter dans ces contrées les lumières de la foi et le bienfait de la civilisation chrétienne.

JACQUES CARTIER.

Après vingt jours d'une très-heureuse navigation, l'illustre Malouin arriva à Bonavista, dans l'île de Terre-Neuve, le 10 mai 1534. Puis, pénétrant dans le golfe Saint-Laurent par le détroit de Belle-Ile, où il trouva de nombreuses glaces flottantes, il visita le

Labrador (1) et les côtes occidentales de Terre-Neuve. En parlant du Labrador, il écrit dans sa *Relation* : « Si
» la terre estoit aussi bonne qu'il y a de bons havres,
» ce seroit un bien ; mais elle ne se doit nommer
» Terre-Neuve, ains pierres et rochers effroiables et
» mal rabotez : car, en toute la ditte coste du Nord,
» je n'y vis pas une charretée de terre. Il n'y a que
» de la mousse et bois avorté. Enfin, j'estime mieux
» que autrement que c'est la terre que Dieu donna
» à Caïn. Il y a des gens en la ditte terre qui sont
» assez de belle corpulence, mais ils sont gens effa-
» rables et sauvages. Ils ont leurs cheveux liés sur
» leur teste en façon d'une poignée de foin, et un
» clou passé ou autre chose, et y lient aucunes plumes
» des oiseaux. Ils se voilent de peaux de bestes tant
» hommes que femmes. Ils se peignent de certaines
» couleurs tannées. Ils ont des barques en quoy ils
» vont par la mer, qui sont faites d'écorce de bois
» de bouleau (2). »

Après avoir reconnu les îles de Brion et de la Madeleine, Cartier cingla vers l'Ouest et, après bien des détours, pénétra, le 3 juillet, dans une baie profonde à laquelle il donna le nom significatif de baie des Chaleurs (3). « Ce païs, dit-il, est le plus beau qu'il est

---

(1) Ce nom fut donné par Costaréal.— On trouve aussi celui d'*Estotilande*.

(2) Mss. Bibl. royale. *Fonds Fontette,* 881.

(3) Dans quelques vieilles cartes cette baie porte le nom de *baie des Espagnols*. Une ancienne tradition veut en effet qu'ils y aient pénétré avant Cartier, et que n'y trouvant pas les mines qu'ils cherchaient, ils se disaient entre eux : *Aca nada* (ici il

» possible de voir, tout égal et uni, et il n'y a lieu si
» petit où n'y ait des arbres, du froment sauvage et
» des pois aussi épais comme s'ils avoient esté semés
» et cultivés, du raisin, des fraises, mûres roses,
» rouges et blanches. »

Les naturels du pays se montrèrent en grand nombre et très-bienveillants. Ils échangèrent leurs pelleteries contre quelques petits objets de commerce. « Nous connusmes, ajoute Cartier, que ce » sont gens faciles à convertir à notre sainte foi. »

A l'entrée de la baie de Gaspé ou Gashébé, Cartier choisit une pointe de terre et fit élever solennellement, au nom de la religion et de son Roi, une grande croix de neuf mètres de haut portant un écusson aux trois fleurs de lis et l'inscription : Vive le roi de France.

Le capitaine des Sauvages de la contrée prit ombrage de cette cérémonie dont il comprenait le sens ; mais Cartier sut le calmer par quelques présents et gagna même si bien sa confiance qu'il consentit à lui confier deux de ses fils pour les emmener en France. La saison avancée pressait son retour : il rentra à Saint-Malo le 5 septembre.

Le Roi et la Cour prirent le plus vif intérêt au récit de cette expédition qui donnait des espérances fondées pour l'extension du commerce et la propagation du christianisme.

n'y a rien) ; ce serait l'origine du nom *Canada*. D'autres, avec plus de fondement, le font venir du mot sauvage *Kannata* (amas de cabanes).

Charles de Mouy, vice-amiral de France, qui avait favorisé le premier voyage, obtint pour l'habile capitaine Malouin une commission plus ample et un armement plus considérable, afin de préparer les voies à un établissement durable.

Le goût des aventures périlleuses poussa plusieurs gentilshommes bretons à prendre part à cette expédition comme volontaires.

Ce nouveau départ fut précédé d'une touchante cérémonie, digne de ces âges de foi. « Le dimanche, » raconte Cartier, jour de la Pentecoste, seizieme » jour de mai, au dit an 1535, du commandement du » capitaine et du bon vouloir de tous, chacun se con- » fessa et reçusmes tous ensemble notre Créateur » en l'esglise cathédrale de Saint-Malo. Après lequel » avoir reçu, nous fusmes nous présenter au chœur » devant révérend Père en Dieu, Monsieur de Saint- » Malo, lequel en son estat épiscopal nous donna sa » bénédiction. »

Le 19 mai, trois petits bâtiments, tels qu'on n'en voudrait point aujourd'hui pour courir les risques d'une pareille entreprise, appareillaient pour le Canada dans le port de Saint-Malo, sous les ordres de Jacques Cartier : *la Grande-Hermine* jaugeait cent vingt tonneaux; *la Petite-Hermine*, soixante, et *l'Émerillon*, quarante. Quarante hommes avec deux chapelains composaient l'équipage.

La traversée fut plus longue que dans la première expédition. En entrant dans le golfe Saint-Laurent, le 10 août, Cartier lui donna le nom de ce saint martyr, ainsi qu'au grand fleuve qui s'y décharge. Il le remonta et jeta l'ancre devant Stadacone, au lieu même où Québec est bâti.

Donaconna, qui était l'agouma ou chef de cette bourgade, vint au-devant de Cartier pour le complimenter et voulut lui baiser le bras, témoignage chez ces peuples du plus profond respect. « Il prononça, dit Car-
» tier, un grand preschement accompagné de gestes
» extraordinaires. » Les deux Gaspésiens que Cartier avait ramenés de France lui servaient d'interprètes.

Au milieu de la fête donnée par Cartier aux Sauvages, ceux-ci manifestèrent le désir d'entendre « la grosse voix » de l'artillerie française dont on leur avait tant parlé. Il satisfit leur curiosité. « De quoi,
» ajoute le capitaine historien, ils furent si estonnés
» qu'ils pensoient que le ciel fût cheu sur eux, et se
» prirent à hurler et hucher si fort qu'il sembloit
» qu'enfer y fust vidé. »

Ayant appris qu'il y avait plus haut dans le fleuve une autre bourgade considérable nommée Hochelaga, le hardi navigateur résolut d'aller la visiter. Soit jalousie, soit question d'intérêt, Donaconna fit tout ce qu'il put pour détourner Cartier de son projet. Ce fut en vain.

Il partit, et en remontant le fleuve entre ses deux rives qui étalaient toute la splendeur de leur végétation, il ne pouvait s'empêcher d'admirer la richesse du pays. « Nous trouvasmes, dit-il, les plus belles et
» meilleures terres qu'il soit possible de voir, aussi
» unies que l'eau, pleines des plus beaux arbres du
» monde, et tant de vignes chargées de raisins, qu'il

» semble mieux qu'elles ayent esté plantées de main
» d'homme qu'autrement. »

Le 20 octobre, Cartier aborda à une ile richement boisée et d'un aspect imposant. Au centre s'élevait comme une reine une montagne de deux cent soixante-huit mètres de hauteur, qui dominait toute la contrée, et qu'il nomma Mont-Réal (Mont-Royal).

A ses pieds se trouvait une bourgade nombreuse, défendue par une triple enceinte de pieux.

Les habitants de ce village reçurent Cartier avec les démonstrations de la joie la plus vive et de la plus cordiale hospitalité. Il fut conduit sur la grande place et s'assit, avec ses gens, sur les nattes que les femmes avaient étendues pour les recevoir. Le grand capitaine de la tribu, perclus de tous ses membres, fut porté par dix hommes au milieu de l'assemblée et déposé sur une peau d'élan. Il félicita ses hôtes de leur bienvenue et, en signe d'amitié, mit sur la tête du capitaine français le bandeau rouge orné de broderie qui ceignait son front comme une couronne.

Encouragé par tant de bienveillance, frappé de la beauté du site et de la fertilité du sol, Cartier choisit ce lieu comme le plus favorable pour établir la colonie projetée.

Après avoir bien étudié la contrée et recueilli des renseignements précieux sur les peuples de l'Ouest et du Sud, Cartier rejoignit sa petite escadre restée près de Québec, dans la rivière Saint-Charles. Il était trop tard pour la ramener en Europe ; il résolut d'y passer l'hiver.

Malgré ses bons rapports avec les Sauvages, le sage capitaine jugea prudent d'élever sur le rivage un fort en bois qui pût mettre les siens à l'abri contre toutes les éventualités.

Il n'eut rien à redouter des Sauvages, mais il trouva un autre ennemi qu'il ne prévoyait pas. Le scorbut attaqua les Français et fit de nombreuses victimes. Vingt-cinq hommes périrent. Pour relever les courages qui commençaient à s'abattre, Cartier réveilla leur foi. Une image de la Sainte-Vierge fut attachée à un arbre de la forêt voisine, et tous ceux qui étaient encore valides se rendirent en procession à cet oratoire improvisé, en chantant les Psaumes de la pénitence et les litanies. « La messe ditte et chantée de-
» vant la ditte image, se fit le capitaine pèlerin à
» Notre-Dame qui se fait prier à Rocquamadour,
» promettant d'y aller si Dieu lui donnoit la grâce de
» retourner en France. »

Les santés se remirent peu à peu, et Cartier prépara son retour. Il fit auparavant, le 3 mai, planter une grande croix sur le bord de la rivière avec les armes de France et cette inscription : FRANCISCUS I DEI GRATIA FRANCORUM REX.

Les pertes subies par la maladie laissaient à peine assez de bras pour la manœuvre. Cartier aima mieux ne conserver que deux bâtiments et fit couler bas *la Petite-Hermine* (1).

---

(1) Les restes de ce bâtiment ont été découverts en 1843, précisément au lieu que la tradition fixait à l'hivernement de l'escadre de Cartier.

En rentrant en France, Cartier voulait se faire accompagner de quelques Sauvages du Canada, et surtout du chef Donaconna. Il dut user de ruse pour les attirer sur son vaisseau et les y retenir; mais des présents, distribués en abondance, et l'assurance du retour pour l'année suivante, calmèrent les esprits et arrêtèrent toute démarche hostile. Les Sauvages se contentèrent de présenter à Cartier vingt-quatre colliers d'Esurguy (1) pour l'engager à bien traiter leur capitaine.

La traversée fut heureuse, et Cartier aborda, le 16 juillet, à Saint-Malo. Le Roi se fit présenter les Sauvages du Canada, et il prit soin qu'ils fussent instruits dans la religion. Ils eurent le bonheur de recevoir le baptême; malheureusement tous périrent en France, à l'exception d'une petite fille de dix ans qui seule put revoir sa patrie.

Arrêtons-nous un moment dans le récit des événements pour jeter un coup d'œil sur les différentes nations sauvages qui habitaient la Nouvelle-France et les contrées voisines, et avec lesquelles les Français vont se trouver en rapport.

(1) Voir à l'*Appendice*, Note A.

II

Sauvages de la Nouvelle-France.

« Dans la Nouvelle-France, dit Champlain, il y a
» nombre infini de peuples sauvages : les uns sont
» sédentaires, amateurs du labourage, qui ont des
» villes et villages fermés de palissades ; les autres
» errants, qui vivent de chasse et pesche de poisson,
» et n'ont aucune connaissance de Dieu ; mais il y a
» espérance que les Religieux qu'on y a menez et qui
» commencent à s'y establir, y faisant des sémi-
» naires, pourront en peu d'années y faire de beaux
» progrès pour la conversion des peuples (1). »

Ces peuples, très-différents les uns des autres, gar-

---

(1) *Voyages* de Champlain.

daient cependant entre eux un aspect uniforme et de grands caractères de ressemblance pour leurs mœurs, leurs croyances, leurs usages, leur organisation sociale ; ce qui poussait l'illustre historien américain Bancroft à conclure que, malgré l'obscurité qui nous dérobe l'origine de ces peuples, leur existence ne contredit en rien l'unité de la race humaine.

Toutes les langues parlées du Mississipi à l'Atlantique, et du golfe du Mexique à la baie d'Hudson, pouvaient à peu près se réduire à deux langues mères avec leurs nombreux dialectes. La plus répandue était la langue algonquine. La langue huronne-iroquoise appartenait à ces deux peuplades et à quelques autres de la Virginie.

Les nations à souche algonquine étaient très-nombreuses et toutes nomades, à l'exception de quelques peuples du bord du Mississipi.

Sous la zone glaciale vivaient les Esquimaux dans un isolement à peu près complet.

Les Souriquois ou Micmacs, les Cannibas, les Etchemins et les Abénaquis s'étendaient sur les côtes nord de l'océan Atlantique.

Les Montagnais erraient sur les rives du Saguenay et du lac Saint-Jean.

Les Algonquins, proprement dits, étaient échelonnés sur le grand fleuve Saint-Laurent depuis Stadacone jusqu'à Hochelgaa. Plus haut se trouvaient les Ottaouais, sur la grande rivière qui a conservé leur nom.

Dans les immenses solitudes de l'Ouest on rencontrait les Nipissings, les Sauteux, les Chipeways, les Miamis, les Pouteouatamis, et enfin, sur les bords du Mississipi, une grande variété de tribus parmi lesquelles se distinguaient les Illinois et les Natchez chantés par Châteaubriand.

Il faut tenir bien compte du caractère nomade de ces peuples pour expliquer les changements de lieu et même les migrations lointaines auxquelles nous les verrons se prêter.

Les deux nations qui jouent le plus grand rôle dans cette histoire sont les Hurons et les Iroquois. Ils étaient sédentaires, c'est-à-dire que, bien que chasseurs et pêcheurs, ils avaient des bourgades, défendues par de hautes palissades, où ils construisaient des cabanes permanentes.

Les Hurons étaient resserrés sur une petite péninsule à l'est du lac qui porte leur nom (1), entre la baie Géorgienne, le lac Simcoe et la baie de Notawassaga. Au moment de leur prospérité, on fait monter le chiffre de la population de vingt à trente-cinq mille âmes, et le nombre de leurs villages à vingt environ. Le sol qu'ils habitaient était favorable à leurs habitudes de guerre, de chasse et de pêche. Les baies étaient sûres, les rivières poissonneuses, et les forêts riches en gibier. Les accidents nombreux de terrain offraient des positions avantageuses pour les postes

---

(1) Le lac Huron a porté aussi les noms de *Grand-Lac* et de *Mer-Douce* (Champlain), *Lac d'Orléans* (Hennepin), *Karegnondi* (Samson), *Canniatare* (Colden).

fortifiés. Ils les choisissaient avec soin pour établir leurs villages.

Les Français éprouvèrent pour cette nation huronne cette sympathie naturelle qui lie les peuples comme les individus. Ils voyaient dans leurs relations avec elle une ressource puissante pour leur commerce et pour la propagation de l'Évangile. Ils en firent donc leur alliée, et épousèrent si bien ses intérêts, que, pour les défendre, ils compromettront plus d'une fois ceux de la colonie.

Les Iroquois habitaient la contrée au sud du lac Ontario depuis la rivière Hudson jusqu'à Niagara, sur une ligne peu profonde. Ils semblaient nés pour la guerre, dit La Poterie, et, en effet, il y a eu bien peu de nations sauvages qui n'aient eu avec eux les plus graves conflits. Le nombre de leurs guerriers s'élevait à peine à deux mille deux cents, mais ils y suppléaient par l'audace et par l'astuce. Leur position géographique servait très-bien leur ambition qui s'accrut en proportion de leurs succès. La suprématie qu'ils prétendaient exercer sur les autres Sauvages devenait souvent une complète extermination. C'est ainsi qu'ils firent presque entièrement disparaître les Hurons, les Ériés, les Andastoes et les Attikameques.

Les Iroquois se divisaient en cinq tribus (1) ou

---

(1) Les Français les nommaient les *Agniers*, les *Onneiouts*, les *Goiogoens*, les *Onnontagués* et les *Sonnontouans*. Les Anglais ont adopté les noms suivants: les *Mohawks*, les *Onéidas*, les *Sénécas*, les *Onondagas* et les *Cayucas*. Une sixième tribu, celle des *Tuscaroras*, peuple de la Virginie, s'incorpora aux Iroquois au commencement du siècle dernier.

nations confédérées, avec communauté de langue, d'usage et d'intérêts; mais chacune d'elles avait ses bourgs et son organisation propre (1).

L'habitation des Sauvages répondait à l'état d'enfance de leur industrie et à leur insouciance pour les besoins de la vie. Les nations sédentaires avaient dans leurs bourgs des cabanes fixes et très-vastes. Leur forme était celle d'un long berceau de quinze à vingt mètres où s'abritaient ensemble jusqu'à vingt familles. Sur la ligne centrale s'allumait le feu de chaque ménage, au-dessous d'une ouverture laissée dans l'écorce pour la fumée et la lumière.

CABANE SAUVAGE.

Ils avaient en outre des cabanes légères et étroites pour la chasse et la pêche. Elles consistaient dans

---

(1) En parlant des Sauvages du Canada, le Récollet Sagard établit cette singulière classification : « Les Hurons et les peuples sédentaires sont comme la noblesse du pays. Les nations algonquines composent la bourgeoisie. Les villageois et les pauvres sont représentés par les Montagnais. »

une mince écorce de bouleau étendue sur quelques perches fichées en terre. Là se groupait toute une famille autour du foyer qui occupait le centre. Quelques branches de sapin jetées sur le sol ou sur la neige servaient de plancher et de lit. « Ce cachot, » écrivait le P. Lejeune après une de ses courses » avec les Sauvages, a de grandes incommodités : le » froid, le chaud, la fumée et les chiens. »

Le vêtement des Sauvages qui fréquentaient les eaux du Saint-Laurent consistait en peaux d'animaux. Les femmes étaient toujours modestement vêtues. Les hommes, en été, usaient de plus de liberté.

Malgré leur malpropreté dégoûtante, ils n'étaient pas insensibles aux recherches du luxe. Ils aimaient à porter des colliers, des bracelets, des pendants d'oreilles, des couronnes.

Les cheveux des femmes étaient ordinairement réunis en tresse par derrière, mais le plus souvent elles les laissaient pendre négligemment. Les hommes y mettaient plus de variété et de prétention. Chez les Hurons surtout, on voyait les formes les plus grotesques et les plus bizarres. Les uns avaient la tête complétement rasée, à l'exception de quelques touffes de cheveux çà et là. Les autres dénudaient entièrement un des côtés de la tête et laissaient l'autre chevelu. On en voyait ne conserver qu'une bande de cheveux depuis le front jusqu'à la nuque, et avec de la graisse ils les tenaient relevés avec soin. Leur tête ressemblait ainsi à une hure à crins hérissés. « Par cette raison, les premiers Français qui les

» virent, dit le P. Jerôme Lalemant, les baptisèrent
» *Hurons.* »

La couleur naturelle des Sauvages est bronzée.
» Elle est, dit le P. Lejeune, comme celle de nos
» gueux en France qui sont à demi rôtis par le soleil.
» On n'en voit pas qui aient la charnure blanche. »

La peinture et le tatouage étaient leur ornement favori, mais « il était particulier aux hommes ». Ils employaient à cet effet des ocres de différentes couleurs. Le jus de certains fruits ou de quelques racines leur donnait un rouge brillant, et la suie de leur marmite fournissait le noir. Le P. Lejeune vit à Tadoussac des Montagnais se présenter avec le nez bleu, le tour des yeux, les sourcils et les joues noires, et le reste rouge.

Les figures permanentes s'obtenaient par le tatouage, et demandaient plus d'art pour représenter des monstres, des animaux, des armes, des colliers, des bracelets, etc.

Souvent ces ornements couvraient le corps entier et se prenaient de loin pour des vêtements. Dans leur idée, ces peintures devaient effrayer leurs ennemis. Elles avaient aussi un effet plus certain, c'était de ne laisser paraître dans leurs traits aucun signe de crainte ou d'émotion.

Le désir de s'enrichir n'entrait pas dans l'idée insouciante du Sauvage. Aussi le travail n'était pour lui un besoin que pour servir son orgueil ou une impérieuse nécessité. La part entre l'homme et la femme était réglée par l'usage et le préjugé.

Les hommes se livraient à la chasse, à la pêche, à la guerre surtout. Ils préparaient les armes, le canot, le calumet. Le soin de dresser la cabane, de préparer la nourriture et les vêtements, ainsi que la culture des champs, étaient abandonnés aux femmes.

LA PÊCHE.

Leur vie oisive faisait naître et nourrissait l'amour du jeu, qui devenait facilement une passion. Tout leur servait d'enjeu : ornements, vêtements, armes, pipe, canot, cabane. On en a vu jouer leur femme et leurs enfants. Un Huron mit en jeu sa chevelure et, ayant perdu, il fut rasé jusqu'à la peau. Un autre joua l'un de ses doigts, et le laissa couper sans sourciller.

Leur industrie était bien bornée : ils n'avaient pas, pour stimuler son développement, ces besoins et ces exigences des peuples civilisés pour lesquels ils affectaient le plus profond mépris.

Ils savaient modeler grossièrement la terre pour en faire quelques ustensiles de ménage qu'ils abandonnèrent bientôt quand ils connurent les chaudières de cuivre des Français.

Leur calumet, qu'ils ne quittaient jamais, était ordinairement en pierre ollaire ou en terre cuite, et portait quelques ornements ou quelque figure grossière.

Les femmes teignaient les peaux et les écorces. Elles embellissaient les colliers, les bracelets, les pendants d'oreilles, les couronnes, le sac à tabac, les mitasses (sortes de bas), en les couvrant de broderies faites avec des filaments de racine teinte ou avec du poil de porc-épic.

L'objet le plus précieux aux yeux des Sauvages était le wampum. Ils appelaient ainsi de petits fragments réguliers de certains coquillages de la Virginie, nommés Porcelaines, qu'on pouvait enfiler et réunir de manière à former des branches et des colliers. Ils s'en servaient comme de monnaie dans le commerce de la vie, comme de sanction dans leurs traités de paix et comme de satisfaction pour la réparation d'une injure. Au wampum les Européens substituèrent des verroteries de toute couleur et de forme variée qui eurent bientôt la préférence.

La guerre était l'élément du Sauvage. Elle flattait son orgueil et répondait à son éducation toute spartiate. Il apprenait dès l'enfance à manier l'arc et la flèche, et le récit fréquent des exploits de ses pères nourrissait en lui une noble émulation.

A l'exception peut-être des Iroquois, toutes ces nations étaient de mœurs douces et sociables ; mais la guerre ou la vengeance les rendait cruels. Ils enlevaient la chevelure de leur ennemi mort, comme le plus glorieux des trophées. Le prisonnier était réservé aux plus affreux tourments, et ses bourreaux savaient l'art de le ménager pour prolonger ses souffrances et savourer plus longtemps cet horrible plaisir.

Les infortunées victimes de ces scènes sanglantes mettaient leur orgueil à ne donner aucun signe de douleur. Il y en avait qui se raillaient même de l'inhabileté de leurs bourreaux. Les femmes et les enfants prenaient part à ces cruautés inouïes, comme à des jeux divertissants, et n'étaient pas les moins raffinés dans l'art de torturer.

L'impassibilité dans la souffrance était toujours, aux yeux des Sauvages, un acte de vertu. Dès le bas âge, l'enfant s'exerçait à la privation et à la douleur. On en a vu âgés de dix à douze ans rapprocher leurs bras nus et mettre entre les deux un charbon ardent pour voir lequel résisterait plus longtemps à la brûlure.

Les idées religieuses chez tous ces habitants des forêts étaient vagues et confuses. Chaque nation conservait dans sa tradition un système mal coordonné de cosmogonie et de quelques principes moraux, sans se mettre en peine de leurs contradictions et même de leurs absurdités.

On peut croire que tous avaient quelque idée de l'existence de Dieu ou du Grand-Esprit ; mais ils admettaient en même temps des esprits d'un ordre inférieur qui gouvernaient tout dans le monde matériel, et ils les invoquaient avec ferveur. Au milieu du supplice d'une femme algonquine, le P. Jogues entendit les Iroquois s'écrier : « Aireskoï, nous brû-

» lons cette victime en ton honneur ; régale-toi de
» sa chair, et rends-nous encore vainqueurs de nos
» ennemis ! »

Le Récollet Hennepin trouva une peau de castor suspendue près de la chute Saint-Antoine sur le Mississipi. Elle était offerte à l'Esprit protecteur du lieu.

Dans certains lacs, dans des passages dangereux, les Sauvages faisaient toujours un sacrifice au Génie tutélaire, en jetant solennellement du tabac dans les eaux ou dans le feu, ou même en le déposant dans le creux d'un rocher voisin.

Ils n'avaient pas de temple ou de lieu consacré à la prière : partout ils invoquaient leur Manitou ou leur Oki.

La foi aux rêves, superstition aussi vieille que le monde, et qui a survécu à la chute des idoles, entrait dans leur culte, parce qu'ils passaient pour la révélation des esprits. Jamais un Sauvage n'aurait voulu résister à un songe, et rien ne lui coûtait pour le mettre à exécution (1).

L'étude et l'interprétation des songes appartenait

(1) Les Européens ont abusé plus d'une fois de ce fanatisme pour les songes. Un Anglais, nommé Johnson, voulant posséder un terrain assez considérable sur le territoire iroquois, va trouver le capitaine et lui dit : « J'ai rêvé ! — Qu'as-tu rêvé ? dit celui-ci. — J'ai rêvé que tu me donnais un terrain depuis tel endroit jusqu'à tel autre. — Si tu as rêvé, ajouta le Sauvage, prends-le ; mais, crois-moi : ne rêve plus. »

On a vu une femme chipewaise entreprendre un voyage de plus de douze cents kilomètres pour se procurer un chien français, parce qu'elle en avait vu un en songe.

surtout aux jongleurs ou sorciers qu'on appelait les hommes de la médecine ; car leur intervention était regardée comme' indispensable en cas de maladie. Ils avaient à leur service quelques remèdes naturels, mais surtout certaines pratiques superstitieuses ou d'adroites jongleries qu'ils faisaient tourner habilement à leur profit.

Les Sauvages croyaient à l'immortalité des âmes, et plaçaient leur séjour, après la mort, dans une contrée reculée de l'Ouest.

Cette croyance servait de base au culte qu'ils rendaient aux morts. Le cadavre était revêtu de ses plus beaux ornements. A côté on déposait le calumet, le casse-tête, la hache, l'arc et les flèches qui lui avaient servi pendant sa vie, comme pouvant lui être encore utiles au Pays des âmes. Dans la même pensée, on ajoutait un peu de blé d'Inde ou toute autre nourriture pour le voyage.

Les Hurons avaient quelque chose de spécial dans les honneurs qu'ils rendaient aux morts. Ils avaient près de leur village un champ, nommé Oigosayé, où les corps étaient déposés dans une bière d'écorce qu'on élevait sur quatre poteaux. Ils restaient là jusqu'à la grande fête des morts, célébrée solennellement tous les huit ou dix ans. Le P. de Brébeuf y assista en 1635 (1) et nous en a laissé une description détaillée. Cinq grands villages y prirent part. Chaque famille y avait apporté les ossements de ses parents

---

(1) *Relation de 1636*. — Voir à l'*App.*, Note B.

retirés du cimetière provisoire, et les avait enveloppés dans de riches pelleteries.

Une fosse profonde, de près de sept mètres de diamètre, avait été tapissée d'un immense linceul formé de quatre cent quatre-vingt peaux de castors. On déposa là avec ordre tous les ossements, avec des chaudières et des ornements divers. Ils formaient deux mètres cinquante centimètres d'épaisseur. Puis, le précieux linceul fut replié sur eux, et on le couvrit de nattes, d'écorce et enfin de terre. Plus de deux mille personnes avaient pris part à cette cérémonie.

L'organisation sociale chez les Sauvages était en rapport avec leur degré de civilisation. Rien de plus simple que leur gouvernement. Quelques chefs, honorés du titre de capitaine, avaient en main toute la puissance; mais ils ne pouvaient en user que d'après l'opinion, les usages et les besoins du moment. C'était tout leur code; et ces esprits si fiers et, sous certains rapports, si ingouvernables, se soumettaient sans résistance, sans recourir à aucune force coercitive. L'ordre et la paix qu'on voyait régner dans leurs villages aurait pu servir de leçon aux peuples les plus civilisés. Un capitaine était écouté et obéi, pour ainsi dire, sans commander.

Dans toute affaire importante ou d'un intérêt commun, les capitaines en appelaient à l'assemblée des anciens, soit d'un village seulement, soit de la nation entière. Sans aucun souci de l'étiquette pour la hiérarchie et pour la tenue, sans président pour régler les débats, ils savaient mettre de l'ordre et des convenances dans leurs discussions.

Chacun parlait à son tour, sans craindre d'être interrompu ou insulté. « Quand ils ont étudié un » sujet, dit le P. Bressani, ils le traitent comme ferait » l'Européen le plus habile. »

Ceux qui étaient plus heureusement doués devenaient orateurs de profession. Ils jouissaient d'une grande estime et d'une grande influence auprès de leurs compatriotes. Ils se distinguaient ordinairement par une remarquable subtilité d'esprit, une mémoire prodigieuse et une diction très-imagée soutenue par une pantomime très-expressive.

Ces peuples avaient certaines notions du droit des gens. Dans leurs traités de paix ou autres rapports internationaux, on en a vu d'une habileté et d'une noblesse de sentiments qui auraient fait honneur à des nations policées.

Leur code criminel n'avait besoin, pour les protéger, ni de tribunaux, ni de prisons, ni d'hommes de police. Le meurtre, très-rare chez eux, pouvait être racheté par des présents. Le vol ne passait pour mal que lorsqu'il était découvert. « Qui dit Huron, dit larron, » écrivait le P. Lejeune en 1633. L'exercice les avait rendus très-habiles. « Tout objet leur était » bon, ajoute le P. Bressani (1), et quand ils n'en

---

(1) *Relation de quelques Missions de la Nouvelle-France* (Macerata, 1653), traduite de l'italien et publiée en français en 1852 à Montréal, par le R. P. F. Martin, *S. J.*

» connaissaient pas l'usage, ils l'employaient comme
» ornement. Ils volaient avec le pied comme avec la
» main, en présence du propriétaire comme derrière
» lui. L'un d'eux prit un morceau de fer-blanc qui
» servait de style à un cadran. Un autre enleva le
» bréviaire à un missionnaire qui le récitait près
» d'une ouverture de sa cabane, et il parvint à s'é-
» chapper sans être reconnu. »

La vengeance personnelle entrait dans le droit commun. Chez les Sauvages elle était implacable et ne s'arrêtait que quand elle était satisfaite. On en a vu l'entretenir pendant plusieurs années, faire des voyages de huit cents kilomètres pour l'assouvir, et la léguer comme un héritage à leurs enfants.

Malgré cela, il était extrêmement rare de les voir s'abandonner extérieurement à la colère. Dire à un Sauvage : « Tu te fâches ! » est regardé aujourd'hui encore comme une grande injure.

Mais ce qui contraste étrangement avec leur manière de vivre et leur développement social, c'est l'orgueil et la vanité que l'on trouve exaltés outre mesure dans ces natures grossières.

L'histoire a conservé quelques-unes de ces paroles dictées par la fierté. Un capitaine huron avait été insulté par un jeune homme. Ses amis voulaient le venger : « Laissez-le, leur dit-il ; n'avez-vous pas senti
» la terre trembler d'horreur pour son insolence ? »

Un gouverneur français offrait un jour des présents à un capitaine huron afin d'obtenir la liberté d'un captif iroquois : « Je suis guerrier et non marchand,

» répondit fièrement le Huron : si tu veux ce pri-
» sonnier, prends-le, je me mettrai en campagne,
» et j'irai en chercher un autre. Ma gloire n'est pas
» de rapporter des présents dans mon pays, mais
» des prisonniers. »

Un capitaine iroquois, enveloppé par des forces supérieures, répondit à ses compagnons d'armes qui le pressaient de leur échapper par la fuite : « Frères,
» si vous voulez commettre cette lâcheté, attendez
» que le soleil soit sous l'horizon, pour qu'il n'en
» rougisse pas ! » Tous se défendirent jusqu'à la mort.

Ces populations, si nombreuses au moment où les Européens abordèrent à ces rivages, ont perdu la plupart leur autonomie, et disparaissent peu à peu devant le flot de l'immigration européenne. Quelques-uns, cependant, font encore monter jusqu'à cent quatre-vingt mille les survivants des aborigènes de la Nouvelle-France.

III

Expédition de Roberval. — Mort de Jacques Cartier. — Essai malheureux du marquis de La Roche.— Premiers voyages de Champlain.— De Monts en Acadie. — Destruction de Port-Royal.

Après avoir étudié les nations indigènes, reprenons le récit des événements au moment où Jacques Cartier revenait en France après son second voyage.

Le rapport de l'habile capitaine excita un vif enthousiasme. Plus que personne François Ier en subit l'influence, et il résolut de reprendre sur une grande échelle ses projets de colonisation. L'exécution en fut confiée, avec le titre fastueux de vice-roi du Canada, au sieur de Roberval, gentilhomme picard, renommé pour sa bravoure et son activité. Cinq navires parfaitement équipés étaient mis sous ses ordres avec des colons et une troupe de volontaires. Jacques Cartier fut nommé chef de l'escadre. La connaissance qu'il avait du pays et son expérience rendaient ses services très-précieux.

Cartier partit devant, en 1541, afin de préparer les voies au vice-roi et de jeter les premiers fondements d'un établissement stable. Il choisit au cap Rouge, à une petite distance de Québec, une position plus favorable que son premier poste de la rivière Saint-Charles, et il y commença un fort qu'il nomma Charles-Bourg-Royal. Il y pouvait trouver un abri avec tout son monde, et il eut à se féliciter de cette prudence.

Les Sauvages, qui avaient déjà appris à se défier des Européens, ne montraient plus la même sympathie pour eux. Pendant l'hiver, ils manifestèrent plus d'une fois leurs inquiétudes et leur mécontentement; mais ils sentaient l'infériorité de leurs forces et n'osèrent tenter aucun acte d'hostilité.

Cartier devait être suivi de près par le vice-roi, et l'hiver vint sans que celui-ci parut. Il fallut attendre. Mais, quand la navigation fut ouverte et qu'aucun secours n'arriva de France, Cartier, en homme prévoyant, se résolut à aller lui-même le chercher.

Cependant le sieur de Roberval était en route avec trois grands navires et plus de deux cents colons tant hommes que femmes, parmi lesquels on remarquait plusieurs personnes de qualité.

Cartier rencontra la flotte française à la hauteur de Terre-Neuve. Mais, malgré les instances du vice-roi, le capitaine Malouin poursuivit sa course vers la France.

Le sieur de Roberval alla seul prendre possession de son gouvernement. Il changea le nom du fort de Charles-Bourg-Royal en celui de France-Roi, et fit compléter les constructions commencées. Mais, comme ce pays inculte ne pouvait offrir aucune ressource assurée, le vice-roi jugea prudent, afin de n'être pas pris au dépourvu, de détacher deux de ses vaisseaux pour aller informer le Roi de ce qui avait été fait, et des mesures à prendre pour développer et consolider ces débuts.

Malheureusement pour l'entreprise, une guerre qu'on pourrait appeler européenne, allait éclater de nouveau entre François Ier et Charles-Quint, et la France était obligée de faire appel à ses principales ressources. François Ier connaissait les talents militaires de Roberval et l'influence qu'il exerçait sur les populations de la Picardie, si importantes à ménager: il n'hésita pas à suspendre pour un temps ses projets de colonisation, toujours un peu incertains, et à faire rentrer en France le sieur de Roberval et ses compagnons.

Jacques Cartier reçut cette commission et l'exécuta en 1544. Il revoyait le Canada pour la dernière fois. Rentré dans sa patrie, il passa à Saint-Malo, dans un repos forcé, les dernières années d'une vie si active jusque-là. Toutefois, le Roi avait rendu hommage à ses services en l'anoblissant avant sa mort, arrivée vers 1552.

1***

Malgré l'abnégation imposée au sieur de Roberval, il n'avait pas abdiqué ses droits sur le Canada, et, la guerre terminée, il se mit en mesure de rentrer dans sa principauté. C'était en 1549. Il équipa des vaisseaux et partit avec ceux qui consentirent à partager sa fortune. Jamais depuis on n'en entendit parler. Sa fin et celle de ses compagnons sont demeurées un mystère enseveli sous les flots.

Un si triste résultat, mais bien plus encore les tentatives désastreuses des Huguenots français au Brésil et en Floride (1), et les malheurs intérieurs qui affligèrent la France sous les successeurs de François Ier, arrêtèrent pour un temps l'élan qui s'était manifesté en faveur du Canada. Ses rivages n'étaient plus fréquentés que par les vaisseaux employés à la pêche ou au commerce des pelleteries. Quoique nombreux, puisqu'on en comptait annuellement au moins cent cinquante français et près de deux cents étrangers, ceux qui les montaient n'avaient aucune pensée ni aucune mission d'établissement permanent.

En 1577, un gentilhomme breton, le marquis de La Roche, ancien page de Catherine de Médicis, séduit peut-être par un titre pompeux, se proposa de reconstituer la principauté du Canada. Henri III lui donna des lettres patentes avec amples pouvoirs sur tout le pays de « Noremberg, Labrador et Terres-Neuves ».

(1) La première expédition fut confiée à Nicolas de Villegagnon (1555-1558), et la seconde, d'abord à Jean Ribaud, puis à René de Laudonière (1562-1566). Toutes deux finirent misérablement.

L'enthousiasme pour les expéditions lointaines et aventureuses s'était ralenti. Le nouveau vice-roi fit inutilement appel aux cœurs généreux et de bonne volonté pour tenter fortune avec lui. Afin de trouver des soldats et les premiers colons, il se vit réduit à enrôler des hommes tirés des prisons. Un pareil choix était de mauvais augure, et le marquis de La Roche, qui avait peut-être plus d'énergie et de courage que de prudence, voulait pourtant à tout prix donner commencement à son œuvre, ou du moins prendre par lui-même connaissance des lieux, afin de mieux apprécier les ressources dont il aurait besoin pour réussir.

Il partit en 1578 sur un seul vaisseau qui portait, avec son équipage, cinquante repris de justice. Il s'arrêta un moment à l'île de Sable (1), à cent kilomètres de l'île du Cap-Breton, et jugea prudent d'y déposer ses cinquante recrues qui ne lui inspiraient sans doute pas une entière confiance. Il s'était engagé à venir les reprendre aussitôt qu'il aurait choisi, sur les côtes de l'Acadie, un lieu favorable pour s'y établir. Mais, à son retour, la tempête déjoua son projet et ne lui permit pas d'aborder à l'île; il fut impérieusement repoussé vers la France.

Les malheureux, abandonnés sur cette terre désolée, furent bientôt réduits à regretter leurs fers et

---

(1) Cette île, de quarante kilomètres de longueur sur vingt de largeur, n'est qu'un rocher aride et solitaire. Le gouvernement de la Nouvelle-Écosse y entretient aujourd'hui un poste pour le secours des naufragés.

leur cachot. La plupart y périrent de misère. Après cinq ans, le Roi, informé de leur sort, envoya chercher les survivants. Ils n'étaient plus que douze. Leur aspect était hideux. Ils avaient une longue barbe inculte et des peaux de loups marins pour vêtements. Le Roi voulut les voir en cet état; il leur accorda une modique gratification et décharge complète de toute poursuite criminelle : leurs fautes étaient assez expiées.

Les obstacles de toute nature qui surgirent devant le marquis de La Roche pour tenter une seconde expédition, le forcèrent à remettre ses projets à une autre époque. Dans l'intervalle, il prit part, en Bretagne, aux troubles civils qui agitaient la France, et fut jeté et maintenu pendant plusieurs années en prison. Quand il en sortit, son crédit était perdu et son âge avancé le condamnait au repos.

L'insuccès du marquis de La Roche fut suivi d'une période d'inertie de près d'un demi-siècle. Le gouvernement français semblait avoir renoncé à tout essai de colonisation; mais nos nationaux continuaient à fréquenter ces côtes lointaines pour la pêche et l'échange des fourrures. Quelques-uns d'entre eux, convaincus de l'accroissement que prendraient leurs bénéfices s'il y avait dans le pays un comptoir permanent, s'associèrent pour centraliser leur commerce, et choisirent pour mettre à leur tête Pierre Chauvin capitaine de vaisseau. Son crédit à la Cour donnait avec quelque apparence de raison l'espoir qu'il pourrait se faire substituer au marquis de

La Roche ; car, moyennant un privilége exclusif, il prenait à sa charge tous les frais d'établissement. La Compagnie, étant formée, obtint des lettres patentes et fit son premier essai à Tadoussac, dans une position très-peu favorable et sur des bases très-mesquines. Chauvin, qui était calviniste, semblait ne tenir aucun compte d'une des clauses des lettres patentes qui l'obligeait à favoriser la propagation de la foi. On s'en préoccupa peu ; mais sa mort, arrivée en 1601, remit encore tout en question.

Toutefois l'interruption ne fut pas de longue durée. La commission de Chauvin fut transmise à un bon catholique, le commandeur de Chaste, gouverneur de Dieppe, homme influent qui se sentit animé d'un saint zèle pour les intérêts de la patrie et de la religion.

Pour le seconder dans ce noble projet que son grand âge ne lui permettait pas d'exécuter par lui-même, de Chaste eut la chance de rencontrer un homme d'un rare mérite et d'une intelligence peu commune. C'était Samuel de Champlain, né à Brouage, en Saintonge, non d'un pêcheur, ainsi que l'ont dit et répété les biographes, mais d'Antoine de Champlain, capitaine de vaisseau, et de Marguerite Le Roy, ainsi qu'il est porté dans son contrat de mariage (1). Il avait déjà servi dans les Indes occidentales et dans le midi de la France, contre les Espagnols. A la science du guerrier et du marin, il

---

(1) Ce contrat est relaté dans le *Cours d'histoire du Canada*, par J.-B.-A. Ferland, prêtre, professeur d'histoire à l'université Laval, à Québec.

réunissait celle du littérateur, et il sera l'historien de ses propres aventures.

Champlain commença à remplir sa mission en 1603. Il fit une première course d'exploration dans les eaux du Saint-Laurent, pour juger par lui-même des ressources du pays pour le commerce et la colonisation.

A son retour un malheur l'attendait. Le commandeur de Chaste venait de mourir. C'était assez pour compromettre sérieusement la Compagnie des Marchands, qui sentait le besoin d'avoir à sa tête un homme puissant et dévoué.

Elle trouva heureusement un nouveau protecteur, digne de succéder au commandeur. C'était Pierre du Guast, sieur de Monts, alors gouverneur de Pons et gentilhomme ordinaire du Roi. Les services importants rendus à la couronne pendant les troubles de la Ligue lui furent un titre légitime pour mériter la succession du sieur de Chaste. Quoique calviniste, il l'obtint sans peine, moyennant l'engagement de faire fleurir dans ces contrées la religion catholique. Pour subvenir aux dépenses qui tombaient toutes à la charge des marchands, ils avaient obtenu pendant dix ans le monopole de tout le commerce de ces contrées, à l'exclusion de Terre-Neuve. La charte donnait pour limite au Sud le 40° de latitude.

Trois ans après les lettres patentes accordées à de Monts, Jacques Ier donnait une charte pour la colonisation de la Virginie, en fixant son étendue entre le 36° et le 45° de latitude. Ainsi, ces deux concessions empiétaient l'une sur l'autre, et furent le germe funeste de contestations qui devinrent souvent sanglantes.

Le nouveau lieutenant général du Canada partit avec Champlain en 1604. La stérilité des côtes de Tadoussac et la rigueur du climat le firent se diriger vers l'Acadie, contrée plus favorable qui avait des havres nombreux, accessibles en toute saison, et qui présentait des ressources abondantes pour la chasse et pour la pêche. « Il pensait avec raison, dit
» Lescarbot, qu'il est bon de se loger dans un doux
» climat, lorsqu'on peut tailler en plein drap. »

Après quelques recherches, la petite colonie, composée de cent vingt artisans et soldats, finit par s'arrêter dans la baie de Fundy, qui a porté pendant quelque temps le nom de Baie Française, et y construisit un fort. L'établissement reçut le nom de Port-Royal. Après Saint-Augustin, dans la Floride, c'est le poste le plus ancien du nord de l'Amérique. Cette remarque n'a pas échappé au judicieux historien des États-Unis. « Les premiers efforts durables
» de l'esprit entreprenant des Français pour colo-
» niser l'Amérique furent antérieurs à tout établis-
» sement anglais permanent au nord du Potomac;
» et longtemps avant que les *Pèlerins* eussent abordé
» au cap Cod, des missionnaires venus de France
» avaient introduit la foi catholique dans la partie
» orientale du Maine (1). »

---

(1) Bancroft, *Hist. of Un. States.*

Selon sa charte, le sieur de Monts avait en effet amené avec lui des prêtres catholiques, mais il s'était fait aussi accompagner de ministres protestants ; car il avait avec lui plusieurs de ses coreligionnaires. « Il se trouva quelque chose à redire à cette entre- » prise, » fait remarquer à cette occasion Champlain dans ses *Mémoires*, « en ce que deux religions con- » traires ne font jamais un grand fruit pour la gloire » de Dieu parmi les infidèles que l'on veut con- » vertir. » L'expérience ne tarda pas à le prouver.

A son retour en France en 1605, de Monts trouva les esprits bien changés à son égard. La jalousie et l'intérêt avaient cabalé contre lui, et son privilége exclusif fut révoqué pour l'Acadie, mais non pour le Canada où nous le suivrons bientôt.

Les obstacles qu'éprouvait de Monts le décidèrent à céder tous ses droits sur le poste de Port-Royal à de Poutrincourt, gentilhomme hardi et entreprenant, qui avait déjà fait partie des expéditions précédentes. En 1606, celui-ci se chargea d'y conduire lui-même des ouvriers et quelques amis. Il vit bientôt groupée autour de lui une troupe de joyeux compagnons, parmi lesquels se distinguaient son fils le jeune de Biencourt, Champlain, Lescarbot (1), Louis Hébert, Claude et Charles de La Tour.

---

(1) Marc Lescarbot, avocat de Paris et poëte, sera le premier historien de la Nouvelle-France. Sa gaieté, ses bons conseils, ses connaissances variées furent d'un très-grand secours aux colons. — On lui dut un moulin pour moudre le grain, un alambic pour faire du goudron, et des fourneaux pour le charbon de bois. Il eut aussi l'idée d'une table commune, que chacun à son tour était chargé d'entretenir.

Quand Henri IV apprit que de Poutrincourt, alors en France, n'avait encore rien fait pour la conversion des Sauvages, il résolut d'y envoyer deux jésuites pour cet objet. Ce gentilhomme, prévenu contre ces religieux, fit en sorte de repartir sans eux ; mais il se fit accompagner de Jessé Flêche, prêtre du diocèse de Langres.

Après l'horrible et funeste assassinat de Henri IV, en 1610, la Reine régente regarda comme un devoir pour elle l'accomplissement des volontés du Roi, et exigea que le jeune de Biencourt, venu en France pour les intérêts de la colonie naissante, y conduisît deux jésuites (1). C'étaient les PP. Pierre Biard et Énemond Masse. Ils arrivèrent, le 22 mai 1611, à Port-Royal, où leur œuvre rencontra tous les genres de difficultés.

Bientôt la grande bienfaitrice de cette mission, la marquise de Guercheville, vit la nécessité de soustraire l'action des missionnaires aux vexations des agents de la colonie. Elle obtint une étendue considérable de terre sur le continent, et fit tous les frais d'un nouvel établissement.

Le sieur de La Saussaye était le chef de cette expédition. Il partit de Honfleur, le 12 mars 1613, avec le

---

(1) La marquise de Guercheville, par un contrat avec la Compagnie des Marchands, assura l'existence des missionnaires. « C'est ce contrat, dit Champlain, qui a fait semer tant de
» bruits, de plaintes et de crieries contre les Pères Jésuites,
» qui, en cela et en toute autre chose, se sont équitablement
» gouvernés selon Dieu et raison, à la honte et confusion de
» leurs envieux et médisants. »

P. Jacques Quentin et le F. Gilbert du Thet, auxquels devaient se joindre les deux jésuites de Port-Royal. Le vaisseau qu'il montait était abondamment pourvu d'armes et de munitions.

De La Saussaye se dirigea vers l'île des Monts-Déserts, à l'entrée de la rivière Pentagoët, aujourd'hui Penobscot, et se hâta d'élever sur le continent voisin un petit retranchement auquel il donna le nom de Saint-Sauveur. Une haute croix, dressée solennellement au milieu de l'enceinte, dominait la plage et annonçait au loin le caractère de l'œuvre qu'il venait fonder.

Un orage imprévu vint **renverser** de fond en comble toutes ses espérances.

Les Anglais de la Virginie, dont la colonie dans la baie de Chessapeake datait à peine de cinq ans, s'alarmèrent de voir deux établissements français se former au Nord. Sans égard pour la paix qui régnait entre les deux nations, ils se décidèrent à les renverser. Samuel Argall, avec onze bâtiments, exécuta cette inique expédition.

Comme rien ne permettait de soupçonner une attaque, la surprise des Français fut complète.

Le vaisseau commandé par Argall et armé de quatorze canons et de soixante hommes, réduisit sans peine le bâtiment français monté en ce moment par dix hommes seulement. Les autres étaient occupés aux travaux du fort et de la culture.

Dépourvu d'artillerie, le fort français ne put résister. Tout fut pillé et renversé.

Argall laissa à La Saussaye, au P. Masse et à bon nombre de Français, la liberté de retourner en France.

Quatorze trouvèrent au cap de la Hève deux navires pêcheurs qui les ramenèrent à Saint-Malo.

Le P. Biard et le P. Quentin, ainsi que douze à treize colons retenus prisonniers par Argall, furent l'objet de cruelles vexations. Heureusement, le vaisseau monté par les missionnaires fut détaché des autres par une violente tempête, et porté aux Açores. Il se rendit de là en Angleterre où l'ambassadeur de France obtint leur élargissement, en 1614.

Cette victoire facile n'avait pas encore satisfait la soif de destruction d'Argall. Il voulait effacer toute trace des Français sur ces côtes. Il y revint donc peu après et anéantit complétement le petit poste de la rivière Sainte-Croix ainsi que Port-Royal (1). Plusieurs colons parvinrent à s'échapper et vécurent parmi les Sauvages dont ils avaient gagné l'amitié, et qui restèrent constants dans leur affection pour la France.

Le caractère de ces Sauvages, nommés Souriquois, avait beaucoup d'analogie avec celui des Français : ils étaient rieurs et causeurs et avaient l'esprit martial. Membertou, leur sagamo ou chef, jouissait

---

(1) Le poste de Port-Royal n'a jamais été rétabli. La ville d'Annapolis actuelle, qu'on désigne toujours comme l'ancien Port-Royal, est située au sud de la baie, tandis que celui-ci était sur la côte en face et sur la rive nord. (Cart. de Champlain et de Lescarbot.)

d'une grande autorité parmi eux ; il était fort avancé en âge lorsque de Poutrincourt s'établit en Acadie. Lescarbot lui avait enseigné les éléments du catholicisme, et, quand le prêtre Flêche eut complété son instruction, il le baptisa. Son exemple avait entraîné sa famille et ses amis, et leur conversion ne fut pas une des moindres causes de leur fidélité, quoiqu'elle eût peu modifié leurs mœurs.

IV

Samuel de Champlain (1608-1635).

Cinq ans avant les désastres de sa colonie de l'Acadie, la France en fondait une nouvelle sur les bords du Saint-Laurent, plus viable que son aînée, bien qu'elle ait eu à lutter pendant de longues années contre trois ennemis redoutables : la barbarie des Iroquois, la jalousie de l'Angleterre et l'indifférence de la mère patrie.

Après avoir renoncé à l'Acadie, le sieur de Monts, à la suggestion de Champlain, tourna ses yeux vers les rives du Saint-Laurent, qu'ils avaient explorées ensemble en 1603. Il donna à ce brave et habile officier le titre de son lieutenant et le chargea de diriger la première expédition.

Le caractère que développa Champlain, et les services signalés qu'il a rendus à la colonie du Canada pendant de longues et laborieuses années, lui ont mérité le surnom de Père de la Nouvelle-France. « Arrivé devant Québec, le 3 juillet 1608, je cherchai, » raconte le capitaine historien, un lieu propre pour » notre habitation. Mais je n'en pus trouver de plus » commode ni de mieux situé que la Pointe de » Québec (1), ainsi appelée des Sauvages, laquelle » était remplie de noyers. »

On ne pouvait en effet mieux choisir pour un poste militaire, ni pour un comptoir de commerce. Cette pointe forme un cap élevé qui s'avance dans le fleuve et le rétrécit pour le mieux garder. Là est vraiment la porte du pays. Devant lui s'étend une rade vaste et profonde, capable de recevoir les plus grandes flottes et les plus grands vaisseaux.

Tous ceux qui ont étudié, même avec des yeux prévenus, l'histoire de nos colonies, ont payé un juste tribut d'éloges au choix habile et judicieux que les pionniers français ont toujours fait des positions les plus favorables pour y établir leurs principaux postes. Presque tous sont devenus, depuis, les villes les plus florissantes d'Amérique.

Aussitôt après avoir abordé au pied du cap, Champlain fit élever un magasin et un corps de logis qu'il entoura de fossés et protégea par quelques retranche-

---

(1) En langue sauvage *Kébec* veut dire *rétrécissement*. L'orthographe primitive du nom a été changée en Québec.

ments garnis d'artillerie. Le canon français salua alors son drapeau qu'on venait d'arborer, et annonça au monde que le drame sauvage s'achevait sur ces rives, et que la civilisation européenne s'avançait sur la scène.

Pour asseoir solidement son œuvre, Champlain hiverna sur les lieux et se mit en rapport avec les indigènes. Il sut si bien gagner leur estime et leur confiance, que les trois principales nations qui fréquentaient le fleuve, les Montagnais, les Algonquins et les Hurons, lui députèrent, en 1609, quelques guerriers pour le prier de former une ligue défensive contre l'Iroquois, leur ennemi commun, et de marcher avec eux pour le combattre.

Champlain vit là un moyen de s'attacher ces trois nations nombreuses, et en même temps d'assurer la tranquillité et la prospérité de sa petite colonie. Il consentit donc à les suivre.

L'armée sauvage, composée seulement de soixante guerriers, remonta le Saint-Laurent jusqu'à la rivière des Iroquois, et, par cette rivière, entra dans un vaste lac où aucun Européen n'avait encore pénétré. Champlain lui donna son nom.

Selon leur usage, les Sauvages marchaient sans ordre; ils n'avaient pour armes que le casse-tête, l'arc et la lance, et portaient au bras un large bouclier d'écorce à peine capable de les défendre contre une flèche. Ils envoyaient cependant en avant des éclaireurs pour éviter toute surprise.

Leur confiance était dans leurs songes et dans leurs

jongleurs, qui faisaient chaque jour une invocation à leur Manitou.

Après avoir étudié les procédés de ces sorciers, toujours un peu intéressés, Champlain ajoute : « Ces » garnements qui font les devins, de cent paroles » n'en disent pas deux de véritables, et vont abusant » ces pauvres gens pour tirer quelque denrée du » peuple. »

SCÈNE DE SORCIERS.

Les songes étaient aussi étudiés avec soin. Tous les matins chacun racontait le sien, et on cherchait à y découvrir quelques pronostics. Les Sauvages demandaient souvent à Champlain s'il n'avait pas rêvé, et ils paraissaient étrangement surpris de sa réponse négative.

Pour les satisfaire, notre capitaine leur dit un jour qu'il avait rêvé. Il avait vu les Iroquois se noyer dans le lac, et comme il faisait des efforts pour aller à leur secours, on l'en avait empêché, parce que c'étaient des gens méchants. Ce rêve parut aux Sauvages du meilleur augure et porta la joie dans tous les cœurs. Ils ne doutèrent plus de la victoire.

Le 29 juillet, après une assez longue navigation sur le lac, l'armée rencontra deux cents guerriers iroquois sur le rivage. Il était dix heures du soir. Il y eut alors quelques pourparlers entre les deux troupes ennemies, et il fut convenu, dit Champlain, de n'en venir aux mains que le lendemain au soleil levant, « afin de se mieux connaître ». La nuit se passa à chanter et à échanger des bravades et des injures, à la façon des héros d'Homère. En même temps chacun se peignait la figure et le corps de couleurs éclatantes.

Les deux armées se mirent en bataille dès la pointe du jour. Champlain resta d'abord caché dans les rangs de ses alliés. Les Iroquois « s'avançoient au petit pas, avec gravité et assurance ». On reconnaissait à leur tête trois capitaines aux longues plumes qui ornaient leur tête en forme de panache. Quand ils furent à une petite distance, Champlain s'avança vers eux jusqu'à trente pas ; puis, tirant son arquebuse chargée de quatre balles, il tua deux des chefs et blessa mortellement un autre guerrier. Les deux soldats qui l'accompagnaient tirèrent avec le même succès. Les Iroquois ne résistèrent pas longtemps ; ils s'enfuirent effrayés de la présence de ces hommes à costume étrange « qui portoient la foudre dans leurs mains et pouvoient la lancer à leur gré ».

Outre les morts, il y eut une dizaine d'Iroquois faits prisonniers. La victoire ne coûta qu'une quinzaine de blessés aux vainqueurs. Mais les suites d'un combat entre Sauvages sont plus terribles que le combat lui-même. Le droit et l'usage étaient de soumettre les captifs aux plus horribles supplices, et l'un d'eux en fut la victime le soir même. On le brûla à petit feu sur toutes les parties du corps ; on lui arracha les ongles ; on calcina ses doigts dans le foyer des calumets ; on lui arracha la chevelure, et sur son crâne sanglant on versa de la résine enflammée. Les barbares percèrent ses bras aux poignets, et en tirèrent les nerfs qu'ils arrachaient avec violence.

Indigné de tant de cruautés, mais impuissant à les arrêter, Champlain voulut au moins les épargner à l'un des prisonniers. Il demanda de disposer de lui à son gré, et le tua d'un coup d'arquebuse.

L'année suivante, Champlain, à la tête de ses alliés, eut encore une rencontre avec les Iroquois. Il les trouva retranchés dans un fort en bois sur les bords du Saint-Laurent, à quatre kilomètres au-dessus de l'embouchure de la rivière des Iroquois. Pour se créer des abris dans leurs courses lointaines et prolongées, ou pour se garantir contre des forces supérieures, ils abattaient promptement des arbres, et les plaçaient les uns sur les autres en les croisant à leurs extrémités, de manière à former un polygone. Les intervalles étaient remplis avec des écorces ou de la mousse.

Les Sauvages avaient déjà commencé l'attaque, quand Champlain arriva avec quelques Français; son intervention décida bientôt de la victoire.

Malgré leur résistance désespérée, les Iroquois périrent presque tous; et ce lieu resta longtemps connu sous le nom de Cap du Massacre (1), ou Cap de la Victoire. Champlain y avait été légèrement atteint par une flèche.

La mort de Henri IV avait changé la fortune de De Monts. Elle s'écroula avec son protecteur, et il dut renoncer au Canada. Cette fâcheuse nouvelle, arrivant à Québec, décida Champlain à revenir en France plus tôt qu'à l'ordinaire; il débarqua à Honfleur, le 27 septembre 1610, amenant avec lui le Sauvage Savignon. Il songea alors à se marier. Jusque-là sa vie active ne lui en avait pas laissé le loisir. Le 29 décembre, il signa à Paris son contrat de mariage avec demoiselle Marie-Hélène Boullé, fille d'un secrétaire de la chambre du Roi. De Monts, qui prenait encore le titre de lieutenant général du

---

(1) En huron, *onthrodan*. (Sagard, *Histoire du Canada*.)

Roi, et plusieurs autres membres de la Compagnie assistèrent comme témoins à cet acte. Le mariage se fit au commencement de l'année 1611. Hélène Boullé n'avait que douze ans et était calviniste. Champlain, au contraire, était d'un âge mûr et se faisait gloire d'être catholique sincère. Il instruisit lui-même sa jeune épouse et eut le bonheur de la convertir ainsi que son frère, dont il fit plus tard son lieutenant. En raison de son âge, elle demeura à Paris auprès de ses parents, et ce ne fut que dix ans plus tard qu'elle le suivit en Canada. Il partit au commencement de 1611, avec son fidèle compagnon, de Pontgravé, capitaine Malouin, qui avait toute sa confiance, et revint à l'automne, bien décidé à poursuivre l'entreprise. Il chercha donc l'appui de quelque puissant seigneur pour prêter son nom et son crédit à la création de la colonie. Le comte de Soissons prit d'abord cette mission; mais la mort ne lui laissa pas le temps d'agir. Son neveu, Henri II de Condé (1), consentit à accepter sa succession, et le Roi, pour l'encourager, lui donna le titre de vice-roi de la Nouvelle-France, avec Champlain pour lieutenant.

Sous ce nouveau régime, la Compagnie des Marchands fut reconstituée, et les grands avantages qu'on lui laissait dans le commerce devaient lui fournir les moyens de donner beaucoup de développement à la colonie. Outre cette branche de fortune,

---

(1) Il fut le père du grand Condé.

son sol offrait des richesses qu'on s'était résolu à exploiter. Il y avait donc là tous les éléments d'une vraie prospérité.

La persévérance de cet homme énergique et sa foi dans le succès sont dignes d'admiration. Ses biens, son temps, ses talents sont voués à la colonie naissante. Entouré de contradictions, il marche courageusement vers le but qu'il s'était proposé pour l'honneur de la religion et pour la gloire de la France. Il lutte contre les passions désordonnées des Sauvages, et se roidit contre les mille tracasseries que l'égoïsme et la jalousie lui suscitent dans la mère patrie. Il est négligé par les grands et, à leur tour, les Marchands l'abandonnent à ses propres ressources. Sa prudence et sa constance surmontent à la longue toutes les difficultés, et il triomphe de tous les obstacles.

Au milieu de ses préoccupations pénibles, comment parvint-il à explorer en fort peu de temps une aussi vaste contrée dans toutes ses directions ? Dès l'année 1609, il avait remonté la rivière des Iroquois jusqu'au lac Saint-Sacrement; en 1613, il pénétrait jusque vers les sources de la belle rivière des Ottaouais, et, deux ans après, il visitait les grands lacs et les pays voisins jusqu'au centre de l'Amérique. Dans ses excursions, rien n'échappe à ses observations : il décrit les cours d'eau, examine la qualité des terres, les arbres, les fruits, les animaux; il indique les difficultés des entreprises et les moyens de les surmonter; il étudie les mœurs, les caractères et les goûts des Sauvages ; il dresse des cartes fort exactes des pays qu'il parcourt. Ses découvertes ne sont pourtant qu'une faible partie de ses travaux. Il avait à fonder la colonie, à faire de sages règlements, à veiller sur les employés de la Compagnie et à diriger leurs opérations. Il fallait encore pourvoir au moyen de soutenir son établissement naissant, organiser des sociétés dans ce but, et s'assurer à la Cour des protecteurs pour tenir la balance égale entre les associés et les colons dont les intérêts étaient souvent en contact. Il suffit à tout.

Quand tout semblait préparé pour faire entrer la colonie dans la voie du progrès matériel, Champlain crut le moment venu de donner à l'organisation naissante son complément nécessaire, et voulut que la religion, principe vivifiant des sociétés comme des individus, pût y exercer sa salutaire influence.

Il avait ainsi compris son devoir et, dans un de ses voyages en France, il se hâta de l'exécuter. En retournant en Canada en 1615, il conduisit avec lui une famille d'apôtres destinés à prêter leurs secours spirituels aux Français et à évangéliser les indigènes (1). C'étaient des Récollets de la province de

(1) Nous donnons ici, au moins à titre de document curieux, le jugement porté par un Américain protestant, Parkman de Boston, sur la conduite des Européens à l'égard des Indiens : « La civilisation espagnole, dit-il, rendait l'Indien esclave. La civilisation anglaise le traitait avec mépris et n'en prenait aucun soin. La civilisation française l'adoptait dans sa famille et l'aimait. » (*The Jes. in North Amer.*)

Saint-Denis : les PP. Denis Jamay, Jean Dolbeau, Joseph Le Caron et le Frère Pacifique.

Ce fut un beau jour pour Champlain et pour ces quelques Français groupés autour de lui si loin de leur patrie, quand ils purent assister, le 25 juin, au saint sacrifice offert pour la première fois sur ce rivage. Ils inauguraient la foi catholique dans la Nouvelle-France.

Les PP. Récollets se mirent aussitôt à l'œuvre, et, consultant leur courage plus que leurs ressources et leur nombre, ils se partagèrent entre eux cet immense champ de bataille, sur une ligne de plus de douze cents kilomètres. Le P. Denis Jamay, commissaire, prit à sa charge Québec et les environs jusqu'à Trois-Rivières.

Le P. Dolbeau fut envoyé à Tadoussac pour fonder une mission algonquine et montagnaise, et le P. Le Caron se prépara à aller à l'ouest établir une mission chez les Hurons.

Pour donner à cette dernière un caractère plus officiel, Champlain voulut aller lui-même l'installer. Il était d'ailleurs comme lié par les promesses qu'il avait faites à ce peuple de le visiter et de l'aider à triompher de l'Iroquois, son ennemi acharné.

Champlain partit donc pour le pays des Hurons, avec douze hardis compagnons. Il remonta la rivière des Ottaouais jusqu'à la hauteur du lac Nipissing (1),

---

(1) Ce lac porte quelquefois le nom de *lac des Sorciers*, parce que la nation algonquine, qui en habite les rivages, était très-adonnée à la magie.

puis il descendit par la rivière des Français jusque dans le lac Huron, qu'il nomma Mer-Douce.

A cent soixante kilomètres environ vers le Sud-Est Champlain alla aborder au village huron de Carantouan, où il fut reçu avec de grands témoignages de joie et de sympathie. Après avoir installé le P. Le Caron à Carrahouga et visité les principales bourgades huronnes, il se rendit à Caihagué (1), sur les bords du lac Simcoe, où était le rendez-vous des guerriers.

Les Hurons avaient formé l'audacieux projet de porter la guerre jusque dans le cœur du pays des Iroquois, c'est-à-dire, à près de deux cents kilomètres de chez eux.

Le moment venu, Champlain s'embarqua sur le lac Simcoe avec une troupe nombreuse de Hurons auxquels se joignirent quelques Algonquins. Ils gagnèrent ensuite la rivière Trent et, côtoyant la rive orientale du lac Ontario, ils entrèrent dans la rivière Oswégo jusqu'au lac Onéida, auprès duquel l'ennemi les attendait derrière le triple rang de pieux du village d'Onneiout.

Pour dominer la place et donner tout l'avantage aux armes à feu, Champlain fit élever une tour en bois. L'attaque commença et, dès le début de l'action, un des premiers capitaines algonquins fut blessé ;

---

(1) Ce village huron, ainsi que les autres qui sont désignés par Champlain, dans ses *Voyages*, ne portent plus les mêmes noms dans les *Relations* des Missionnaires, sans qu'on puisse s'expliquer les raisons de ce changement.

Champlain lui-même fut atteint par deux flèches.

L'esprit superstitieux de ces peuples grossiers vit là un pronostic fatal. Le découragement s'empara d'eux, et, quoi que pût leur dire leur courageux allié, il lui fut impossible de les retenir. Forcé de les suivre, il revint au pays des Hurons. Leur retraite précipitée ressembla à une véritable déroute.

La saison était trop avancée pour descendre à Québec. Les voyages en canot n'étaient plus praticables. Champlain fut forcé de passer l'hiver au milieu des Sauvages, dont il put étudier à loisir les mœurs et le caractère.

Au commencement du printemps, il revint à Québec que sa longue absence avait plongé dans l'inquiétude, et trouva deux Pères Récollets n'attendant que le moment de partir pour la France. Ils étaient chargés par les principaux colons, de porter aux pieds du trône leurs plaintes et leurs réclamations contre la nouvelle Compagnie des Marchands.

Champlain, qui était le premier à en souffrir, consentit à les accompagner. On fit droit à quelques-unes de ses réclamations, et, quand il retourna à Québec, il y éleva sur le haut du plateau un fort et le château Saint-Louis qui servit, jusqu'à la conquête par les Anglais, de résidence aux gouverneurs du Canada.

L'année 1617 vit la petite colonie à deux doigts de sa perte. Un complot secret se tramait parmi les Sauvages. Ils voulaient se soustraire à des mesures sévères prises contre eux dans l'intérêt du commerce, mais surtout prévenir le juste châtiment mérité par quelques-uns des leurs pour le meurtre de deux Français. Huit cents Sauvages, réunis près des Trois-Rivières (1), se préparaient à faire main basse sur tous les colons.

Un Récollet, le Frère Pacifique, fut averti du danger par un Sauvage dont il avait su se faire un ami dévoué. Grâce à son influence, le coup fut prévenu et la colonie sauvée. Un des meurtriers fut même livré aux Français qui, selon l'usage des Sauvages, le laissèrent racheter par des présents. Cette condescendance servit puissamment à apaiser le mécontentement et à gagner l'attachement de ces peuples.

En 1620, la vice-royauté du Canada avait passé des mains du prince de Condé en celles du duc de Montmorency (2). Celui-ci, plus fait pour manier l'épée que pour diriger des affaires commerciales et surmonter les embarras d'une fondation lointaine, céda sans peine son titre à son neveu Henri de Lévi, duc de Ventadour, au prix de onze mille écus.

Champlain, nommé lieutenant général du duc de Montmorency et assuré de la protection du Roi, était décidé à se fixer dans la Nouvelle-France. Il régla ses affaires particulières et disposa sa femme à le suivre. Il arriva, vers le commencement de juillet 1620, à Tadoussac, où il rencontra Eustache Boullé,

(1) Cette ville, située sur le Saint-Laurent, entre Québec et Montréal, n'était alors qu'un simple poste de traite. Elle prend son nom des trois embouchures de la rivière qui se jette près de là dans le fleuve.

(2) C'est lui qui, à trente-huit ans, périssait sur l'échafaud, quelques années après.

son beau-frère, qui était depuis trois ans au Canada où il était venu avec la famille de Louis Hébert, ancien apothicaire de Paris, doué pour l'agriculture d'un goût tout particulier qui s'était développé durant son séjour à Port-Royal. Champlain le considérait comme un de ses soutiens les plus utiles, propre à créer, par son exemple, une population attachée au sol. S'il eut eu beaucoup d'imitateurs, la colonie se serait rapidement accrue et aurait certainement été en état de résister aux Anglais en 1629 ; mais la Compagnie des Marchands, qui envoyait de France toutes les provisions, n'y aurait pas trouvé son compte et n'y voulait que des hommes soumis à ses volontés et voués à ses intérêts.

Champlain fut reçu à Québec avec de grandes démonstrations de joie et de respect ; il n'y avait pas paru depuis une couple d'années et y revenait avec une autorité mieux assise, accompagné de sa famille et des gens de sa maison.

L'habitation avait été très-négligée pendant son absence ; il ne se borna pas à la réparer, et commença un fort solide destiné à la protéger. L'automne et l'hiver furent employés à ces travaux qui furent poussés vivement. La population ne s'élevait encore qu'à soixante personnes : hommes, femmes, enfants, religieux et ouvriers. Il importait de lui préparer un lieu de refuge, et il était si bien choisi que, pendant près d'un siècle et demi, les gouverneurs français transmirent de là les ordres du Roi et que les gouverneurs généraux de l'Amérique Britannique y ont maintenu longtemps le drapeau de la Grande-Bretagne, qui abritait leur résidence.

Mme de Champlain, âgée de vingt-deux ans, montra une grande abnégation et un véritable dévouement à ses devoirs, en entreprenant ce long et pénible voyage. Elle avait autour d'elle trois femmes attachées à son service et qui lui étaient bien nécessaires au milieu d'une société presque uniquement composée d'hommes. Pendant son séjour en Canada, elle sut se concilier la vénération et l'amour des Français et des Sauvages. Ceux-ci, frappés de sa beauté, ne pouvaient se lasser de l'admirer et étaient très-étonnés qu'elle les renfermât tous dans son cœur. Cette idée leur venait de ce que chacun d'eux se reconnaissait dans le miroir qu'elle suspendait à sa ceinture, suivant la mode du temps, et qui reflétait leur image. Pour leur témoigner plus d'affection, elle apprit la langue algonquine et s'occupa de l'instruction religieuse des enfants. Champlain put alors goûter un peu de repos et de bonheur sur une terre qui était sa conquête et qui devenait sa seconde patrie.

Le duc de Montmorency avait formé une nouvelle Société qui eut de longs démêlés avec l'ancienne; mais Champlain ne s'en mêla pas, et poursuivit son œuvre.

En 1622, il renvoya en France deux familles qui, par leurs désordres et leur paresse, étaient une charge publique et un scandale. Il voulut en même temps assurer la sécurité des autres par de sages ordonnances, et en publia à cet effet, le 12 septembre, plusieurs propres à maintenir dans le devoir ceux qui auraient été tentés de s'en écarter. La première ébauche de ce code canadien n'a pas été conservée.

Champlain entreprit de nouveaux travaux de fortification ; mais, avant qu'ils fussent terminés, il se décida à repasser en France, où il n'était pas allé depuis quatre ans, et à y reconduire sa femme. Accoutumée aux douceurs de la vie, elle devait souffrir de la privation des choses regardées comme indispensables dans son état. La nourriture était grossière, précaire et peu variée. Son mari étant souvent absent ainsi que son frère, elle n'avait d'autres compagnes que les trois femmes de sa suite et quelquefois Guillemette Hébert, qui avait épousé, en 1621, Guillaume Couillard, et avait ouvert le registre des mariages de la colonie. Champlain ne voulut pas la laisser plus longtemps exposée aux privations et à l'ennui, et, le 25 août 1624, il se mit en route pour la France.

Entré depuis peu dans les ordres sacrés, le jeune duc de Ventadour n'écoutait, dans la position qu'il avait acquise, qu'une inspiration de zèle évangélique. Il voyait dans le développement de cette colonie une œuvre salutaire aux âmes et glorieuse à la religion : il s'y appliqua avec ardeur. C'est lui qui, à la suggestion des Récollets, introduisit les Jésuites en Canada, afin de donner une nouvelle impulsion aux missions dans ces immenses contrées.

Les premiers Jésuites arrivés en Canada en 1625 furent les Pères Charles Lalemant, Énemond Masse,

Jean de Brébeuf et deux Frères. Ils étaient conduits par un Père Récollet, et, sans le secours des religieux de son Ordre, ils auraient fait naufrage en arrivant au port. Les marchands protestants, qui commandaient, en l'absence de Champlain, s'opposèrent par tous les moyens à leur débarquement. « C'estoit un mauvais salut pour eux, dit l'historien Récollet Sagard, et une fascheuse attaque capable d'estonner des personnes moins constantes. » Il fallut pourtant céder devant la ferme volonté du vice-roi qui les établit près du couvent des Récollets (1).

Malgré ses bonnes dispositions, la nouvelle administration restait souvent impuissante pour remédier aux maux de la colonie. Le monopole dont jouissait la Compagnie des Marchands multipliait les obstacles à son développement. Loin de le favoriser, elle entravait le défrichement du sol, base essentielle d'une colonisation durable. Pour l'entretien et les munitions de sa petite garnison, Champlain était lui-même à la merci de ces spéculateurs sordides. Il se décida à repasser encore en France pour faire entendre de nouveau ses plaintes ; mais les intrigues d'une régence orageuse empêchaient qu'on ne s'occupât activement d'affaires qui se passaient si loin de la Cour.

---

(1) Francis Parkman, que nous avons déjà cité, malgré ses préjugés religieux et son fanatisme anti-catholique, a donné ce témoignage remarquable en faveur des Jésuites du Canada: « Il n'y a pas eu d'ordre religieux qui ait eu en même temps et autant d'admirateurs et autant d'ennemis ; mais ses membres en

Cependant, quand le cardinal de Richelieu arriva à l'apogée de sa puissance, il prit une mesure dont on avait raison d'espérer les plus heureux résultats. A la Compagnie des Marchands, la plupart protestants, il substitua une Compagnie de cent associés, composée d'hommes éminents et zélés pour la foi, et il se mit à leur tête. Les lettres patentes que le Roi signa, au camp devant La Rochelle, le 25 avril 1627, semblaient avoir tout prévu pour la prospérité de la colonie et la gloire de la religion. Le Roi accordait le droit de citoyen français aux descendants des colons qui devaient être tous catholiques, et aux indigènes qui embrasseraient le christianisme. « On ne
» fit jamais, remarque judicieusement Dussieux, une
» plus large et une plus heureuse application de la
» charité chrétienne. En accordant aux Indiens ca-
» tholiques une complète égalité avec les citoyens
» français, le grand cardinal donnait la mesure de
» l'élévation et de la hardiesse de son génie (1). »

« Pareille politique, ajoute à ce sujet l'Américain
» Bancroft, respirait bien l'esprit d'une Église qui
» aime tous les membres de l'espèce humaine, sans
» distinction de race ni de couleur. »

Des circonstances fatales et indépendantes des volontés humaines renversèrent bientôt ces magnifiques projets.

Le premier vaisseau, envoyé à grands frais par la

Canada ont toujours mérité une estime sans mélange. » (*The Jes. in North Amer.*)

(1) *Le Canada*, p. 80.

nouvelle Compagnie, fut capturé par les Anglais que des traîtres avaient avertis de son départ.

L'année suivante, un calviniste de Dieppe, David Kertk, qui avait passé avec ses frères au service de l'Angleterre pour mieux assouvir sa haine contre la religion de ses pères et contre sa patrie, reçut commission d'intercepter tous les secours envoyés en Canada et de s'emparer de la colonie.

Aussitôt arrivé à Tadoussac, David envoya son frère à Québec pour sommer Champlain de se rendre.

La fière réponse du commandant français fit croire à l'ennemi que la place était bien pourvue de toutes ressources, et il n'osa pas passer outre. La vérité est, nous apprend Champlain lui-même, qu'il ne lui restait que cinquante livres de poudre, et que les habitants étaient réduits à sept onces de pois par jour; « mais, ajoute-t-il, en ces occasions, bonne mine » n'est pas défendue. »

L'amiral David se contenta, pour le moment, de surveiller le fleuve pour arrêter les convois. Une flotte, richement pourvue, était en effet partie de Dieppe sous les ordres du sieur de Roquemont, l'un des associés. Les Anglais allèrent au-devant d'elle, et, malgré l'infériorité de ses forces, le capitaine français accepta le combat ; mais sa bravoure et son habileté ne purent le sauver : tout fut capturé.

Le P. Ch. Lalemant, le P. Franç. Raguenaud et trois Frères Récollets que portait cette flotte eurent le sort commun. Ils furent emmenés prisonniers en Angleterre et ne durent leur liberté qu'à l'intervention de la Reine mère et aux instances d'Henriette d'Angleterre, sa fille.

Mieux instruit sur l'état de la colonie, David Kertk envoya ses deux frères, l'année suivante, faire une nouvelle sommation à Champlain. La privation de tout secours, depuis près de deux ans, avait réduit les colons à la dernière extrémité. Leurs ennemis, sans le savoir, devenaient leurs sauveurs.

Champlain eut l'adresse d'obtenir des conditions honorables, et il se rendit le 20 juillet 1629. Les Français eurent la liberté de rentrer dans leur patrie; mais la plupart, n'ayant ailleurs aucune ressource, aimèrent mieux rester sur ce sol d'adoption. Il n'y eut d'exception que pour les Religieux, objet d'horreur pour les hérétiques, et ils durent tous repasser la mer.

Pendant le séjour de Champlain sur les navires anglais, en attendant son retour en France, il fut témoin, à Tadoussac, d'une mort expiatoire dont il nous a transmis le récit.

Le capitaine Jacques Michel, calviniste dieppois, avait dirigé l'expédition. Il connaissait bien ces parages, ayant précédemment commandé un vaisseau au service de la colonie, et s'était donné aux Anglais par suite d'un léger mécontentement. Premier officier de la flotte, sous David Kertk, il s'en plaignait amèrement. Ce n'était, selon lui, qu'un marchand de vin, sans aucune connaissance de la mer et n'ayant jamais visité l'Amérique. Habile matelot et soldat courageux, Michel avait poussé les trois frères à entre-

prendre cette expédition, et ses conseils avaient assuré la victoire contre Roquemont. Selon lui, ses services étaient méconnus; on le négligeait, et il menaçait les Kertk de leur enlever la conquête qu'il leur avait procurée. « J'ai laissé ma patrie comme eux, disait-
» il amèrement à Champlain, pour servir un étranger;
» jamais je n'aurai l'âme bien contente. Je suis en
» horreur à tout le monde, sans espérance de retour-
» ner en France où l'on m'a fait mon procès. Me
» traiter ainsi de toutes parts, c'est me réduire au
» désespoir et me forcer à faire plus de mal que je
» n'en ai jamais fait. » Champlain compatissait à sa douleur, cherchait à le consoler et à l'encourager; mais le transfuge, méprisé comme un traître, avait l'âme rongée par le plus noir chagrin, et se livrait à de véritables accès de désespoir. Épuisé par ses remords, il tomba dans un profond assoupissement, dont il ne sortit que pour paraître devant son juge suprême.

La mort de Michel causa plus de plaisir que de regret aux Anglais. Il reçut néanmoins les honneurs dus à son rang et à sa bravoure; « mais, ajoute le nar-
» rateur, le deuil n'en dura guere : au contraire,
» jamais ils ne se resjouirent tant et principalement
» en son vaisseau, où il avoit quelques barils de vin
» d'Espagne. »

Les événements qui précèdent n'étaient pas encore consommés, qu'un grand convoi, équipé par la Compagnie des cent associés, partait de France pour voler au secours de la colonie. Une tempête affreuse l'assaillit et le dispersa en vue de l'île du Cap-Breton. Plusieurs vaisseaux furent jetés à la côte. Deux Jésuites périrent dans ce naufrage.

Un parent de l'infortuné dont nous avons rapporté la triste fin, mais imbu de sentiments différents, le capitaine Daniel, détaché de l'escadre par la tempête, aborda à l'île du Cap-Breton et, apprenant que les Anglais avaient construit près de là un fort dans le Port-aux-Baleines, il résolut de les en chasser. En effet, par un coup de main hardi, il s'empara du fort et le détruisit; puis, pour établir la puissance française sur cette côte, il fonda le poste de Sainte-Anne dans la baie du Grand-Cibou, et y laissa une garnison.

A la même époque, et sur un autre point de la Nouvelle-France, un gentilhomme sauvegardait aussi l'honneur de la France, et maintenait son autorité. Malgré toutes les séductions dont on l'entoura, Charles de La Tour resta en Acadie, fidèle à son Roi, et tint ferme au fort Saint-Louis (1), élevé au cap de Sable. Ainsi, malgré l'usurpation anglaise, le drapeau blanc continua de flotter, comme une protestation, sur deux points de la Nouvelle-France.

Des motifs de religion, plus encore que les considérations de politique et d'intérêt, ne permettaient pas à Louis XIII de renoncer à cette colonie, si rudement éprouvée. Ses réclamations furent entendues, et par le traité de paix du 12 mars 1632, l'Angleterre la

---

(1) Le port s'appelait *Loméron*.

rendit à la France. Mais dans quel état ! L'habitation du gouverneur avait été brûlée, il n'en restait plus que les murs noircis ; neuf mille peaux de castors, appartenant à la Société de Montmorency, avaient été consumées dans cet incendie.

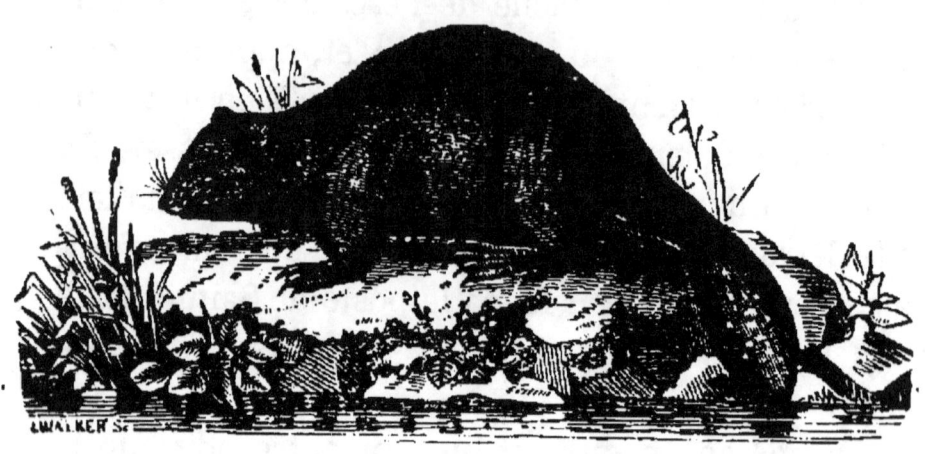

LE CASTOR.

La maison des Jésuites tombait en ruines ; les portes et les fenêtres en avaient été enlevées et brisées ; le couvent des Récollets était encore dans un plus triste état ; le Génie du fanatisme et de la destruction avait passé par là : aussi, les Français furent d'abord embarrassés pour se loger ; ils s'en consolèrent promptement. « Quand on est en mauvais passage, » remarque à ce sujet le P. Lejeune, il faut s'en tirer » comme on peut ; c'est beaucoup qu'un tel hôte » soit sorti de cette maison et de tout le pays (1). »

(1) *Relation de 1632.*

Les PP. Jésuites se tirèrent heureusement d'embarras : dès l'année 1626, un jeune gentilhomme, René Rohault, sur le point d'entrer dans leur Compagnie, supplia ses parents, avant de se séparer d'eux, de consacrer son patrimoine au salut des âmes du Canada. S'associant aux intentions de son fils, le marquis de Gamache offrit la somme de seize mille écus d'or pour la mission de la Nouvelle-France. La prise de Québec suspendit les négociations; mais cette promesse ne fut pas oubliée. En 1635, les PP. Lalemant et de Quen ouvraient une école pour les Français, et des matériaux furent réunis pour la construction de vastes bâtiments. Le général des Jésuites avait accepté la donation faite par le marquis de Gamache, et les fondements du collége de Québec furent jetés, près du fort Saint-Louis, sur un terrain de douze arpents qui leur fut concédé. Cette fondation eut pour résultat d'engager plusieurs familles honorables à passer au Canada, où elles pouvaient désormais procurer à leurs enfants une éducation chrétienne et une instruction en rapport avec leur état.

Cette restitution de la Nouvelle-France, due en grande partie à l'insistance de Champlain, lui donnait des titres nouveaux pour devenir le restaurateur de notre puissance dans ces contrées. Il en reçut en effet la commission royale, et il envoya immédiatement Duplessis-Bochard, un de ses lieutenants, avec quelques missionnaires jésuites, pour en prendre possession, en juillet 1632.

L'année suivante, il s'y rendit lui-même (1) avec une escadre qui portait d'abondantes provisions et des colons choisis (2), parmi lesquels étaient une femme et deux jeunes filles, qui avaient consenti à suivre l'expédition et à aller constituer dans la Nouvelle-France des familles stables et honnêtes.

Aussitôt arrivé en Canada, Champlain se hâta d'élever, sur le cap de Québec, l'église de Notre-Dame de Recouvrance, en mémoire du vœu qu'il avait fait, si jamais le Canada était rendu à la France. Un de ses premiers soins fut aussi de rétablir les missions sauvages et surtout celle des Hurons. Il y introduisit l'illustre P. de Brébeuf, que bien d'autres missionnaires suivirent sur ce théâtre si fécond en héroïsme.

Les intérêts du commerce le préoccupaient aussi ; et peu de jours après son arrivée à Québec, il tint un grand conseil auquel il avait invité les chefs des Montagnais et des Algonquins réunis à Trois-Rivières, dans le dessein d'aller trafiquer avec les Anglais qui

---

(1) Champlain avait utilisé son séjour en France en publiant une deuxième édition de ses *Voyages*, et un *Précis de l'Histoire de la Nouvelle-France*.

(2) Un glorieux témoignage à rendre aux fondateurs du Canada et à ceux qui travaillèrent à son développement, c'est qu'ils se montraient très-sévères dans le choix des colons. On vit plus d'une fois les nouveaux venus forcés à retourner immédiatement en France lorsqu'on découvrait leur vie scandaleuse. « Tant que ceux qui tiennent le timon, écrivait le P. Lemer-
» cier en 1654, défendront aux vaisseaux d'amener ici de ces
» marchandises de contrebande, tant qu'ils y feront régner la
» vertu, cette colonie fleurira, et sera bénie de la main du
» Très-Haut. »

les attendaient à Tadoussac. Il leur parla avec tant d'adresse et d'entrain, que tous lui promirent de ne faire aucun échange avec les ennemis des Français. Sa gaieté et sa franchise agissaient sur ces Sauvages plus sûrement que les meilleurs raisonnements. « Tu
» es toujours le même, lui disait, à la suite de cette
» assemblée, Capitana, chef très-influent ; tu as tou-
» jours quelque propos joyeux à la bouche pour nous
» mettre de bonne humeur. »

Voulant leur ôter jusqu'à la pensée de descendre au-dessous de Québec, Champlain établit un poste de traite près de la pointe de Sainte-Croix. Un îlot, situé vers le bas rapide de Richelieu, lui offrait toutes sortes d'avantages pour l'exécution de son projet, et dès le mois de juin les Sauvages s'y arrêtaient. Lorsqu'ils eurent échangé la plus grande partie de leurs pelleteries, les Nipissiriens et les Algonquins de la nation de l'Iroquet demandèrent à aller jusqu'à Québec satisfaire leur curiosité et conclure quelques marchés avec les Montagnais. Par prudence, Champlain les y accompagna.

Ces enfants des forêts étaient d'une simplicité souvent incommode. L'un d'eux suivait un jour très-attentivement les mouvements d'un jeune tambour. Celui-ci, ennuyé d'être approché de si près, donna sur la tête du curieux un coup de baguette si rudement appliqué que le sang jaillit. Une grande rumeur s'éleva parmi les compagnons du blessé. « Voici un
» des tiens qui a blessé notre frère, dirent-ils à
» l'interprète ; tu sais la coutume : fais-nous un pré-

» sent pour le guérir. » — « Il n'en est pas ainsi
» parmi nous, fut-il répondu, quand l'un de nous
» fait du mal, on le châtie. Cet enfant a blessé un
» des vôtres, il va être fouetté. » Le coupable fut en
effet saisi ; mais lorsque les Sauvages virent qu'on le
dépouillait de ses vêtements et que les verges étaient
prêtes, ils prièrent qu'on lui pardonnât, disant que
c'était un enfant et qu'il n'avait pas d'esprit. La punition allait néanmoins être infligée, lorsqu'un Nipissirien, se découvrant les épaules, jeta sa robe sur
le dos du petit tambour, et se tournant vers celui qui
allait exécuter la sentence : « Frappe sur moi, lui
» dit-il, mais tu ne toucheras pas à cet enfant ! »
Champlain, informé du fait, lui fit grâce.

Ce trait prouve la bonté de ce peuple, qui, dans
cette circonstance, était excitée encore par la répugnance qu'ont toutes les nations américaines à voir
châtier ceux auxquels ils ne supposent pas assez de
raison pour discerner le bien du mal. Cette faiblesse
pour la jeunesse les jette souvent dans les plus graves
embarras.

Les Hurons, qui n'avaient pas voulu descendre tant
que les Anglais étaient restés maîtres du pays, se rendirent à Québec en 1632 et 1633. Pendant leur séjour
dans la colonie, Champlain eut à passer par toutes les
tribulations des festins, des fêtes et des conseils. Deux
questions importantes furent le sujet de nombreux
discours. Il s'agissait de la liberté à rendre à un Algonquin, auteur d'un meurtre, et du départ du P. de
Brébeuf. Chacun des capitaines, enchanté de le revoir,

voulait le posséder dans son village. Mais, n'ayant pas obtenu la remise du coupable, ils changèrent tout à coup d'avis. Le gouverneur étonné leur en demanda le motif. « C'est fort bien de punir un assas-
» sin, répondit l'un des chefs ; mais ses parents, ses
» amis, toute la jeunesse de son village nous l'ont re-
» demandé, et ils nous attendent au passage ; si nous
» ne le ramenons pas, ils se jetteront sur les Français
» qui seront avec nous, et nous ne pourrons les sous-
» traire à leur fureur sans engager un combat qui
» ferait de nos alliés des ennemis. Pouvons-nous
» même répondre de l'événement ? Et quel chagrin
» n'aurions-nous pas de voir massacrer sous nos yeux
» des hôtes que tu nous aurais confiés ! » Champlain ne voulut pas céder aux instances de ces Sauvages, sachant qu'ils se montraient d'autant plus exigeants qu'on leur accordait davantage. Il refusa de relâcher le criminel et engagea les Jésuites à remettre leur départ à l'année suivante, malgré tout son désir de les voir fonder dans un pays si important un établissement dont il appréciait tous les avantages sous le double rapport de la religion et du commerce.

Champlain était un homme de foi, et elle servait de mobile à sa conduite. Il avait coutume de dire que le salut d'une âme valait plus que la conquête d'un empire, et que les rois ne doivent songer à étendre leur domaine dans les pays infidèles, que pour y faire régner Jésus-Christ.

Une activité persévérante, un zèle infatigable et, par-dessus tout, un grand fond d'honneur et de cha-

rité, inspiraient à tous la confiance, le respect et l'amour. « On voit, en lisant ses *Mémoires*, dit Char-
» levoix, qu'il n'ignorait rien de ce que doit savoir un
» homme de sa profession. On y trouve un historien
» fidèle et sincère, un voyageur qui observe tout, un
» écrivain judicieux, un bon géomètre et un habile
» homme de mer. »

Le retour des Français en Canada avait produit, dans nos provinces maritimes, un certain mouvement qui s'étendit dans l'intérieur de la France, et pour faciliter l'émigration, des associations se formèrent. L'une des plus heureuses fut établie à Mortagne, en 1634, sous la direction de Robert Giffard, qui avait déjà visité Québec, comme médecin attaché aux vaisseaux qui s'y rendaient tous les ans. Il y retournait, en 1628, lorsqu'il fut fait prisonnier avec de Roquemont. En retour de ses services et des pertes qu'il avait essuyées, la Compagnie des cent associés lui concéda la terre de Beauport. Des laboureurs, des artisans s'unirent à lui pour aller exploiter sa seigneurie. Il s'engageait, de son côté, à leur distribuer des terres dans des conditions avantageuses. Dès le printemps de cette année 1634, Giffard se mit en route avec sa famille et ses censitaires. Il s'embarqua à Dieppe sur des navires que Duplessis-Bochard conduisait en Canada. Arrivés au mois de juin, ils se mirent aussitôt à l'œuvre, construisirent un manoir pour le seigneur, quelques modestes maisons pour eux-mêmes, et défrichèrent la terre pour y jeter les premières semences. Sous l'habile direction du chef, le petit établissement de Beauport s'assit bientôt sur un terrain arraché à la forêt, et, dès l'automne suivant, un village naissait, se dressant gaiement en face de Québec, au-dessus de la magnifique nappe d'eau qui en forme la rade. L'histoire a conservé les noms de ces modestes pionniers, qui réalisèrent, sous les yeux de Champlain, le plus cher de ses vœux, en appliquant le moyen vraiment solide de colonisation qu'il n'avait cessé de recommander. Ils étaient vingt-huit, presque tous de Mortagne et de Tourouvre. C'était un noyau précieux. Le Perche eut donc la gloire d'être à la tête du mouvement, car la Normandie elle-même n'avait fourni jusque-là qu'une vingtaine de colons, la Picardie trois, le Maine deux, la Brie deux, la Champagne deux, la Beauce trois, Paris deux, la Bretagne un, l'Ile-de-France un et le Poitou un. La plupart de ces émigrants avaient des noms ignorés alors et qui ont été illustrés par eux-mêmes ou par leurs descendants ; tels que les Le Moine, les Hertel, les Le Gardeur, les Juchereau, les Godefroy, Jolliet, Couture, Marguerie, etc.

Ce fut à cette époque qu'un simple poste de traite, offrant les avantages de la pêche et de la chasse, prit de l'importance et devint un établissement fixe. On lit en tête des registres des baptêmes, mariages et décès, ouverts dans cette ville, une note ainsi conçue : « Messieurs de la nouvelle Compagnie ayant ordonné qu'on dressât une nouvelle habitation en un lieu nommé les Trois-Rivières, M. de Champlain, qui commandait en ce pays, envoya, de Québec, une barque sous la conduite de M. de La Violette, lequel mit pied à terre le quatrième jour de juillet de l'an 1634, avec quelque nombre de nos François, pour la plupart artisans, et, dès lors, on donna commencement à la maison et habitation du fort de ce lieu (1). » C'est sur les instances du gouverneur que cette importante décision avait été prise, et c'est à lui que la seconde ville du Canada dut sa naissance. Ville-Marie s'éleva un peu plus tard, sur le lieu même qu'il avait indiqué et préparé, dans l'île de Montréal.

La divine providence ne laissa pas à Champlain le temps de voir l'entier couronnement de son œuvre.

Il venait de préparer à Québec l'établissement du collége dont le marquis de Gamache était le fondateur, quand la mort le frappa, le 25 décembre 1635. Le clergé, les soldats et le peuple pleurèrent en lui un ami et un père. Sa mort fut un deuil général et comme une calamité publique.

Mme de Champlain, qui était restée en France, fut désolée de la perte de son mari. Elle vivait avec sa mère, et, lorsqu'elle l'eut perdue, elle se retira dans un monastère d'Ursulines, et prit le voile.

A son exemple, son frère, Eustache Boullé, abandonnant le Canada, de vaillant soldat qu'il avait été, devint fervent religieux.

---

(1) *Cours d'histoire du Canada,* par l'abbé Ferland.

V

Le chevalier de Montmagny (1636-1647). — Travaux des missionnaires. — Morts du P. de Noüe et du P. Jogues.

Le chevalier de Montmagny (1), homme plein de piété et d'énergie, succéda à Champlain en 1636. Il suivit les plans de son prédécesseur, et cette conduite fait à elle seule l'éloge de son administration. Il eut aussi beaucoup à souffrir de la pénurie dans laquelle on le laissa ; car la Compagnie des cent associés, malheureuse dans ses premiers essais, avait vu s'épuiser peu à peu ses ressources et n'était plus à même d'ac-

---

(1) Les Sauvages ayant connu la signification du nom de Montmagny (Grande Montagne), le traduisirent dans leur langue par *Onontio*, et conservèrent ensuite ce nom à tous les Gouverneurs. Le Roi était le grand *Onontio* des Français.

tiver par un concours efficace le prompt développement de la colonie. Ce fut pour son état politique et matériel une cause prolongée de langueur et de souffrances. Sa condition religieuse s'en ressentit moins : on peut même dire que les années qui vont suivre sont la période merveilleuse des travaux et des triomphes de la Foi ; aussi leurs récits tiennent-ils à cette époque une large place dans les annales de la Nouvelle-France.

Le mouvement religieux partait de la métropole ; mais il était admirablement secondé par les efforts du zèle apostolique.

Un riche seigneur français, le commandeur de Sillery, qui s'était établi en Canada, fonda près de Québec, en 1637, la première mission stable d'Algonquins et de Montagnais. En fixant dans un lieu ces peuples nomades, il devenait plus facile d'en faire des chrétiens. Cette réduction, où l'on vit d'admirables exemples de foi et de ferveur, n'existe plus ; mais son nom, resté à l'anse où elle s'élevait, a perpétué à jamais le souvenir de son fondateur (1).

Le Canada allait être témoin d'un autre dévouement plus admirable encore. Des femmes héroïques vinrent s'associer, loin de leur patrie et de leurs familles, aux rudes travaux de l'apostolat. Tant de courage mérite que nous entrions dans quelques détails.

Marie-Madeleine de Wignerod, nièce du cardinal

(1) Voir à l'*Appendice,* Note C.

de Richelieu, était jeune encore lorsqu'elle devint veuve, sans enfants, et demeura auprès de son oncle qui lui donna, en 1638, la terre d'Aiguillon, érigée en duché. Elle partagea la bienveillance du grand ministre pour le Canada, et écrivait au P. Lejeune, en 1637 : « Dieu m'ayant donné le désir d'aider au salut
» des pauvres Sauvages, après avoir lu la relation
» que vous en avez faite, il m'a semblé que ce que
» vous croyez qui puisse le plus servir à leur con-
» version est l'établissement des religieuses hospi-
» talières dans la Nouvelle-France ; de sorte que je
» me suis résolue d'y envoyer, cette année, six ou-
» vriers pour défricher des terres et faire quelques
» logements pour ces bonnes filles. Si je puis con-
» tribuer à quelque autre chose pour le salut de ces
» pauvres gens, pour lesquels vous prenez tant de
» peine, je m'estimerai bien heureuse. »

Ayant obtenu un terrain à Québec, elle y avait donc envoyé des hommes pour défricher l'emplacement d'un Hôtel-Dieu et en jeter les fondements. Comme elle ne voulait confier cet établissement qu'à des religieuses très-expérimentées, elle s'adressa, en 1638, aux Augustines, qui tenaient l'hospice de Dieppe. Sa demande fut agréée avec grande joie, et toutes les saintes filles de la Communauté s'offrirent spontanément. On en choisit trois qui reçurent avis de se préparer à partir par les premiers vaisseaux du printemps de 1639. C'étaient la Mère Marie Guenet de Saint-Ignace, supérieure, et les Mères Saint-Bernard et Saint-Bonaventure.

La seconde institution fut entièrement inspirée par la Providence. Ni la Compagnie de la Nouvelle-France, ni ses protecteurs ordinaires ne furent appelés à y prendre part. A diverses reprises on lui avait cherché des patrons; mais toujours quelques circonstances imprévues avaient rompu les plans formés par les amis du Canada. Enfin, une jeune femme d'Alençon, Marie-Madeleine de Chauvigny, veuve de Charles Grivel de La Pelterie, fut conduite par des voies merveilleuses à mener à terme une entreprise si souvent abandonnée. Après mille difficultés qu'elle parvint à surmonter, elle obtint de sa famille, puissante alors par sa position et sa fortune, la grâce de consacrer ses biens et sa personne à la fondation d'une maison religieuse pour l'éducation des jeunes filles à la Nouvelle-France. Aussitôt elle va à Paris, consulte saint Vincent de Paul et d'autres prêtres, qui approuvent son dessein. L'un d'eux, l'abbé de Bernières, lui sert de protecteur et la conduit à Tours où il savait que, depuis plusieurs années, une Ursuline de cette ville nourrissait le même projet. C'était une veuve qui avait, elle aussi, connu les plaisirs du monde et avait, de plus, goûté les joies de la maternité. La religion lui avait offert la seule consolation capable de calmer sa douleur, et elle avait pris le voile sous le nom de Mère Marie de l'Incarnation. C'était une femme remarquable par ses vertus, son esprit et ses talents.

L'archevêque de Tours lui permit d'obéir à la voix intérieure qui, depuis longtemps, l'appelait à Québec;

p. 77

Mme de la Pelterie.

La Vble Marie de l'Incarnation.
Ursuline de Québec.

mais elle avait besoin de compagnes pour la seconder dans sa pénible mission. Elle en trouva facilement deux : les Mères Marie de Saint-Joseph (1) et Cécile de la Croix.

Le 4 mai 1639, les trois Ursulines, leur fondatrice et les Hospitalières, s'embarquèrent à Dieppe, avec le P. Vimont, supérieur des Jésuites de la Nouvelle-France. La traversée fut longue et pénible. Enfin, le 1er août, les religieuses arrivèrent devant Québec. Tous les habitants s'étaient portés à leur rencontre, et ce fut un jour de fête pour la population. Les humbles servantes de Dieu, en mettant pied à terre dans leur patrie d'adoption, baisèrent avec respect ce sol inconnu qu'elles venaient féconder par leurs sueurs et, s'il le fallait, par leur sang. Pour honorer tant de vertus, le Gouverneur descendit au rivage, à la tête de sa garnison, et reçut ces précieuses auxiliaires au bruit du canon et en présence des Sauvages étonnés ; car ils n'avaient pas le secret de semblables sacrifices. Le cortége se rendit à la chapelle de Notre-Dame de Recouvrance, où un *Te Deum* fut chanté en action de grâces.

Avant de se séparer, les deux Communautés visitèrent le village de Sillery. Avec quel bonheur ne virent-elles pas les pauvres familles au service desquelles elles se dévouaient; avec quelle satisfaction, quelle vivacité et quelle ardeur Mme de La Pelterie

---

(1) Elle était de l'Anjou et s'appelait dans le monde Mlle de Savonnière de La Troche.

n'embrassa-t-elle pas les petites Montagnaises qui allaient devenir ses élèves et ses enfants ! C'étaient les arrhes du sacrifice de sa vie entière.

La maison des Ursulines n'était pas encore commencée ; celle des Hospitalières sortait à peine des fondations. On plaça celles-ci dans un bâtiment neuf appartenant aux Cent Associés, et celles-là dans un misérable taudis qui n'avait que deux pièces. C'est là qu'elles reçurent comme pensionnaires six petites filles sauvages, et qu'elles instruisirent quelques jeunes Françaises. Elles n'étaient pas à l'aise, renfermées, avec leurs élèves, dans ces deux chambres, tour à tour cuisine, dortoir et classes ; mais elles se trouvaient heureuses en se voyant entourées de celles pour l'amour de qui elles avaient abandonné leur patrie et leurs parents (1).

Un incendie ayant consumé la maison des Jésuites et la chapelle, le Gouverneur les plaça provisoirement dans celle qu'occupaient les Hospitalières ; et celles-ci s'installèrent dans la mission de Sillery, pendant qu'on achevait la construction de l'hôpital de Québec.

Une pensée pieuse et en même temps toute civilisatrice formait à Paris, l'année suivante, une Société d'hommes puissants, ecclésiastiques et laïques, sous la direction du vénérable abbé Ollier, fondateur de la congrégation de Saint-Sulpice. Ils préparaient la

---

(1) *Lettres spirituelles et historiques*, de la M. Marie de l'Incarnation.

création d'un poste avancé dans l'île de Montréal, que, malgré les sages conseils de Champlain, la Compagnie de la Nouvelle-France avait toujours négligé d'occuper. La fondation de ce poste était dans les intérêts du commerce et de la sûreté du pays, mais surtout dans ceux de la religion et de la conversion des Sauvages.

Un pieux et brave gentilhomme champenois, Paul de Chaumedey, sieur de Maisonneuve, nommé gouverneur de la future colonie, se rendit à La Rochelle afin de hâter les préparatifs du départ. Il y recruta des hommes vigoureux, maniant l'épée et le mousquet aussi bien que la hache et la houe, et acheta les approvisionnements nécessaires. Mais ce n'était pas tout. Il fallait trouver une femme vertueuse qui consentît à s'expatrier, à aller dépenser sa vie dans les privations, à soigner les malades, à veiller à la garde et à la distribution des vivres et des marchandises, à remplir, en un mot, la double fonction de sœur de charité et d'économe. La Providence lui amena celle que l'or n'eût pu lui procurer.

Mlle Jeanne Mance, fille d'un procureur du Roi à Nogent, près de Langres, était venue à Paris, poussée par l'inspiration de se consacrer au service de Dieu dans la Nouvelle-France. Elle consulta le P. Charles Lalemant, qui l'engagea à persévérer dans cette voie. La Reine Anne d'Autriche et les premières dames de la Cour, informées de sa résolution, voulurent la voir et l'interroger. A leurs questions elle répondit simplement qu'elle savait bien que Dieu l'appelait dans le Canada, mais qu'elle ignorait pourquoi. L'attention publique se fixa dès lors sur elle, et Mme de Bullion, veuve d'un surintendant des finances, et maîtresse de grands biens qu'elle employait en bonnes œuvres, lui demanda si elle ne serait pas aise de se charger d'un hôpital qu'elle avait l'intention de fonder. C'était une ouverture du Ciel, et la pieuse fille déclara qu'elle était prête à tout pour obéir à sa volonté. Sa protectrice lui remit une bourse pour payer les frais de son voyage, et elle se mit en route pour La Rochelle.

Les vaisseaux de la Compagnie de Montréal allaient partir. Mlle Mance rencontra de La Dauversière (1) chez les Jésuites, dont plusieurs étaient du voyage. C'était bien là la personne que les Associés cherchaient en vain. Des ouvertures lui furent faites, et elle consentit volontiers à se joindre aux émigrants dont elle devait être l'ange consolateur et le soutien dans leurs souffrances.

La petite colonie arriva trop tard pour commencer les travaux et passa l'hiver à Québec. Quelques colons voyaient avec regret que les nouveaux venus allaient se séparer d'eux pour s'établir, à une grande distance de la principale habitation, dans une con-

---

(1) Le Royer de La Dauversière, receveur des Tailles à la Flèche, était d'une grande piété. Il conçut le premier la pensée de la fondation d'une colonie consacrée à la Sainte Vierge, et associa à cette entreprise le baron de Fancamp, gentilhomme riche et très-charitable. Ils formèrent avec l'abbé Ollier le noyau de l'association nommée depuis Société de Notre-Dame de Montréal.

trée exposée aux fréquentes incursions des barbares. Ne valait-il pas mieux réunir ces forces aux anciennes et se mettre en état de résister plus efficacement aux ennemis? Cette raison fit impression sur l'esprit du chevalier de Montmagny, qui proposa à de Maisonneuve de se fixer à l'île d'Orléans, à la proximité de Québec. « Le poste que vous m'offrez serait bon,
» répondit le brave officier, si on m'avait envoyé
» pour délibérer et choisir le lieu qui me convien-
» drait; mais la Compagnie qui m'a investi de sa
» confiance ayant déterminé que j'irais à Montréal,
» il est de mon honneur et vous trouverez naturel
» que j'y monte, quand tous les arbres de cette île
» se devraient changer en autant d'Iroquois. »

Cette noble réponse plut tellement au Gouverneur qu'il voulut lui-même conduire le chef de l'expédition à sa destination, afin de lui en faire prendre immédiatement possession.

Le 17 mai 1642, de Maisonneuve alla donc, avec une quarantaine de colons, jeter les premiers fondements de cette cité nouvelle qui s'appela d'abord Ville-Marie et plus tard Montréal. Ce n'était alors qu'une réunion de quelques cabanes avec leur chapelle en écorce, protégées par une enceinte de pieux, élevée à la hâte pour les mettre à l'abri d'une attaque subite des Iroquois.

Parmi les Sauvages amis, témoins de cette humble prise de possession, se trouvaient deux vieillards de la nation des Iroquets. Ils conduisirent de Maisonneuve sur le sommet de la montagne à laquelle l'île

3*

doit son nom, et, montrant un vaste horizon : « Nos
» ancêtres, lui dirent-ils, habitaient le pays que tu
» vois. Ces collines, à l'orient et au midi, étaient cou-
» vertes de nos cabanes. Les Hurons en ont chassé
» nos pères. Les uns se sont retirés chez les Abéna-
» quis, d'autres chez les Iroquois, et le reste s'est
» réuni aux vainqueurs. C'est ainsi que notre peuple
» a été dispersé et comme anéanti ; nous te cédons
» nos droits sur cette terre. »

L'œuvre des missions prenait, à cette époque, de grands développements. Elle occupait près de quarante missionnaires. Outre les missions volantes qui se faisaient, selon le besoin, dans les différentes directions, on en comptait plusieurs fixes : celle de Sainte-Anne, dans l'île du Cap-Breton ; celle de Saint-Charles, dans l'île de Miscou, à l'entrée de la baie des Chaleurs, et enfin celle de la nation huronne, la plus importante, et qui occupa à elle seule jusqu'à dix-huit missionnaires. Ce peuple est resté, avec raison, célèbre dans nos annales par sa fidélité envers les Français, par les laborieux travaux que coûta sa conversion, par le sang qu'ont versé plusieurs de ses apôtres, et enfin par la guerre d'extermination que lui ont faite les Iroquois.

La vie du missionnaire huron réunissait dans son ensemble tous les genres d'épreuves et de difficultés inséparables de l'apostolat dans une contrée barbare. Un tableau en raccourci en donnera une légère idée.

Pour arriver sur le théâtre de son zèle, le missionnaire avait à accomplir, en partant de Québec, un voyage de près de douze cents kilomètres, par les rivières et par les lacs, dans de fragiles canots d'écorce, dont la légèreté faisait aussi le danger.

COURANT RAPIDE.

Le moindre mouvement brusque compromettait l'équilibre.

Une fois assis sur le fond même du canot, le voyageur devait se condamner à garder cette position immobile jusqu'à la station prochaine (1).

Le plus souvent, les Sauvages obligeaient les missionnaires à manier comme eux la pagaie tout le jour. Ils ne comprenaient pas qu'on pût rester inactif dans le canot. Les voyageurs s'arrêtaient chaque soir et prenaient leur repos sur la terre ou le rocher du rivage. C'était aussi le moment du repas, composé presque toujours d'un peu de blé d'Inde, écrasé grossièrement entre deux pierres et cuit à l'eau sans aucun assaisonnement.

Une des plus grandes difficultés de ces longues excursions consistait dans des chutes d'eau ou des rapides impétueux qui interrompaient le paisible cours des rivières et ne permettaient pas de continuer directement la navigation. Il fallait alors mettre pied à terre et porter à bras, jusqu'au-delà de l'obstacle, le canot et tous les bagages qu'il renfermait. Dans son voyage chez les Hurons, le P. de Brébeuf a compté trente-cinq de ces passages difficiles, qu'on nomme

---

(1) Les Sauvages du Canada se servaient de deux espèces de canots. Les uns étaient formés d'un tronc d'arbre qu'ils creusaient avec leurs haches en pierre et à l'aide du feu. Quoique faciles à manier sur l'eau, ils étaient lourds et massifs, et ne pouvaient pas servir aux voyages lointains. Les seconds consistaient dans une petite charpente en lattes très-minces et très-flexibles, sur lesquelles on appliquait une légère écorce de bouleau. Il fallait peu de chose pour les percer ou les briser, mais aussi presque sur tous les rivages le Sauvage trouvait les matériaux pour les réparer ou les reconstruire. Ce canot est d'une telle légèreté que deux hommes peuvent le porter sans peine sur leurs épaules.

Portages, et dont quelques-uns étaient de deux et même de quatre kilomètres de long.

UN PORTAGE.

Arrivé dans sa mission, l'homme apostolique rencontrait des épreuves de toute nature. Il lui fallait adopter les usages des Sauvages, compatibles avec sa condition, sous peine de blesser leur orgueil et leur susceptibilité. Sa cabane ressemblait à la leur. Il avait, comme eux, la terre pour lit, la vermine pour compagne, et il devait s'habituer à leur nourriture grossière et insipide.

Le F. Sagard, Récollet, qui a passé chez les Hurons une année en 1623-1624, nous a laissé le tableau de ce genre d'existence. « Nous prenions notre repos, écrit-
» il, sur une natte de jonc ; un billot de bois nous ser-
» voit de chevet pendant la nuit et nos manteaux de
» couvertures. Nous n'avions point d'autres serviettes
» que les feuilles de blé d'Inde. Nous avions bien
» quelques couteaux ; mais ils ne nous étoient aucu-
» nement nécessaires pendant le repas, n'ayant pas
» de pain à couper. La viande, d'ailleurs, nous étoit si
» rare que nous avons souvent passé des six semaines
» et des deux mois entiers sans en manger un seul
» morceau, sinon quelque petite portion de chien,
» d'ours ou de renard, qu'on nous donnoit dans les
» festins. A la réserve du temps de Pasques et de
» l'automne, que les François nous fournissoient de
» leur chasse, nos viandes ordinaires étoient de la
» sagamité (1), des citrouilles et des pois, où nous
» mettions, pour y donner quelque goût, de la mar-
» jolaine, du pourpier, d'une certaine espèce de
» baume, avec des petits oignons sauvages que nous
» trouvions dans les bois. Notre boisson étoit l'eau
» des ruisseaux, et si, dans le temps que les arbres

(1) La *sagamité* était la bouillie de blé d'Inde cuite à l'eau.

» estoient en sève, quelqu'un de nous se trouvoit
» indisposé ou ressentoit quelque débilité de cœur,
» nous faisions une fente dans l'écorce d'un érable
» qui distilloit de l'eau sucrée qu'on amassoit avec
» un plat d'écorce et qu'on buvoit comme un remède
» souverain, quoique, à la vérité, les effets n'en fus-
» sent pas bien considérables (1). »

Le missionnaire suivait les Sauvages à la pêche et à la chasse, pour les instruire et empêcher qu'ils ne se livrassent à leurs pratiques superstitieuses; il partageait alors les fatigues de leur vie errante. La chasse, à laquelle les hommes seuls se livraient, était pour un Européen un véritable supplice. Elle avait lieu pendant la saison la plus rigoureuse, dans les grands bois fréquentés par l'ours, le castor, le caribou et l'orignal.

On campait sous des cabanes, dont le P. Lejeune nous a laissé la description :

« Figurez-vous un grand trou rond ou quarré
» creusé dans la neige... Cette muraille blanche
» nous environnoit de tous costez, excepté par l'en-
» droit où on la fendoit pour pratiquer la porte. »
Quelques perches plantées dans la neige congelée, et se rapprochant un peu par le haut, formaient la charpente sur laquelle on jetait deux ou trois rouleaux d'écorces cousues ensemble. Puis, « on atta-
» choit une méchante peau à deux perches pour
» servir de porte : voilà la maison faite. »

---

(1) *Grand Voyage au pays des Hurons.*

Elle était si basse qu'on n'eût pu s'y tenir debout, même si la fumée n'eût pas suffoqué. Il fallait donc être toujours couché ou assis sur la terre : c'est la posture ordinaire des Sauvages. « Sortir dehors, il
» n'y faut pas songer, ajoute le narrateur : le froid, la
» neige, le danger de s'égarer vous font rentrer plus
» vite que le vent. »

Ce cachot avait bien d'autres incommodités. « On a,
» poursuit le P. Lejeune, la tête à la neige, séparée
» par une branche de pin et souvent par le seul
» bonnet. Les vents ont la liberté d'entrer par mille
» endroits... Quand il n'y auroit que l'ouverture d'en
» haut, qui sert de fenestre et de cheminée tout en-
» semble, le plus gros hiver de France y pourroit,
» tous les jours, passer tout entier sans empresse-
» ment. » Le froid n'était cependant pas ce qui tour-
mentait le plus, car un petit lieu s'échauffe aisément par un bon feu. « Le nostre me rotissoit parfois et me
» grilloit de tous costez. La cabane estoit si estroite
» que je ne savois comment me deffendre de son
» ardeur. Je ne pouvois changer de position, estant
» resserré par mes voisins..... M'estendre estoit im-
» possible : la place estoit si estroite que mes jambes
» eussent esté à moitié dans le feu. De me tenir en
» peloton et toujours raccourci, je ne le pouvois pas
» aussi longtemps qu'eux : mes habits ont esté tout
» brulez... »

Ce n'était pourtant pas là encore ce qu'il y avait de plus insupportable ; mais la fumée était un martyre. « Elle nous terrassoit parfois tous, c'est-à-dire,

» qu'il falloit, pour ne pas la boire et pour respi-
» rer, mettre la bouche contre terre et la manger
» presque..... J'ay quelquefois demeuré plusieurs
» heures dans cette position, notamment dans les
» plus grands froids et lorsqu'il neigeoit..... Que ce
» breuvage est amer! Que cette odeur est forte!
» Que cette vapeur est nuisible à la vue! J'ay cru
» souvent que je m'en allois estre aveugle. »

Les chiens avaient aussi leurs inconvénients : ces pauvres bêtes, ne pouvant résister à une atmosphère telle que les arbres des forêts craquaient et se fendaient, se réfugiaient dans la cabane et « se venoient
» coucher tantost sur mes épaules, tantost sur mes
» pieds, et je n'estois pas marry de cet abry, leur ren-
» dant volontiers une partie de la chaleur que je
» tenois d'eux. Cependant, comme ils estoient grands
» et nombreux, ils me pressoient parfois et m'im-
» portunoient au point de me dérober tout mon
» sommeil (1). »

La pêche était un exercice moins pénible, mais non exempt de privations ; elle se faisait au printemps. Les femmes y prenaient part et y avaient leurs fonctions. On campait sur les bords d'un petit lac ou d'une rivière. Si l'on prenait beaucoup de poissons, on en mangeait quelques-uns ; mais si on en prenait peu, on les gardait avec soin pour l'été, après les avoir vidés et exposés à la fumée. On n'employait alors pour nourriture que les intestins, et c'était là

(1) *Relation de 1634.*

tout l'assaisonnement qu'on ajoutait à la sagamité. Le P. Jogues, qui s'était accoutumé à ces sortes de ragoûts, ajoute avec simplicité : « L'habitude, la faim » et le manque de toutes choses, rendent sinon » agréable, du moins tolérable ce qui semble sou-» vent révoltant pour la nature. »

Quelle horrible existence! Pour l'embrasser de son plein gré, il fallait une grande charité envers son prochain, un grand amour de Dieu et une grande abnégation de soi-même. Le missionnaire avait en outre à braver, dans ces courses, les dangers continuels de la rencontre de l'implacable Iroquois ; il était même menacé, parfois, de tomber victime de ses propres hôtes, aussi inconstants dans leur conduite, que crédules et accessibles aux suggestions perfides de leurs sorciers, qui attribuaient aux Robes noires tous les contre-temps qui survenaient (1).

L'intérêt qu'inspirait la mission des Hurons et les espérances qu'elle faisait concevoir, même pour le

---

(1) Cette vie du missionnaire catholique a été noblement appréciée par d'illustres écrivains protestants. « Toutes les traditions de cette époque, dit Bancroft, rendent hommage à leur intrépidité. Les horreurs de la vie des déserts du Canada les trouva toujours d'une résignation invincible et d'une paix profonde. Privés de toutes les douceurs de la vie et en dehors de toute tentation de vaine gloire, ils mouraient entièrement au monde et rien ne pouvait altérer la sérénité de leur âme. »

« Pour l'héroïsme des travaux, dit le Dr Jared Sparks, et la constante abnégation de soi-même dans une grande cause, l'histoire du monde offre peu d'exemples comparables à celui des anciens missionnaires du Canada. Le détail de leurs travaux et de leurs souffrances ne saurait être étudié trop complétement. »

développement de la colonie, fit naître le projet de fonder à Québec un pensionnat de jeunes Hurons qui aideraient avec avantage à la conversion de leurs compatriotes. Le P. Daniel fut chargé de conduire aux Français cette petite avant-garde ; mais, au moment de l'embarquement, la voix de la nature fut plus puissante sur les parents que leur parole donnée, et la plupart ne purent consentir à se séparer de leurs enfants : quatre seulement suivirent le missionnaire. On le vit arriver à Trois-Rivières, nous disent les annales de l'époque, dans son canot d'écorces, l'aviron à la main, son bréviaire suspendu à son cou, les pieds nus, la chemise en lambeaux, avec une soutane toute déchirée sur son corps décharné, mais le visage joyeux et sur lequel se lisait le contentement de son âme.

Les voyages des missionnaires n'étaient pas tous aussi heureux. Souvent ils trouvaient des Iroquois échelonnés sur le grand fleuve, dressant des embûches à ceux qui allaient trafiquer avec les colons, tandis que d'autres pénétraient jusqu'au cœur du pays des Hurons pour y porter la destruction et la mort. Ces ennemis des Français et de leurs alliés avaient redoublé d'audace et de cruauté, depuis qu'encouragés par les Hollandais de la Nouvelle-Belgique, aujourd'hui État de New-York, ils recevaient d'eux des armes à feu dont ils se servaient avec adresse et dont les autres Sauvages ignoraient encore l'usage ; car les Français, par excès de prudence, n'avaient pas osé leur en confier.

Plusieurs missionnaires tombèrent entre les mains de ces cruels ennemis. Ils y trouvèrent la captivité, les tourments et la mort.

Le premier fut le P. Jogues. Il remontait chez les Hurons avec une troupe de néophytes et quelques Français, quand il rencontra une ambuscade d'Iroquois sur les bords du lac Saint-Pierre. A la première décharge, les légers canots des voyageurs furent hors de service, et ceux-ci n'eurent pour ressource que de se jeter dans la forêt qui bordait le rivage. Le missionnaire aurait pu échapper à ses ennemis en se cachant. « Mais je ne voulois et ne pouvois fuir, » écrit-il lui-même. J'étois pieds nus, et pouvois-je » abandonner mes compagnons déjà captifs et dont » plusieurs n'étoient pas baptisés? » Il est impossible de se faire une idée de ce que le P. Jogues et les autres prisonniers endurèrent de tourments! Plusieurs furent mis à mort sous ses yeux. Pour lui, mutilé, battu, traîné jusque dans les villages iroquois, il y subit une horrible captivité de treize mois, pendant laquelle il eut la douleur de voir tomber sous ses yeux, frappé d'un coup mortel, René Goupil, jeune médecin, son compagnon de captivité et son ami (1). Enfin, grâce à l'intervention des Hollandais, il s'échappa des mains de ses persécuteurs et retourna en Europe. Mais il y resta peu de temps et revint en Canada, pour y recevoir la palme du martyre.

(1) René Goupil était Angevin ; il s'était donné aux Jésuites et était d'une piété angélique. Il avait trente-sept ans lorsqu'il mourut.

SUPPLICE DU P. JOGUES.

« Quand est-ce qu'un missionnaire, s'écrie à cette
» occasion l'historien américain Bancroft, a cherché
» à sauver sa propre vie, au risque de ce qui pouvait
» être la perte d'une seule âme ? »

Ce triste événement porta le Gouverneur de Montmagny à élever le fort Richelieu, aujourd'hui Sorel, à l'entrée de la rivière des Iroquois, pour leur fermer le passage. De son côté, le Cardinal-Ministre envoyait une somme considérable pour donner aux missionnaires des Hurons les moyens de se construire un abri pour se protéger contre les surprises. Alors fut bâti le fort Sainte-Marie, sur la rivière Wye, au centre du pays des Hurons, et ses ruines sont encore visibles dans la forêt (1).

Mais que pouvaient ces mesures trop incomplètes, contre un ennemi « rapide comme l'aigle, rusé comme le renard, et brave comme le lion (2) ? »

En 1644, un nouveau missionnaire, le P. Bressani, tomba encore entre les mains des Iroquois et fut condamné aux plus affreuses tortures. Il avoua plus tard qu'il ne croyait pas possible de souffrir autant sans mourir. L'horreur qu'inspira ses plaies, même à ses bourreaux, fut telle qu'ils ne le jugèrent pas digne de la mort. Ils le vendirent aux Hollandais qui sollicitaient sa délivrance. Ceux-ci le conduisirent en France d'où lui aussi revint peu après en Canada, braver de nouveaux périls (3).

---

(1) Voir à l'*Appendice*, Note D.
(2) *Relation de 1642*.
(3) Voir la *Relation du P. Bressani*.

Cependant, malgré leur haine pour les Français et leurs alliés, et malgré leur soif de destruction, les Iroquois s'apercevaient que ces guerres continuelles et sanglantes les épuisaient sans leur laisser les moyens de réparer leurs pertes. Ils songèrent à la paix.

Hors d'état de les réprimer par la force, les Français la désiraient plus qu'eux. Le Gouverneur, profitant de la présence de trois prisonniers iroquois, détacha l'un d'entre eux, capitaine distingué, pour aller porter à sa nation des propositions amicales. Elles furent bien accueillies. Les ambassadeurs arrivèrent bientôt après, amenant avec eux Guillaume Couture, pris avec le P. Jogues (1).

Dans une assemblée solennelle des Français et des Sauvages tenue, le 12 juillet 1644, à Trois-Rivières et présidée par de Montmagny, les Iroquois présentèrent leurs propositions de paix. Elles étaient, selon leur usage, renfermées dans dix-sept colliers de porcelaine exposés sous les yeux de tous, et qui étaient comme autant de paroles, chacun d'eux ayant sa signification particulière.

Kiotsaeton, l'orateur iroquois, prit l'un après

---

(1) Couture alla jeune au Canada et fut d'abord attaché à la mission huronne. Il figure dans le Catalogue des emplois, tantôt comme menuisier, tantôt comme propre à rendre des services de tout genre. Il fut négociateur de la paix avec les Iroquois, ce qui lui valut la fin de sa captivité pendant laquelle il avait eu beaucoup à souffrir. Il se maria et fut la souche d'une nombreuse famille. Il est mort en 1702, à l'âge de quatre-vingt-quatorze ans.

l'autre chacun de ces présents, et en expliqua le sens en accompagnant ses paroles de gestes énergiques et d'une pantomime expressive. Son discours, fait avec l'habileté et la fourberie naturelles à ces Sauvages, dura trois heures.

Selon l'étiquette, le Gouverneur répondit deux jours après, comme pour prendre le temps de réfléchir sur ce qu'il avait entendu. Pieskaret, l'illustre capitaine algonquin, et Negabamat, capitaine montagnais, parlèrent ensuite, chacun pour leur nation. La paix fut conclue et la hache de guerre jetée dans la rivière.

Trois ambassadeurs restèrent en otage pendant que les autres allèrent, avec deux Français, deux Hurons et deux Algonquins, porter la négociation à la ratification de leur nation. Elle ne se fit pas attendre, et, trois mois après, la paix fut solennellement publiée.

On vit alors, pendant l'hiver, ce qui ne s'était jamais vu dans le pays : Iroquois, Hurons, Algonquins, Français, tous chassèrent paisiblement ensemble, comme s'ils n'avaient formé qu'une seule et même nation.

Le maniement des affaires de la colonie subissait dans ce temps-là une grave modification, qui devait contribuer puissamment à son développement. La Compagnie des cent associés avait cédé à une Société formée parmi les habitants eux-mêmes du Canada son privilége exclusif pour le commerce des pelleteries. Elle se réservait seulement ses droits de propriété, de justice et de seigneurie. L'entretien du Gouverneur, de sa maison et de cent soldats, seule force militaire de la colonie, et celui des missionnaires, restaient à la charge de la nouvelle Société, ainsi que la redevance annuelle, à titre seigneurial, à l'ancienne Compagnie d'un millier pesant de castor.

Ce n'est pas tout de se proclamer maître d'un vaste territoire, il faut en tirer parti, le cultiver et par conséquent le peupler. Dans ce but, Anne d'Autriche envoya des demoiselles nobles, sans fortune, élevées aux frais de l'État, pour qu'elles s'unissent par les liens du mariage aux officiers français et aux gentilshommes qui s'établissaient en Canada. Louis XIV subvint aussi aux frais de voyage de jeunes personnes destinées à la bourgeoisie, et chargea l'archevêque de Rouen, métropolitain de la colonie, de choisir dans son diocèse une centaine de filles d'une santé robuste, habituées aux soins du ménage et aux travaux de la campagne. Les laboureurs et les soldats étaient les époux qui leur étaient destinés et qui ne les laissèrent pas languir dans l'attente. L'Aunis, la Saintonge et quelques autres provinces maritimes fournirent aussi leur contingent de ces recrues d'un genre particulier, et ces unions formèrent la souche vigoureuse de tant d'excellentes familles qui ont conservé jusqu'à nos jours un noble caractère de probité, de candeur et de piété solide.

Ils se trompent donc étrangement ceux qui s'imaginent que les Françaises qui s'aventuraient ainsi dans ces courses lointaines étaient des filles dont la

réputation ne fût pas à l'abri du reproche et même du soupçon ! Pour être admis au sein du troupeau d'élite qui formait alors la colonie, une vie intègre, des mœurs pures étaient indispensables. Quiconque ne justifiait pas d'une conduite régulière et religieuse était repoussé sans pitié. Le vicomte d'Argenson, gouverneur du Canada, nous apprend, par une lettre du 14 octobre 1658, comment on traitait alors les femmes qui n'offraient pas ces garanties et qui osaient se présenter dans le pays : « Un marchand de La Ro-
» chelle, écrit-il, a été assez insolent que de nous
» envoyer une fille débauchée. Je l'ai condamné à
» la ramener à La Rochelle, à tous les dépens qu'il
» pouvait avoir faits et à ceux qu'avait faits celui à
» qui il l'avait donnée en service et à cent cinquante
» livres d'amende... Cela mettra en réputation notre
» pays, que l'on confond avec les îles Saint-Chris-
» tophe, et empêchera les marchands de se charger
» de ce bétail (1). »

Boucher, envoyé en France quelques années plus tard, confirmait ce témoignage favorable aux femmes. « Pour ce qui est des garnements, ajoutait-il, s'il y
» en passe, c'est qu'on ne les connaît pas ; et quand
» ils sont dans ce pays, ils sont obligés de vivre en
» honnêtes gens, autrement il n'y aurait pas de jeu
» pour eux. On sait aussi bien pendre en ce pays
» qu'ailleurs, et on l'a fait voir à quelques-uns qui
» n'ont pas été sages. »

---

(1) Bibliothèque de l'Arsenal.

Cette rigidité de mœurs, qui contrastait avec celles des autres Européens et surtout des Sauvages, les frappait de surprise et contribua beaucoup à gagner leur confiance et leur sympathie.

L'année 1646 fut signalée par une mort héroïque, martyre nouveau que subit un des missionnaires, vétérans de cette mission. Le P. de Noüe allait en raquettes (1) de Trois-Rivières au fort Richelieu, distant de quarante-huit kilomètres environ. Surpris par une tempête de neige sur la glace du fleuve, il perdit toute trace et fut trouvé gelé le 2 février. Il avait voulu mourir dans l'acte et l'attitude de la prière, à genoux, les bras croisés sur la poitrine et les yeux levés vers le ciel.

Cependant la paix faite avec l'Iroquois paraissait mal assise. Elle ne comprenait d'ailleurs que la nation des Agniers, et encore y avait-il dans son sein un parti puissant qui la désapprouvait. Pour l'affermir, de Montmagny envoya dans les cantons une ambassade solennelle, à la tête de laquelle il mit le P. Jogues, qui parlait l'iroquois, et Bourdon, homme d'énergie et d'expérience. C'était un moyen efficace pour y ouvrir les voies à l'Évangile.

Ce premier voyage n'était qu'un essai : ses résultats parurent encourageants, et, trois mois après, le P. Jogues fut chargé d'en entreprendre un second, et

---

(1) Les *raquettes*, attachées aux pieds, étaient indispensables pour marcher sur la neige molle sans y enfoncer. Les Français leur donnèrent ce nom à cause de leur ressemblance avec l'instrument qui sert au jeu du volant.

MORT DU P. DE NOUE.

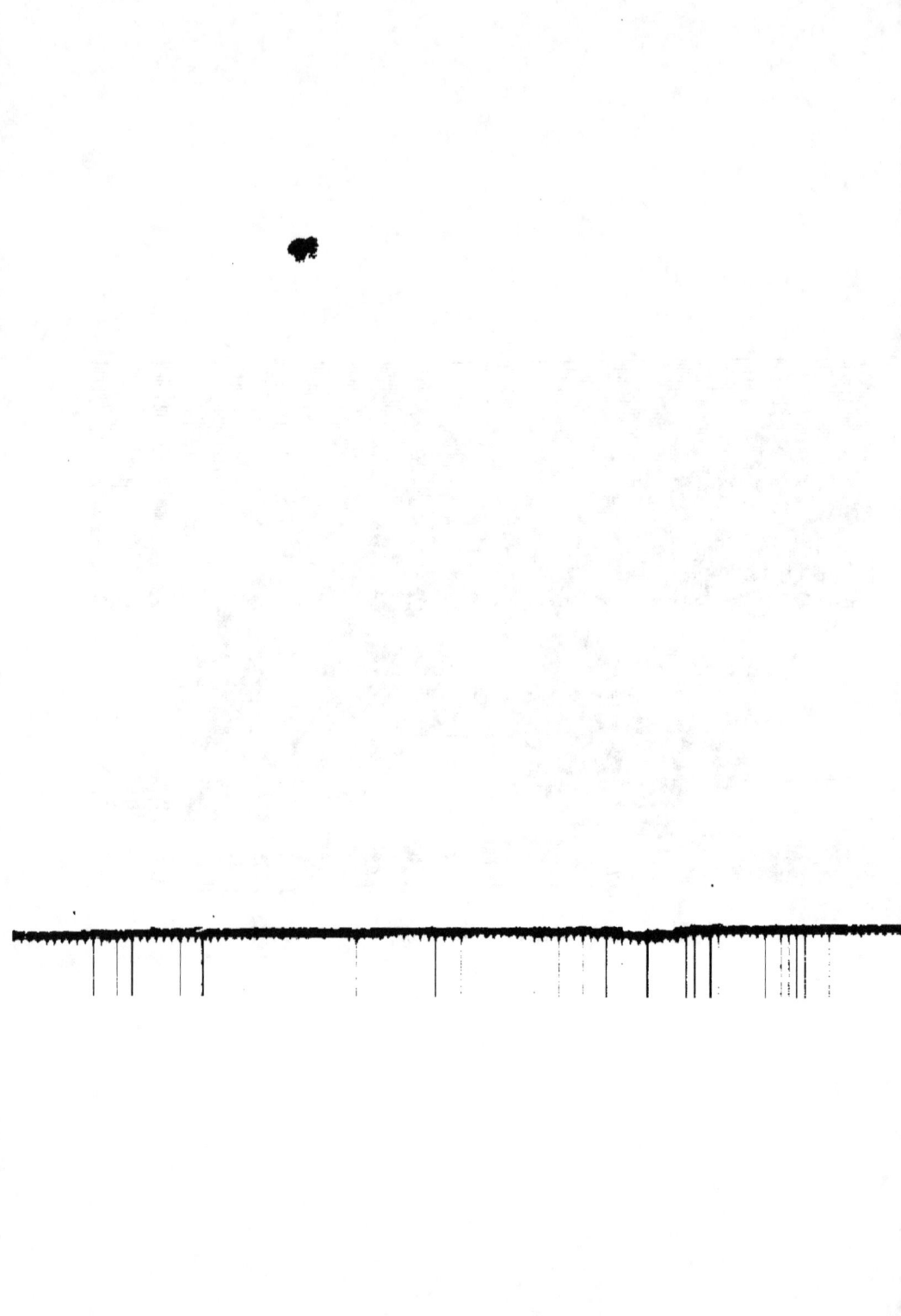

de passer même l'hiver chez ce peuple perfide. Le parti hostile au missionnaire avait résolu sa mort. Il le rendit responsable de la mauvaise récolte de l'année et des maladies qui affligeaient le canton. Ces fléaux étaient renfermés dans un coffret qu'il y avait laissé en dépôt jusqu'à son retour. Un coup de hache l'abattit, le 17 octobre 1646, ainsi qu'un Français, nommé Lalande, qui l'avait accompagné : leurs têtes furent suspendues à la palissade du village, et leurs corps jetés dans la rivière (1).

Pendant cette tentative infructueuse pour lier les Iroquois à la France et les initier à la Foi, le P. Druillette recevait du Gouverneur la mission de répondre aux avances des nations abénaquises des bords du Kénébec et de l'Acadie, et de les adopter comme alliées de la France. Ce missionnaire fut un des premiers Européens à monter, à travers les terres des bords du Saint-Laurent, aux sources du Kénébec, pour descendre par là jusqu'aux rives de l'Océan. Il séjourna dix mois au milieu de l'excellente nation qui habite les bords de cette rivière, et revint, l'année suivante, avec une vingtaine de ces Sauvages pour ratifier leur alliance. L'affection de cette nation pour la France et son attachement à la religion ne se sont jamais démentis, et leurs tribus belliqueuses ont toujours été une véritable barrière contre les envahissements de la Nouvelle-Angleterre.

Depuis plusieurs années les Capucins avaient une

---

(1) Voir la *Vie du P. Isaac Jogues*, par le R. P. F. Martin.

mission à Pentagoët, résidence ordinaire du sieur d'Aulnay, lieutenant du Roi pour une partie de cette côte. L'autre était gouvernée par le sieur de La Tour. Entre ces deux lieutenants il y eut souvent des démêlés de juridiction qui dégénérèrent plus d'une fois en luttes sanglantes et affaiblirent leur autorité mutuelle.

VI

M. d'Ailleboust (1647-1651). — Massacre des missionnaires. — M. Jean de Lauzon (1651-1657). — Mgr de Laval. — Le vicomte d'Argenson. — Le baron du Bois d'Avaugour (1658-1663).

Après douze années d'une administration aussi ferme que sage, qui en avait imposé même aux Sauvages, le chevalier de Montmagny fut remplacé par d'Ailleboust. « Il emporta, dit le P. J. Lalemant, » les regrets unanimes de la colonie, et laissa une » mémoire éternelle de sa prudence et de sa sa- » gesse (1). »

« C'était, ajoutent les *Annales de l'Hôtel-Dieu* de » Québec, un homme fort brave, très-accommodant,

___
(1) *Relation de 1648.*

» plein de compassion pour les pauvres, zélé pour la
» religion et très-propre à inspirer l'amour du chris-
» tianisme par l'exemple de sa piété. »

Avant de quitter son poste, il voulut présider lui-même à l'installation de son successeur et l'assister de ses conseils. Au début de son gouvernement, d'Ailleboust reçut un député de la Nouvelle-Angleterre qui venait proposer entre les deux colonies une alliance stable et même indépendante des ruptures qui pourraient subvenir entre les deux métropoles. Ce plan, plus spécieux que réalisable, et qui semblait si avantageux au développement des deux colonies, ne put aboutir : les Anglais, qui tenaient à ménager les Iroquois comme une ressource pour leur commerce et, au besoin, comme des alliés puissants, refusèrent de faire cause commune avec la France pour écraser l'insolence de ces barbares.

En imposant cette condition, le Gouverneur français pressentait tout ce qu'il y avait à redouter pour les intérêts de la colonie et de la religion en laissant debout cette fière et cruelle nation.

Le nouveau Gouverneur était chargé par la Cour d'introduire de graves modifications dans l'administration de la colonie. Il avait été arrêté que le Gouverneur ne resterait que trois ans en fonctions et qu'il serait assisté d'un Conseil supérieur, chargé de faire les lois locales, de régler les affaires commerciales et de décider la paix et la guerre. Les règlements de police et les affaires municipales étaient aussi de son ressort; malgré l'étendue de son pouvoir,

Mort du P. Jogues

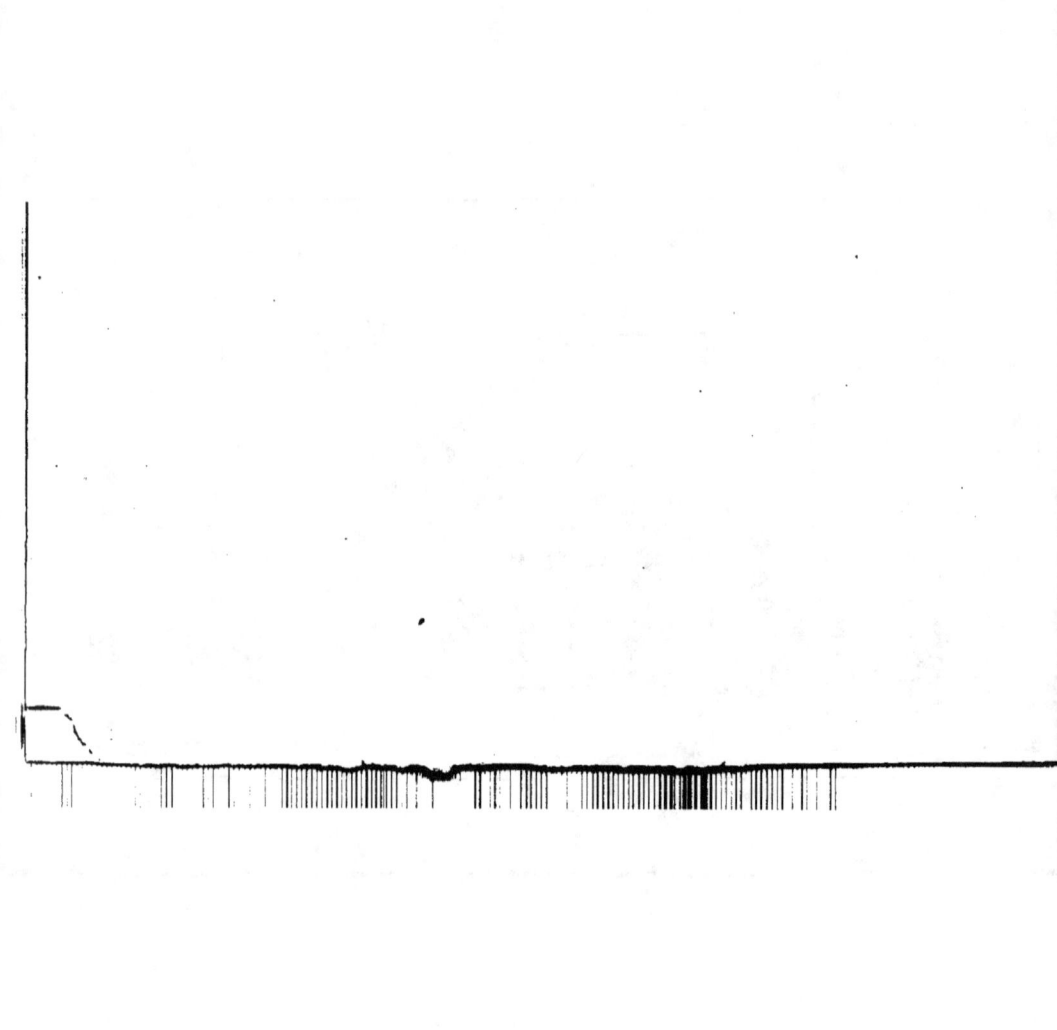

son autorité ne s'exerçait jamais que d'une manière toute paternelle (1).

Au moment où la colonie trouvait dans les Abénaquis des côtes de l'Océan un allié sincère, elle voyait anéantir presque entièrement à l'ouest le peuple qui lui était le plus attaché, et ruiner la Mission la plus florissante du Canada.

Le meurtre du P. Jogues fut pour les Iroquois comme le signal d'entrer en campagne. Ils répandirent leurs guerriers dans tout le Canada, mais envahirent surtout en bandes nombreuses le pays des Hurons, portant partout la dévastation et la mort. Les missionnaires partagèrent le sort de leurs catéchumènes.

Le premier village envahi fut celui de Saint-Joseph (2), en sauvage, *Teanaustayae*. Les Iroquois, qui guettaient leur proie, avaient remarqué l'absence de la plupart des guerriers. Il n'y restait que les femmes, les enfants et les vieillards. Le 4 juillet 1648, le cri de guerre retentit tout à coup dans le village. Les Iroquois y faisaient une irruption soudaine au moment où le P. Daniel, son missionnaire, descendait du saint autel.

(1) On peut citer cet arrêt de 1648 : « Un nommé Boisdon est établi hôtelier à Québec, à l'exclusion de tout autre, avec ordre de se placer près de l'église, pour que tous puissent aller se chauffer chez lui. Il ne doit garder personne pendant la grand'messe, le sermon, le catéchisme et les vêpres. » (Ferland, *Cours d'histoire.*)

(2) Ces noms chrétiens, donnés aux villages hurons, n'indiquent pas leur soumission entière à la Foi, mais seulement les **premières semences d'une Église naissante.**

Aux cris d'alarme et de confusion qu'il entend, il comprend le danger et accourt au milieu de la population effrayée, pour soutenir son courage. Les Sauvages, jusque-là les plus sourds à sa voix, sollicitent la grâce du baptême. Il n'a que le temps de leur recommander d'implorer leur pardon, et, plongeant son mouchoir dans l'eau, il les baptise par aspersion. Presque tous s'étaient réfugiés dans la chapelle, autour de leur père commun. Pour leur donner le temps de fuir, celui-ci, après ses derniers conseils et son devoir de prêtre rempli, s'avance intrépidement au-devant des ennemis. Ils s'arrêtent un moment, frappés de tant d'audace; mais bientôt il tombe percé de mille flèches. Ce sacrifice héroïque de la charité fut le salut de beaucoup de ses néophytes qui s'enfuirent; d'autres, au nombre de plus de sept cents, furent massacrés par les vainqueurs ou traînés en captivité.

Les bandes armées des Iroquois s'établissaient comme en permanence dans le pays des Hurons, et dissimulaient avec habileté leur présence jusqu'au moment favorable pour surprendre quelques travailleurs isolés ou quelques villages sans défense.

Le 16 mars de l'année suivante, un parti de mille Iroquois alla attaquer la bourgade Saint-Ignace et y pénétra avant d'être aperçu. Le massacre fut général. Trois hommes seulement s'échappèrent et portèrent l'alarme au bourg voisin, nommé Saint-Louis. Aussitôt les femmes et les enfants se sauvèrent dans les bois; quatre-vingts guerriers intrépides s'enfer-

Le P. Jean de BRÉBEUF, S.J.

mèrent dans la palissade, résolus de résister jusqu'à la mort. Les PP. Jean de Brébeuf et Gabriel Lalemant étaient dans ce moment à Saint-Louis et ne voulurent pas céder aux instances et se séparer de leurs néophytes, afin de les assister jusqu'à la dernière heure.

Malgré la plus vigoureuse résistance, l'ennemi parvint à faire brèche dans la palissade, et alors commença une horrible boucherie. Cependant bien des victimes furent réservées pour le supplice, et surtout les deux missionnaires. Les Iroquois, fiers de leur proie, et n'écoutant que leurs instincts féroces, savouraient en même temps leur inimitié contre les Français et leur haine contre la Foi.

Vingt années de travaux et de privations avaient façonné le P. de Brébeuf à la vie de sacrifice. Cette âme de fer, comme l'appelle un écrivain protestant, fut héroïque jusqu'au dernier moment. Il prêcha sur l'échafaud même où il était monté pour souffrir. Ne pouvant lui imposer silence, ses bourreaux lui coupèrent la lèvre inférieure et le nez. Ils lui brûlèrent les gencives et lui enfoncèrent un fer rouge dans la gorge. On plaça sur ses épaules un collier de haches brûlantes, et, en dérision du baptême, on arrosa sa tête d'eau bouillante. Le missionnaire ne perdit pas un instant son calme et sa fermeté. Les Iroquois mangeaient, sous ses yeux, des lambeaux de sa chair et ils le scalpèrent pendant qu'il vivait encore. Son supplice dura trois heures. Après sa mort, ses bourreaux, pleins d'admiration pour son courage et croyant se l'inoculer, lui arrachèrent le cœur pour le dévorer (1).

Le P. Lalemant, le dernier venu dans la Mission huronne, mais un des plus ardents à soupirer après le martyre, n'avait que trente-neuf ans. Son supplice se prolongea dix-sept heures ; car, dans l'idée superstitieuse de ces peuples, il ne devait pas se terminer après le coucher du soleil. Comme apprentissage de cruauté, les victimes étaient abandonnées aux enfants, pendant la nuit. Les bourreaux ne reprirent donc leur œuvre que le lendemain. Ils firent au jeune missionnaire un vêtement d'écorce, auquel ils mirent le feu. Puis, lui ayant arraché les yeux, ils les remplacèrent par des charbons ardents. Un coup de hache, qui lui ouvrit le crâne, acheva le sacrifice.

Malgré leurs succès, les Iroquois n'osèrent pas s'avancer jusqu'à la résidence de Sainte-Marie qu'ils savaient défendue par quelques soldats ; mais, après avoir mis à mort les prisonniers qui pouvaient les gêner dans leurs courses, ils dévastèrent tout le pays. La nation du Petun, voisine des Hurons au sud et leur alliée, ne fut pas plus épargnée.

Le bourg de Saint-Jean, sa principale résidence, qui comptait plus de cinquante familles, fut envahi par les Iroquois le 7 décembre, au moment où presque tous ses guerriers s'étaient portés en avant pour les

---

(1) En souvenir de la mort mémorable du P. de Brébeuf, sa famille envoya au collége de Québec son buste en argent, de grandeur naturelle. Il repose sur un socle en ébène dans lequel est enchâssée la tête du missionnaire. Ce précieux monument se conserve religieusement à l'Hôtel-Dieu de Québec.

MORT DU P. J. DE BREBEUF ET DU P. GAB. LALEMANT

surprendre. Mais ceux-ci avaient déjoué leur dessein et évité leur rencontre. Dans un instant, tout fut mis à feu et à sang dans ce bourg infortuné. Il avait déjà une Église florissante. Son missionnaire, le P. Charles Garnier, se multiplie pour secourir ses chers néophytes. Il exhorte, il baptise, il absout pour les préparer à la fin dernière. Frappé de deux balles dans l'exercice de son zèle, et, voyant à quelques pas un pauvre chrétien qui se mourait, il se traîne encore jusqu'à lui pour l'assister, et reçoit la mort dans cet acte de sublime dévouement.

Quand les guerriers de Saint-Jean revinrent, deux jours après, et se virent au milieu de ces ruines encore fumantes et devant les cadavres de leurs femmes, de leurs enfants et de leurs amis, ils restèrent une demi-journée assis à terre dans un morne silence, sans lever les yeux ni pousser un soupir. C'est là le plus vif témoignage de leur douleur ; car ils laissent les larmes aux femmes et aux enfants.

Après le récit de ces morts héroïques des missionnaires, l'historien Bancroft ajoute cette réflexion :
« On se demandera peut-être si ces massacres refroi-
» dissaient leur zèle ; je répondrai que les mission-
» naires ne reculèrent jamais d'un pas. De même
» que, dans une armée de braves, de nouveaux sol-
» dats se pressent pour prendre la place de ceux qui
» sont tombés, ainsi les ouvriers évangéliques et les
» cœurs généreux ne firent jamais défaut parmi eux
» pour porter haut la croix et étendre la domination
» de la France. »

Pendant les désastres qui couvraient le sol huron de sang et de ruines, les missionnaires s'étaient retirés avec un grand nombre de fugitifs dans le fort Sainte-Marie, que les Iroquois n'avaient pas encore attaqué; mais, dans son isolement, il ne pouvait plus offrir une retraite assurée.

Les Hurons, restés avec les missionnaires, se décidèrent à aller chercher un asile dans l'île d'Ahoendoe, à quelque distance du rivage. Pour entraîner avec eux leurs Pères, ils leur dirent : « Ne nous aban-
» donnez pas dans notre malheur. Si vous ne venez
» pas avec nous, nous périssons. Prenez pitié de tant
» de veuves, d'enfants et d'infirmes. Nous embras-
» serons tous la prière, et vous trouverez en nous
» des disciples dociles... »

Cette demande touchante fut accueillie. Les missionnaires étaient d'avance décidés à les suivre partout où les conduirait l'instinct de leur conservation. « Il nous fallut donc, raconte l'historien de ces
» désastres, abandonner le poste de Sainte-Marie, que
» je puis appeler notre seconde patrie et nos délices
» innocentes, puisqu'il avait été le berceau du Chris-
» tianisme et que là était la maison de Dieu et l'asile
» des serviteurs de Jésus-Christ. Dans la crainte que
» nos ennemis si impies ne profanassent ce lieu de
» sainteté et n'en tirassent avantage, nous y mîmes
» nous-mêmes le feu, et ce ne fut pas sans verser
» des larmes que nous vîmes brûler en moins d'une
» heure nos travaux de neuf et dix années (1) ! »

(1) *Relation de 1649.*

A peine débarqués dans cette île qui prit le nom de Saint-Joseph, les missionnaires se hâtèrent de bâtir un fort bastionné (1) et de jeter en avant quelques redoutes pour couvrir le village.

Toutes ces mesures, efficaces pour le moment contre l'ennemi du dehors, ne pouvaient rien contre deux fléaux plus terribles encore : la famine et la maladie ! Épuisée par tant de misères, cette population agglomérée sur un seul point ne tarda pas à être décimée d'une manière effrayante.

Au milieu de tous ces malheurs, les pensées des Hurons se tournèrent surtout vers la Foi, et ils gagnèrent en ferveur ce qu'ils perdaient en prospérité. Plus de six mille reçurent le baptême.

Le danger allant toujours croissant pour la colonie de l'île Saint-Joseph, les capitaines proposèrent aux missionnaires de les conduire au milieu des Français de Québec, afin de pouvoir au moins vivre et mourir chrétiens. Cette émigration eut lieu en 1650, et on voit encore aujourd'hui à Lorette (2), près de Québec, les descendants de cette nation malheureuse.

Ces réfugiés n'étaient qu'une partie des Hurons fugitifs. Les uns se retirèrent dans une grande île, au nord du lac qui porte leur nom, appelée alors Ekaentoton et plus tard Manitoulin, où les missionnaires avaient essayé, depuis quelques mois, de planter

---

(1) Ce fort, d'une forme très-régulière, laisse voir encore ses ruines, au milieu de la forêt, sur la côte méridionale de l'île. Les fouilles qu'on y fit en 1848 mirent à découvert beaucoup d'objets curieux.

(2) Voir à l'*Appendice*, Note E.

l'Évangile. C'était une terre aride et solitaire où les infortunés espéraient vivre en paix ; ils avaient mal compris jusqu'où va la haine d'un ennemi acharné.

Leur retraite fut découverte par quelques Iroquois, qui, trop peu nombreux, n'osèrent pas les attaquer ; mais ils résolurent d'attendre une occasion favorable, et construisirent sur le continent voisin un petit fort d'où ils pouvaient, sans danger, observer les mouvements des Hurons. Ils parvinrent à en faire quelques-uns prisonniers, et de ce nombre fut Étienne Anahotaha, chrétien fervent, et exerçant une grande influence parmi les siens. Se voyant sur le point d'être pris, il se mit en défense, résolu à vendre chèrement sa vie. Quel n'est pas son étonnement d'entendre ses ennemis lui dire qu'ils viennent en amis, avec des présents, pour obtenir la paix et offrir un asile paisible aux restes languissants de sa nation ?

« De nos deux peuples, lui dirent-ils, nous voulons
» n'en plus former qu'un qui héritera de la gloire
» que chacun avait acquise. »

Le Huron soupçonna quelque fraude dans ce langage ; mais, prenant aussitôt son parti, il joua ruse contre ruse, déposa les armes et entra dans le fort avec de grandes démonstrations de joie.

On lui montra des présents en l'engageant à les faire valoir aux yeux de ses compatriotes. « Je ne
» puis, dit Étienne, usurper la gloire d'une si heu-
» reuse négociation : nous avons des vieillards, des
» capitaines, envoyez-leur des ambassadeurs, je res-

» terai ici en otage et la nation se soumettra à leur
» décision. »

Les Iroquois crurent qu'il parlait sincèrement.
« Il vaut mieux, répondirent-ils, que tu accompagnes
» les ambassadeurs ; tu feras valoir ce projet et tes
» compagnons resteront ici. » Il accepte cette mission et part avec trois députés. A leur approche du village, Étienne pousse un cri de joie et tous les guerriers accoururent. « Le Ciel est pour nous, s'écrie-
» t-il, nous avons trouvé la vie dans la mort! Les Iro-
» quois deviennent nos parents et nos libérateurs.
» Ils avaient creusé notre tombe, et ils la referment.
» Ils nous offrent leur amitié, une partie de leurs
» champs, une terre plus fertile que ce sol ingrat ;
» nous ne formerons plus qu'un seul peuple, nom-
» breux, industrieux et guerrier. »

L'assurance de ce langage éloignait tous les soupçons ; cependant les autres chefs hurons, ne pouvant en croire leurs oreilles, cherchèrent à le voir en secret, et il put les instruire de son dessein. Tous alors s'unissent à sa joie et excitent à l'envi l'enthousiasme des femmes et des enfants.

Les députés iroquois ne doutent plus de leur succès ; ils sont conduits dans la plus grande cabane et on leur fait festin. Pendant le repas, Anahotaha explique son plan, qui est adopté, et les capitaines, pour mieux convaincre les ambassadeurs, annoncent à haute voix qu'il faut se préparer au départ, dans trois jours, pour suivre les Iroquois, désormais leurs amis et leurs alliés. « Nous trouverons chez eux,

» ajoutent-ils, la sécurité, le repos et l'abondance. »
Hommes, femmes, enfants, tous s'agitent pour hâter le moment de la réunion.

Étienne retourne au fort des Iroquois et leur annonce son succès. Ceux-ci louent son adresse et lui prodiguent de grands témoignages d'attachement. Sur son invitation, plus de trente d'entre eux n'hésitent même pas à aller voir de leurs yeux les préparatifs du voyage et encourager, par leur présence, l'activité de leurs nouveaux compatriotes. Ils emmènent avec eux leurs otages et sont reçus avec des démonstrations bruyantes et sympathiques.

Mais pendant qu'ils sont disséminés dans le village, sans défiance, les Hurons, à un signal donné, se précipitent sur eux et les massacrent. Trois seulement s'échappèrent et ne durent leur salut qu'à Étienne Anahotaha, qui voulut reconnaître ainsi le bienfait qu'ils lui avaient rendu autrefois, en lui sauvant la vie, lorsque les villages de Saint-Ignace et de Saint-Louis furent détruits.

Un des Iroquois dit en mourant : « Nous avons eu
» le sort que nous méritions. Vous nous avez traités
» comme nous l'eussions fait nous-mêmes si vous
» étiez venus parmi nous. »

A la nouvelle de ce désastre, les Iroquois restés dans le fort s'enfuirent précipitamment.

Cet épisode rend bien le caractère fin, astucieux, dissimulé et résolu des Sauvages.

Les Hurons passèrent quelques mois tranquilles dans leur retraite ; mais, pensant que leurs implacables persécuteurs, irrités de cet échec, viendraient tôt ou tard venger la mort de leurs guerriers, ils se

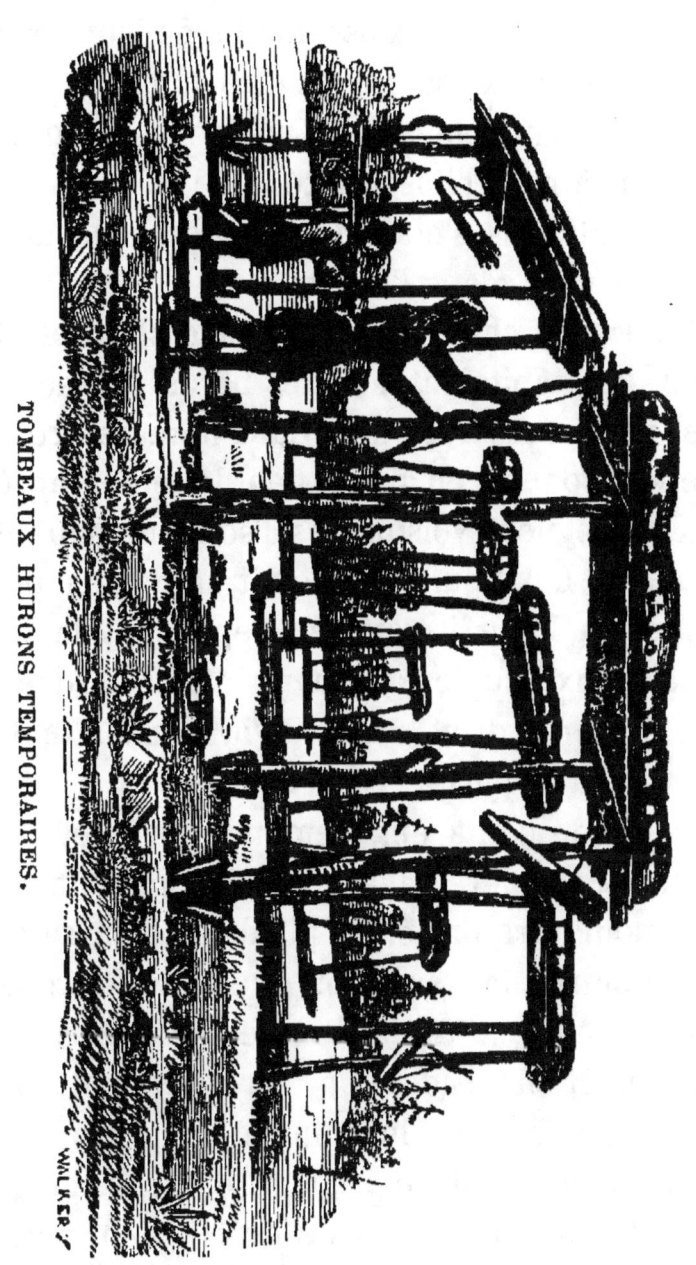

TOMBEAUX HURONS TEMPORAIRES.

décidèrent à l'abandonner. Jetant un triste et dernier regard d'adieu sur cette terre où ils étaient nés,

4*

qu'ils avaient arrosée de leurs sueurs et de leur sang ; désespérant de pouvoir jamais rendre les honneurs de la sépulture aux ossements de leurs parents et de leurs amis, déposés dans des tombeaux provisoires, ils allèrent rejoindre à Québec les émigrés qui y avaient déjà reçu l'hospitalité.

D'autres Hurons s'étaient avancés beaucoup plus loin de leur pays, dans l'Ouest.

Quelques-uns cherchèrent un asile chez les Chats ou Ériès, qui habitaient sur les bords du lac de ce nom, et ils furent enveloppés dans le massacre général que les Iroquois en firent peu de temps après.

Les Ériès étaient voisins des Tsonnontouans et des Goyogouens. Leur puissance était un danger permanent pour la ligue iroquoise ; cependant la guerre entre ces deux peuples aurait pu être retardée, si le respect pour le droit des individus n'eût entraîné cette nation à sa perte.

A la suite de petits engagements, un chef Onnontagué très-considéré, ayant été fait prisonnier, fut enmené pour être brûlé. Il plaida si bien sa cause, qu'il fut donné à la sœur d'un guerrier qui venait de périr par trahison. Cette femme était absente ; on prépare la fête de l'adoption, en attendant son retour. A son arrivée on lui annonce que son frère va revivre, qu'elle doit le régaler et le rendre à la liberté. Elle pleure et proteste qu'elle veut être vengée. En vain les anciens lui représentent que la mort d'un homme si important va causer une guerre d'extermination entre les deux peuples. Rien n'ébranle sa résolution et on lui livre le prisonnier pour qu'elle en dispose.

Lorsqu'à son entrée dans la cabane l'Onnontagué fut dépouillé de ses vêtements, il se résigna stoïquement à son sort. Placé sur l'échafaud, il éleva seulement alors la voix : « Sachez, Ériès, s'écria-t-il, que
» ma mort sera vengée ; en me brûlant, vous brûlez
» un peuple tout entier ! »

Sa fatale prédiction s'accomplit.

Les habitants des deux villages hurons de Saint-Michel et de Saint-Jean-Baptiste, qui n'avaient pas encore souffert, ne sachant que devenir, en appelèrent à la générosité de leurs ennemis, et demandèrent à leur être incorporés. Ils furent admis dans le canton des Tsonnontouans, et, dans cette captivité volontaire, ils conservèrent intactes la ferveur et la constance de leur foi.

Enflés par tant de succès, les Iroquois tournèrent leurs armes contre les peuples qui les avoisinaient, et en même temps ils multiplièrent leurs agressions contre le Canada. Les Français, dont ils ne connaissaient pas, par bonheur, les faibles ressources, se virent pendant un temps comme bloqués dans les forts de Québec, de Trois-Rivières et de Montréal.

C'est dans ces circonstances critiques que Jean de Lauzon, l'un des principaux associés de la Compagnie de la Nouvelle-France, fut appelé à remplacer le gouverneur d'Ailleboust, en 1651 ; mais il n'avait pas plus de ressources que celui-ci pour défendre la colonie abandonnée à ses propres forces. La triste minorité de Louis XIV durait encore. Les troubles de la Fronde agitaient toujours le royaume, et l'Espagne, soutenue par l'Empire, prolongeait une lutte ruineuse que les succès de Turenne et l'habileté de Mazarin ne parvenaient pas à terminer.

La colonie eut alors à gémir de bien des pertes que lui causèrent les Iroquois. Ces terribles ennemis firent des victimes dans tout le pays. Le P. Buteux périt dans une embuscade, près de Trois-Rivières. Duplessis-Bochard, gouverneur de ce poste important, et quinze autres Français tombèrent aussi, dans une rencontre avec une bande, sous leurs coups. Chaque jour apportait des nouvelles aussi déplorables. L'enlèvement du P. Poncet, presque sous les murs de Québec, acheva de répandre partout la terreur.

Cependant, un échec que les Iroquois venaient d'éprouver près de Montréal, et l'épuisement que cette guerre continuait à leur faire sentir, les disposèrent à la paix. On acquiesça avec empressement à leur désir ; mais on ne crut à la sincérité de leur démarche, que lorsqu'on vit revenir le P. Poncet de sa captivité. Après lui avoir coupé un doigt et avoir couvert son corps de plaies, ils avaient épargné sa vie.

La paix fut conclue au mois de novembre 1653. Ce ne fut cependant pas sans émotion qu'on vit partir pour les cantons iroquois le P. Le Moyne, chargé de présenter le traité à la ratification de ce peuple regardé avec raison comme si féroce et si perfide. Sa mission eut un succès complet. Il put secourir un certain nombre de Hurons chrétiens, captifs depuis plusieurs années ; et quelques Iroquois prêtèrent même une oreille favorable à la parole évangélique.

Un de leurs capitaines, nommé Ahasistari, admis déjà comme catéchumène, donna au missionnaire un beau témoignage de sa foi. Malgré ses instances, celui-ci retardait toujours son baptême. Au moment de partir pour une expédition dangereuse, l'Iroquois vint lui dire : « Si j'ai la foi dès aujourd'hui, pourquoi ne
» pourrais-je pas être chrétien ? As-tu le pouvoir d'ar-
» rêter la mort ou de m'en préserver ? Veux-tu que,
» dans le combat, la crainte de l'enfer me retienne
» et que je sois sans courage ? Si tu me baptises, je
» n'aurai peur de rien, et, je te le promets, je veux
» vivre et mourir en chrétien ! »

Le missionnaire, ému, céda ; et le néophyte fut fidèle à sa parole.

Le canton des Onnontagués voulut se lier davantage avec les Français, et leur offrit de venir former un village dans leur pays. Un terrain était mis à leur disposition sur les bords du petit lac de Gannentaa, aujourd'hui Salt-Lac.

Dans l'intérêt de la colonie et de la religion, de Lauzon accueillit cette proposition avec empressement. Quatre-vingt dix colons ou soldats commandés par le capitaine du Puis, et accompagnés de trois missionnaires, partirent, en 1654, pour fonder ce nouveau poste. L'accueil qu'ils reçurent paraissait cordial ; on se mit de suite à l'ouvrage.

Cependant l'accord n'était pas unanime parmi les

Sauvages, et leur caractère mobile ne pouvait pas donner pleine sécurité.

Deux ans ne s'étaient pas écoulés que les Français de Gannentaa s'aperçurent d'un changement dans l'esprit des Sauvages, et ils parvinrent à découvrir un complot dont le but était de les massacrer tous. Comme la résistance était impossible, il n'y avait de salut que dans une fuite habilement ménagée, sans éveiller les soupçons.

Tout était prêt ; il ne restait plus qu'à transporter le bagage et les embarcations qu'on avait soigneusement tenues cachées. Le temps pressait, car l'orage qui se formait depuis longtemps pouvait subitement éclater, et un grand Conseil, qui devait se tenir au fort même, allait réunir une foule de désœuvrés et de curieux. Pour éluder la difficulté, on eut recours à une ruse fondée sur la superstition la plus enracinée chez les Sauvages. Un jeune Français qui avait été adopté par un chef lui dit qu'il avait eu un songe par lequel il était averti de faire un *festin à tout manger*, s'il ne voulait mourir bientôt. « — Tu es mon fils, répondit » l'Iroquois, je ne veux point que tu meures ; prépare » le festin et nous mangerons tout ! » Les provisions furent abondantes : des porcs, des outardes, des poissons, furent jetés dans de grandes chaudières, et tous les Iroquois des environs furent conviés au festin. Pas un n'y manqua : tous s'y rendirent, à l'entrée de la nuit, et aussitôt ils commencèrent une vigoureuse attaque sur les pièces du repas. Quelques Français jouaient, pendant ce temps-là, des instruments de musique pour amuser l'assemblée. Les invités se comportèrent bravement, mais enfin ils demandèrent quartier, avant que les provisions ne fussent épuisées. « Aie pitié de nous, disaient-ils au » jeune homme, envoie-nous reposer ! » — « Vous » voulez donc que je meure ? » répondait-il. A ce reproche amer pour eux, ils se remettaient à l'ouvrage avec l'énergie du désespoir ; il fallait sauver la vie d'un homme, dussent-ils tous périr eux-mêmes à la tâche !

Pendant ce temps, les Français avaient terminé dans le plus grand silence les préparatifs du départ. Le prétendu malade dit alors aux Iroquois : « C'est » assez, j'ai pitié de vous ; cessez de manger, je ne » mourrai pas, je vais faire jouer la musique ; dor- » mez et ne vous éveillez que demain, à l'appel pour » la prière. » Gorgés de viande, ils furent bientôt plongés dans un profond sommeil, et les convives français en profitèrent pour rejoindre leurs compagnons.

Le soleil était déjà sur l'horizon lorsque les Onnontagués sortirent de la cabane du festin pour rôder autour de l'habitation française ; la porte en était fermée et on n'y entendait aucun bruit. Ils crurent qu'on faisait la prière et attendirent ; mais enfin, trouvant qu'elle se prolongeait trop, ils frappèrent. Les chiens, laissés à l'intérieur, répondirent par des aboiements, ce qui leur fit croire que les maîtres étaient toujours là. Enfin, la journée s'avançant, ils enfoncèrent les portes. Qu'on juge de leur surprise !

Leur inquiétude se changea en effroi lorsqu'ils virent les appartements vides. Qu'étaient devenus les Français? Personne n'avait vu de bateaux ; aucune empreinte de pas n'existait sur le sol couvert d'une neige épaisse tombée pendant la nuit. Les Sauvages se persuadèrent qu'un puissant Manitou les avait enlevés dans les airs et que bientôt ils reviendraient pour se venger.

Mais, quand ils surent la vérité et virent qu'ils avaient été joués, leur étonnement devint de la fureur, et la guerre fut décidée.

Cependant, en 1656, les Iroquois firent de nouvelles tentatives d'accommodement. Ils désiraient surtout attirer dans leur pays les Hurons qui s'étaient retirés aux environs de Québec, et qui habitaient alors l'île d'Orléans. Ils voulaient les incorporer à leur nation, pour suppléer aux pertes qu'ils avaient éprouvées. Un chef huron, très-attaché aux Français, trouva des excuses que lui dictait la défiance : « J'ai vu en songe, dit-il au député iro-
» quois qui le pressait de le suivre, toute la rivière
» garnie de grandes dents. Si je m'y exposais, je
» courrais le danger d'être mordu. Ce sera pour une
» autre fois. »

Un autre capitaine de la famille de l'Ours, redoutant pour les siens les conséquences d'un refus absolu, consentit à se dévouer; mais il voulut partir seul. « C'en est fait, dit-il à l'Iroquois, je suis à toi!
» Je me jette les yeux fermés dans ton canot.
» Cependant, je ne veux pas que les miens m'ac-

» compagnent avant de savoir comment je serai
» traité. » Ses adieux au Gouverneur et aux Robes
noires furent touchants : « Je vous quitte, leur
» dit-il, mais mon cœur est avec vous, et je vous
» laisse mes parents qui valent mieux que moi. »

Malgré ces démarches pacifiques des Iroquois, il y avait toujours en campagne quelques bandes de leurs guerriers que la nation avait l'air de désavouer. Le P. Garreau fut blessé à mort par l'une d'elles, près de Montréal, en 1656. Il accompagnait, à leur retour, une troupe nombreuse d'Ottaouais venus des bords du lac Supérieur pour leur trafic, et qui montraient les plus heureuses dispositions pour la Foi. Cette Mission ne put se reprendre que cinq ans après.

Le Canada vit, en 1657, se former un établissement qui devait être pour lui une source de bénédiction et de prospérité. L'abbé de Queylus, de la Congrégation de Saint-Sulpice de Paris, vint jeter à Montréal les fondements d'un séminaire. Il prit avec ses confrères la direction spirituelle de la ville dont les Jésuites avaient été jusque-là chargés, et il acquit pour sa Congrégation la propriété de l'île entière.

Cette petite colonie de Montréal, qui devait un jour prendre de si grands développements, s'enrichit peu à peu d'établissements propres à la faire prospérer. La pieuse Marguerite Bourgeoys de Troyes, d'une famille très-considérée en Champagne, qui avait été amenée par de Maisonneuve à son retour d'un voyage en France, déployant un zèle et une ardeur au-dessus de son sexe, donnait naissance à la Congrégation de Notre-Dame, qui a produit de si heureux fruits pour l'éducation de la jeunesse. Aidée de quelques pieuses filles, elle commença les petites écoles avec toute l'abnégation et le dévouement que la Religion inspire. Ce n'était qu'un grain de senevé ; mais il devait devenir un grand arbre et étendre jusqu'à nos jours sur le Canada tout entier ses rameaux bienfaisants. L'Hôtel-Dieu commencé par Mlle Mance et les premiers colons prenait une forme régulière, sous l'administration des religieuses Hospitalières venues de la Flèche, grâce aux libéralités du généreux de La Dauversière et de Mme de Bullion.

L'Église du Canada grandissait ainsi et arrivait à ce degré de développement qui réclame d'ordinaire la présence d'un évêque et une forme hiérarchique régulière. Mgr François de Laval-Montmorency, évêque de Pétrée, vint prendre possession de cette Église, le 6 juin 1659, en qualité de Vicaire apostolique de la Nouvelle-France. Le siége de Québec ne devait être érigé qu'en 1670, et encore l'expédition des bulles fut-elle retardée pendant quatre ans, par le fait des injustes prétentions des Parlements de Paris et de Rouen.

Dès le début de son épiscopat, le nouveau prélat eut la consolation de voir l'Église s'étendre au loin dans les contrées de l'Ouest. Il vit les Sauvages du lac Supérieur descendre de nouveau à Québec pour solliciter l'envoi d'une Robe noire dans ces contrées, et il donna ce poste au P. Mesnard, connu déjà dans toutes les Missions du Canada. C'est dans celle-ci qu'il devait trouver sa couronne immortelle, en 1661. Il se perdit dans la forêt sur les rives sud du lac Supérieur, et on ne le revit jamais. Longtemps après, on trouva chez les Sioux sa soutane et son bréviaire, conservés comme des amulettes.

Le gouvernement de la colonie venait de passer par plusieurs mains. A de Lauzon, que son âge avancé (1) et son ignorance de la guerre rendaient peu propre à ce poste, succéda le vicomte Le Voyer d'Argenson, dont l'administration fut plus triste encore. Il saisit volontiers des prétextes de santé pour se démettre de ses fonctions avant l'époque ordinaire, et il agit avec sagesse.

L'année 1660 fut une des plus agitées, et la colonie toucha à sa ruine. Des Algonquins prirent un Mohingan, adopté par les Agniers, et le condamnèrent à périr par le feu. Avant de mourir, il déclara que huit cents Iroquois étaient campés aux environs de Montréal et qu'ils y attendaient encore quatre cents guerriers pour attaquer les trois villes françaises, en commençant par Québec. L'on apprit qu'en effet l'armée ennemie était près de l'embouchure de la rivière de Richelieu. Le danger était imminent et l'inquiétude fut générale.

On sut aussi que Dolard, arrivé depuis peu, après avoir servi avec bravoure dans l'armée en France, et

---

(1) Il avait soixante-treize ans.

s'être, dans une première campagne, montré également propre à la guerre sauvage, avait résolu d'arrêter la marche de l'ennemi. Il avait communiqué son ardeur à seize de ses amis qui se décidèrent à le suivre. Chacun d'eux fit son testament, se confessa, communia, et tous promirent, en face des autels, de ne jamais demander quartier et de se soutenir les uns les autres.

Partis le 1er mai, ils s'arrêtèrent au pied du Saut des Chaudières, sur la rivière des Ottaouais, dans un lieu où ils trouvèrent un petit fort sauvage formé de pieux plantés en terre. Il était éloigné de l'eau et commandé par un coteau voisin ; ils résolurent cependant d'y attendre les Iroquois.

Ils étaient là, depuis quelques jours, lorsqu'ils furent rejoints par quarante Hurons et six Algonquins, conduits par le vieux chef Anahotaha et par Mitiwemeg, renommé parmi les siens. Le lendemain de l'arrivée de ce renfort, une bande d'Iroquois fut signalée. Le temps avait manqué pour élever une seconde palissade, et les guerriers furent surpris au moment où ils étaient à genoux pour la prière du soir et où les chaudières étaient sur le feu pour préparer le souper. Ils se réfugièrent précipitamment dans le fort.

Une vive fusillade s'engagea et la nuit se passa à se fortifier des deux côtés. Dès le matin, les Onnontagués donnèrent l'assaut, en poussant leurs cris de guerre. Plusieurs tombèrent morts ou blessés et les autres battirent en retraite. Recourant alors à la ruse, ils parlementèrent pour attendre un gros corps d'Agniers qui devait les rejoindre. Les Français, justement défiants, refusèrent tout accommodement. Pendant qu'une partie des assiégeants attirait l'attention des Hurons, le gros de la troupe cherchait à s'approcher de l'autre côté. Les Français les reçurent à coups de fusil et les forcèrent de se tenir à distance.

Pendant sept jours le fort fut investi; la faim et surtout la soif torturaient les assiégés. N'ayant pas d'eau, ils étaient réduits à avaler sèche la farine de maïs. Les Hurons manquèrent aussi de plomb et Dolard leur en fournit. Jusque-là, tirant par les meurtrières, ils n'avaient perdu aucun des leurs.

Après une semaine d'attente, cinq cents Agniers et Onneiouts arrivèrent et furent annoncés par des cris qui retentirent dans les profondeurs de la forêt et eussent glacé d'épouvante des cœurs moins résolus. Le fort fut alors entouré de toutes parts; les attaques se renouvelèrent sans cesse et la fusillade dura jour et nuit. La vigilance, le courage et la piété des Français, ne se démentirent pas un instant. Chaque fois qu'ils avaient repoussé l'ennemi, ils se jetaient à genoux et priaient Dieu. Cependant la soif pressait tellement les Hurons qu'ils envoyèrent quelques-uns des leurs s'aboucher avec les Iroquois qui les accueillirent avec acclamation. Trente d'entre eux sautèrent par-dessus la palissade et se rendirent malgré les reproches indignés d'Anahotaha. Cette fuite honteuse **affaiblit les forces des assiégés et redoubla l'ardeur** des assiégeants, informés par les fuyards de la faiblesse des compagnons de Dolard.

Des parlementaires suivis de guerriers s'avancèrent pour inviter le reste des Hurons à suivre les transfuges ; mais ils furent reçus à coups de fusil : plusieurs furent tués et les autres s'enfuirent.

Depuis dix jours une poignée d'hommes déterminés arrêtait une armée entière devant une chétive bicoque. Les Iroquois furieux tentèrent un suprême effort et décidèrent l'assaut. Tous ensemble se ruèrent au pied de la palissade et s'y cramponnèrent, au-dessous des meurtrières. Ainsi abrités, ils attaquèrent les pieux à coups de hache. Les Français eurent recours à tous les moyens que leur inspira l'expérience. Des arquebuses chargées jusqu'à la gueule produisirent l'effet de la mitraille. Dolard s'avisa de jeter au milieu des ennemis un baril rempli de poudre, auquel il avait ajusté une fusée. Par malheur, une branche l'arrêta et le rejeta dans le fort, où il porta la mort au milieu des combattants. Étouffés par la fumée, ceux-ci ne distinguaient plus les assiégeants qui, profitant de la confusion, s'emparèrent des meurtrières et firent un feu écrasant. Un des neveux d'Anahotaha, qui était passé aux Iroquois, invita alors son oncle à se rendre, lui promettant la vie sauve : « J'ai donné ma parole aux » Français, répondit-il, je mourrai avec eux ! » Peu après, il tomba frappé à mort. Avant d'expirer, il pria un de ses guerriers de placer sa tête sur les charbons ardents, pour que sa chevelure ne servît pas de trophée aux vainqueurs. Par un sentiment d'humanité exagérée, un Français acheva à coups de hache ses compagnons blessés à mort, pour les soustraire aux supplices qui les attendaient.

Enfin maîtres du fort, les Iroquois abattirent à coups de fusil quelques braves qui se défendaient toujours, et se livrèrent à toutes les fureurs de la vengeance. Deux Français qui respiraient encore furent traînés sur le feu et tourmentés jusqu'à leur dernier soupir. Quatre autres, qui conservaient assez de force pour être conduits à la suite des vainqueurs, furent partagés entre eux, ainsi que quatre Hurons qui avaient combattu jusqu'à la fin. Ceux qui avaient eu la lâcheté de déserter eurent le même sort.

Les prisonniers, gardés à vue pendant le jour, étaient attachés, la nuit, à un piquet, les pieds et les poings liés. Un Huron chrétien et fidèle parvint cependant à tromper cette vigilance et à gagner Montréal.

Des huit cents Iroquois qui avaient assisté au siége, raconta-t-il, un grand nombre avaient été mis hors de combat, et les monceaux de cadavres qui s'élevèrent autour de la palissade, durant la dernière attaque, servirent aux assaillants pour l'escalader. Les vainqueurs, stupéfaits de la résistance qui leur avait été opposée par quelques Français, réfléchirent à celle qu'ils rencontreraient devant des remparts fortifiés. Affaiblie et lassée, l'armée iroquoise renonça donc à son projet d'attaquer Québec et regagna ses cantons.

En apprenant la fin tragique des jeunes gens qui s'étaient dévoués pour le salut commun, la douleur fut profonde dans la colonie. Tout en regrettant leur perte, les cœurs catholiques étaient consolés par la pensée qu'ils étaient tombés en braves et en chrétiens, le fusil à la main, la prière sur les lèvres et l'espérance dans l'âme. On était tenté de les vénérer comme des martyrs de la Foi, et « certes, » ajoute l'abbé Ferland, qui rapporte ce trait de dévouement, « l'on peut bien comparer avec ce que l'histoire offre » de plus noble, le spectacle donné par ces hommes » sur le théâtre obscur qu'ils avaient choisi pour » combattre et mourir. »

Le baron d'Avaugour vint prendre la place du vicomte d'Argenson en 1661. C'était un caractère actif et résolu. Par l'énergie de ses mesures et par ses vives réclamations, il obtint du Roi et de la Compagnie des cent associés la promesse des secours que réclamait l'état de la colonie. Il envoya comme député vers Louis XIV l'illustre Pierre Boucher, gouverneur de Trois-Rivières, et l'un des premiers historiens de la Nouvelle-France. La colonie ne pouvait pas être mieux représentée : sa démarche fut couronnée d'un plein succès.

Les Iroquois se montrèrent bientôt moins fréquemment en armes dans la colonie. La nouvelle des secours attendus de France était déjà arrivée jusqu'à eux et les rendait plus circonspects. Ils se lancèrent alors dans des excursions lointaines, où ils n'éprouvèrent que des revers.

Les trois cantons supérieurs qui s'étaient toujours montrés plus favorables aux Français firent une démarche, en 1661, pour renouer la paix. Deux cents de leurs canots surmontés du pavillon blanc se présentèrent devant Montréal, et, comme garantie de leurs bonnes intentions, leurs députés s'étaient fait accompagner par plusieurs prisonniers français qu'ils rendaient à la liberté. Ils demandaient en même temps des Robes noires pour leur enseigner la prière.

L'âme de cette démarche était Garakontié, capitaine d'Onnontagué et grand ami des missionnaires. Bien des captifs français qu'il acheta du produit de sa chasse lui durent la vie, et il fit toujours respecter les Pères Jésuites tant qu'ils restèrent dans le pays.

Le P. Simon Le Moyne, déjà connu des Iroquois, dont il parlait admirablement la langue, fut chargé d'aller près d'eux négocier cette affaire.

Pour la cinquième fois, il partit gaiement avec les membres de l'ambassade et alla exposer sa vie dans les cantons iroquois. Garakontié se porta à huit kilomètres d'Onnontagué avec plusieurs anciens, pour faire honneur à l'ambassadeur français. Toute la population se mit en mouvement pour lui souhaiter la bienvenue. Entre deux haies d'hommes, de femmes et d'enfants, il s'avançait gravement, poussant par intervalle le cri usité dans de semblables circonstances.

Garakontié conduisit le P. Le Moyne chez le chef du parti opposé au sien, pour le disposer à la paix, en lui déférant l'honneur de la première visite. Un grand Conseil fut convoqué pour traiter de la remise des captifs. Les anciens se décidèrent à en

UN CONSEIL SAUVAGE.

rendre neuf que Garakontié fut chargé de conduire à Montréal. Les onze autres devaient encore passer l'hiver à Onnontagué avec le P. Le Moyne et être rendus à la liberté au printemps suivant.

Cette mission ne s'accomplit pas sans difficulté. Garakontié rencontra, près de Montréal, une bande de cinquante guerriers onnontagués qui portaient en triomphe des chevelures françaises. L'un d'eux était revêtu d'une soutane qu'il avait endossée comme un glorieux trophée. Plusieurs des députés, redoutant les suites de cette affaire, voulaient retourner sur leurs pas. Garakontié s'y refusa et poursuivit sa route. Il fut traité comme un ami des Français et se montra reconnaissant de l'accueil qu'il reçut. C'était un homme d'un tact admirable, qui n'avait de sauvage que l'origine et le nom. La beauté de son âme et l'élévation de son intelligence l'entraînaient vers le catholicisme, et il réprouvait hautement les actes de perfidie de ses compatriotes. A son retour dans son canton, il trouva les dispositions changées, et les esprits aigris par des rumeurs et des préventions injustes. Par sa fermeté et son adresse, il rétablit le calme et dissipa les craintes. Surmontant tous les obstacles, il parvint à remplir sa promesse, et, au mois d'août 1662, tous les prisonniers rentrèrent à Montréal avec le P. Le Moyne.

Une de ses joies avait été de trouver dans le canton de Goyogouen une troupe nombreuse de Hurons chrétiens à qui une captivité de quinze et vingt années n'avait pu arracher la Foi du cœur. Ils en avaient été, sans s'en douter, les témoins et les apôtres.

Il revint par la rivière Oswego. En passant près d'un petit lac, on lui fit remarquer un grand bassin à peu près desséché. Les Sauvages prétendaient qu'un Manitou y résidait et en rendait l'eau si puante qu'ils n'en pouvaient pas boire. Le Père Jésuite voulut la goûter et la trouva très-salée. L'ayant fait évaporer, il en tira un beau sel qu'il porta à Québec. Ainsi, bien avant l'établissement des Européens dans cette partie de l'État de New-York, un pauvre missionnaire avait découvert ces sources qui devaient un jour devenir une fortune pour les populations de l'Ouest.

Les Agniers et les Onneiouts avaient été étrangers au traité de paix conclu avec les cantons supérieurs. Aussi, loin de déposer les armes, ils semblèrent multiplier leurs courses hostiles dans la colonie : bien des Hurons et plus de cent Français tombèrent sous leurs coups. Deux vénérables prêtres sulpiciens, l'abbé Lemaître et l'abbé Vignal, furent tués près de Montréal, ainsi que l'intrépide major Lambert Closse. Dans l'île d'Orléans, le sénéchal de Lauzon, fils de l'ancien Gouverneur, et ceux qui l'accompagnaient, eurent le même sort.

Pour mettre fin à ces assassinats et à ces déprédations, et pour châtier ces audacieux pillards, le baron d'Avaugour demanda au Roi trois mille soldats. On lui envoya cent familles qui comblèrent à peine les vides.

Les changements survenus dans la Nouvelle-Belgique pouvaient n'être pas étrangers à cette recrudescence de haine. Pour se venger des États de Hollande, Charles II d'Angleterre s'était emparé, en

1664, de leur colonie voisine des Agniers, et ceux-ci ne tardèrent pas à s'apercevoir du peu de sympathie des Anglais pour la France. Ils surent toujours, selon le besoin de leurs intérêts, mettre cette disposition à profit, mais en sauvegardant toutefois leur indépendance qu'ils ne consentirent jamais à aliéner.

Pendant que le Canada gémissait sur les malheurs de la guerre que lui faisait l'Iroquois, il vit se former dans son sein une source de désordres, qui lui devint plus funeste encore. La vente de l'eau-de-vie aux Sauvages, si passionnés pour les liqueurs fortes, était devenue un honteux trafic, fatal à la religion, aux mœurs, et même aux intérêts de la colonie. Mgr de Laval l'avait proscrit sous les peines canoniques.

Sur l'avis de la Cour, le baron d'Avaugour avait, de son côté, édicté des peines très-graves contre les délinquants. Pour contravention à cette loi, une pauvre femme avait été jetée en prison et attendait son jugement. Pressé par sa famille, le P. J. Lalemant crut pouvoir intercéder en sa faveur. Le Gouverneur se formalisa de cette démarche et répondit avec humeur : « Puisque la traite de l'eau-de-vie n'est » pas une faute pour cette femme, elle ne le sera » désormais pour personne ! »

Par un faux point d'honneur, il ne voulut jamais retirer cette parole indiscrète, et toute prohibition cessa. Le peuple, toujours prêt à écouter la voix qui flatte ses passions ou sa cupidité, se livra sans mesure à cet odieux commerce. Bientôt le désordre devint extrême et on vit les Sauvages, même chrétiens, entraînés par un irrésistible penchant, se livrer aux plus déplorables excès d'immoralité et de barbarie.

L'Évêque tenta d'inutiles efforts pour arrêter un mal auquel les autorités civiles prêtaient elles-mêmes la main. Voyant son caractère méprisé et sa voix méconnue, il prit le parti de passer en France, en 1662, pour porter ses plaintes au pied du Trône.

Pendant son absence, les Éléments semblèrent se prononcer pour la cause de la religion et de l'humanité. « Le ciel et la terre nous ont parlé bien des » fois depuis un an, » écrivait le P. Lalemant en 1663. Il faisait allusion aux violents tremblements de terre qui ébranlèrent tout le Canada et jetèrent ses habitants dans la consternation. La première secousse arriva le 6 février 1663, et elles se succédèrent pendant six mois presque sans interruption. Sur plusieurs points le sol fut bouleversé. On n'eut cependant à déplorer la perte de personne.

Grâce à l'esprit de foi qui animait la population, ces convulsions de la nature furent regardées comme un avertissement du Ciel, et elles provoquèrent des conversions nombreuses. Le scandaleux trafic cessa comme par enchantement, avant même le retour de l'Évêque, qui avait obtenu de la Cour le gain complet de sa cause. Quelques hommes intéressés purent se récrier contre cette prohibition ; « mais je n'hésite pas » un instant, dit Dussieux, à approuver et à honorer » sans réserve les principes du gouvernement de » Louis XIV à cet égard (1). »

(1) *Le Canada sous la domination française.*

Mgr de Laval avait profité de son voyage pour réaliser une belle pensée dans l'intérêt de l'Église du Canada. Il obtint des lettres patentes pour la fondation du séminaire de Québec, et il en donna la direction aux prêtres de la maison des Missions étrangères de Paris. Depuis la conquête du Canada, elle a passé dans les mains des ecclésiastiques du pays, qui ont continué avec le même zèle et le même dévouement l'œuvre fondée par le vénérable prélat.

Vers la même époque, il divisa le pays en paroisses avec des curés en titre ayant le droit d'y percevoir la dîme. Les terres nouvellement défrichées étaient exemptes de ce tribut pendant cinq ans.

Le cours des Missions sauvages prit en même temps une nouvelle extension. Le P. Bailloquet parcourait les rives du golfe Saint-Laurent. Le P. Dablon et le P. Druillette remontaient le Saguenay et s'avançaient au-delà du lac Saint-Jean. Le P. Albanel poussait plus loin encore et plantait la croix sur les bords du lac Barnabé, au milieu des Papinachois qui la saluaient avec des transports d'allégresse.

Le Canada allait sortir de l'enfance et devenir une province française. Les changements qui vont s'opérer sont si importants que des écrivains ont placé la fondation de la colonie à l'année 1663. Ils laissent ainsi dans l'oubli la plus belle portion de son histoire. La période que nous venons de parcourir offre des traits nombreux de dévouement, de courage, de foi et de persévérance. Les bornes de cet ouvrage ne nous ont pas permis de les indiquer tous. Le même esprit animait les laïcs et les religieux, les femmes faibles et délicates aussi bien que les soldats et les hardis explorateurs qui s'aventuraient au loin. Que de nobles natures se sont ainsi développées ! Comment ne pas admirer ces jeunes gens doués des plus beaux dons de l'esprit et du cœur, habiles à la chasse, adroits à conduire le léger canot, devançant à la course les plus agiles de la race rouge, infatigables dans les longues marches, au milieu des forêts, accoutumés à combattre avec la hache et le fusil, parlant les langues des Sauvages aussi bien que les indigènes, toujours prêts à servir la religion et la patrie et à sacrifier leur vie pour la gloire de Dieu et l'honneur du nom français ?

Quoi de plus touchant que de voir des filles timides, élevées dans la solitude si calme du cloître, renoncer au silence et à la paix du couvent pour se consacrer au service de Sauvages sales et rudes dans leurs manières ; de grandes dames, formées à l'aisance et aux agréments de la société, se condamner à vivre dans un pays barbare, privées de ces jouissances matérielles qu'elles possédaient en France ? Nous avons vu Mme de La Pelterie, jeune et belle, se complaire à caresser les filles algonquines, à les nettoyer et à les instruire. Non contente d'avoir partagé les travaux des Ursulines de Québec, elle alla seconder ceux de Mlle Mance, à l'établissement de Montréal, et elle voulait se rendre, à travers les mille dangers de la route, jusqu'au pays des Hurons. Mme d'Ailleboust et Mme de Monceaux qui avait brillé à la Cour, soignaient les Sauvages dans leurs maladies, recueillaient les restes des prisonniers brûlés et souvent elles les portèrent elles-mêmes au cimetière pour leur procurer une sépulture chrétienne.

Des femmes firent même souvent preuve d'une présence d'esprit admirable et d'un courage viril. Ainsi, en février 1661, des colons travaillant dans les bois, sans armes, furent surpris. Treize furent faits prisonniers et les autres fuyaient vers le fort, sourds à la voix du brave Le Moyne qui, armé de pistolets, opposait seul de la résistance. Mme Duclos, du fort où elle était, avait été témoin de l'attaque. Elle saisit des armes et des munitions et courut arrêter les fuyards qui s'emparèrent des fusils et, guidés par elle, forcèrent les ennemis à la retraite.

Formée sous un climat sain, quoique rigoureux, menant une vie active et frugale, endurcie aux travaux de la terre, éprouvée par les fatigues des voyages, par les dangers de la guerre, la population s'était développée forte et vigoureuse. Les constitutions faibles avaient succombé, les tempéraments robustes résistèrent seuls et fondèrent des races acclimatées et vivaces. « Cela est étonnant, écrivait la Mère de l'In-
» carnation (1), de voir le grand nombre d'enfants
» très-beaux et bien faits, sans aucune difformité, si
» ce n'est par accident. Un pauvre homme aura huit
» enfants et plus qui, l'hiver, vont nu-pieds et tête
» nue, avec une petite camisole sur le dos, qui ne

---

(1) *Lettres historiques et spirituelles.*

» vivent que d'anguilles et de pain, et avec cela gros
» et gras. »

A l'époque où nous sommes parvenus, le pays ne comptait pas plus de deux mille cinq cents Français, que l'on doit regarder comme les véritables fondateurs du peuple canadien.

C'est donc à bien juste titre que l'on a désigné les cinquante premières années qui ont suivi la fondation de Québec, comme les temps héroïques de la Nouvelle-France.

VII

Gouvernement royal (1663). — M. de Mézy. — Le marquis de Tracy (1665-1666). — M. de Courcelles (1665-1672).

La Compagnie des cent associés, réduite à quarante-cinq membres, et moins capable que jamais de remplir ses obligations, remit, en 1663, à la Couronne tous ses droits sur le Canada. La colonie devenait ainsi comme une province de France, et Québec fut honoré du titre de Ville. Dupont-Gaudais, commissaire royal, vint constituer le nouveau gouvernement et recevoir le serment de fidélité des habitants.

Il forma un Conseil souverain et permanent dont les membres, d'abord au nombre de cinq, furent portés ensuite jusqu'à douze (1).

Une charge nouvelle fut créée immédiatement

(1) Le premier conseiller recevait annuellement 800 francs de traitement et les cinq plus anciens 400 francs ; les autres servaient gratuitement.

après celle du Gouverneur ; elle en était même indépendante sur certains points. L'Intendant était le grand officier de la Couronne et veillait à la bonne administration de la justice et des finances. Le jeune Talon, qui instruisit Colbert de l'état et des ressources de la colonie, reçut du grand ministre ce poste important.

De Mézy, successeur du baron d'Avaugour, fut chargé d'inaugurer la nouvelle administration. Plusieurs officiers de guerre et de justice et quelques familles venaient avec lui se fixer en Canada.

Ce Gouverneur avait pour lui des principes religieux et sans doute aussi la droiture des intentions ; mais il manquait de ce qui constitue le magistrat sage et prudent. Ébloui peut-être par les honneurs et égaré par des conseils perfides, il rendit son administration maladroite, imprudente et vexatoire.

Mgr l'évêque, à qui il était redevable de sa nomination, fut le premier objet de ses injustes violences, qui devinrent bientôt un scandale public.

De Maisonneuve se vit retirer sa commission et reçut l'ordre de repasser en France. « Les joies furent
» détrempées de beaucoup d'amertume, écrit Dollier,
» lorsqu'on vit le père et cher Gouverneur partir
» cette fois tout de bon et nous laisser dans d'autres
» mains dont on ne devait pas espérer le même
» amour et la même fidélité pour l'éloignement des
» vices (1). » Vingt-trois ans de sage administration

---

(1) *Histoire de Montréal.*

avaient fait connaître tout le mérite de ce Gouverneur, et son départ fut un malheur.

Presque tous les officiers de la colonie avaient à gémir des vexations dont ils étaient l'objet. Les plaintes portées en Cour contre lui furent telles, que le Roi le fit remplacer immédiatement par de Courcelles, qui sut se faire aimer et estimer. Il fut même chargé d'une enquête sur la conduite de son prédécesseur ; mais le jugement de Dieu prévint celui des hommes. De Mézy mourut peu après, et répara ses erreurs par son repentir et par une éclatante pénitence. Aussi les commissaires nommés par le Roi crurent-ils « qu'il valait mieux ensevelir ses fautes » avec sa mémoire » (1).

De Courcelles venait en Canada dans la compagnie du marquis de Tracy, lieutenant général des armées du Roi, que Louis XIV y envoyait avec les pouvoirs de vice-roi, et la mission de dompter les Iroquois par la force.

Le marquis, homme de Cour, étala un luxe et une ostentation auxquels on n'était pas accoutumé. Il ne sortait jamais sans être précédé de vingt-quatre gardes et de quatre pages, sans être suivi de six laquais et d'un bon nombre d'officiers richement vêtus. Mais il était homme de bien et avait de belles qualités personnelles. Il fut reçu avec enthousiasme par la population et salué comme un sauveur. Les Sauvages ne se lassaient pas d'admirer sa magnificence

(1) *Lettre de Talon,* aux Archives du Ministère de la marine.

qui dépassait tous leurs songes. Le camp des Hurons, placé sous la protection du fort Saint-Louis, s'empressa de porter ses présents et ses paroles au grand Onontio. L'orateur s'exprima ainsi : « A tes pieds
» tu vois les débris d'une grande terre et les restes
» pitoyables d'un monde entier, autrefois peuplé
» d'une infinité d'habitants. Ce ne sont maintenant
» que des squelettes qui te parlent.

» L'Iroquois a dévoré leurs chairs, les a brûlés sur
» ses échafauds et ne leur a laissé que les os. Il ne
» nous restait plus qu'un filet de vie: nos membres
» qui ont passé par les chaudières bouillantes n'a-
» vaient plus de vigueur, quand, avec peine, ayant
» levé les yeux, nous avons aperçu sur la rivière les
» navires qui te portaient et, avec toi, tant de braves
» soldats.

» Ce fut pour lors que le soleil nous parut éclater
» avec de plus beaux rayons, et éclairer notre an-
» cienne terre qui, depuis tant d'années, était cou-
» verte de neiges et de ténèbres. Pour lors, nos lacs
» et nos rivières parurent calmes et sans tempêtes,
» et il me sembla entendre une voix sortie de ton
» vaisseau, qui nous disait : — Courage, peuple dé-
» solé (1) !... »

Les Algonquins se présentèrent quelque temps après, et Noël Tekouérimat, le plus ancien chrétien de Sillery, prononça la harangue. Le marquis de Tracy prenait plaisir à se faire traduire ces discours

(1) *Relation de 1665.*

et admirait les tournures hardies dont ces Sauvages revêtaient leurs pensées. Il leur répondit avec bonté et leur promit de les secourir de tout son pouvoir.

Avec les troupes données au marquis de Tracy pour son expédition, arriva aussi un certain nombre de familles pour résider dans le pays. Elles amenaient beaucoup d'animaux domestiques et en particulier des chevaux, à peu près inconnus jusque-là.

Pour préparer la guerre contre les Iroquois, le marquis de Tracy fit bâtir trois forts sur le chemin qui conduisait à leur pays.

Le premier, à l'entrée de la rivière des Iroquois, sur l'emplacement de l'ancien fort de Richelieu abandonné depuis plusieurs années, prit le nom de son commandant, le capitaine de Sorel. Le capitaine de Chambly laissa le sien au fort qu'il fut chargé d'élever au premier rapide de cette rivière. Le troisième fut placé, douze kilomètres plus haut, dans l'île Sainte-Thérèse.

Les Iroquois des cantons des Agniers et des Onneiouts semblèrent d'abord peu inquiets des préparatifs de guerre des Français. Ils continuèrent leurs déprédations et leurs massacres, et dans une de leurs excursions, en 1666, ils donnèrent la mort à plusieurs officiers français et, entre autres, au jeune de Chasy, neveu du marquis de Tracy.

Le vieil ami des Français, Garakontié, ayant obtenu la délivrance de Charles Le Moine, prisonnier depuis trois ans, voulut le ramener lui-même, en accompagnant quelques ambassadeurs onnontagués, goyogouens et tsonnontouans, qui venaient à Québec renouveler les traités de paix. Ils y arrivèrent au commencement de décembre et apportèrent la nouvelle de la mort du P. Simon Le Moyne, décédé le 25 novembre, au cap de la Madeleine.

Une audience solennelle fut accordée aux députés, et Garakontié y prononça le discours. Après avoir offert ses services et l'amitié de sa nation, il fit l'éloge du missionnaire qui avait tant fait pour rapprocher les Iroquois des Français.

« Ondessonk (1), dit l'orateur, en s'adressant au
» Père, m'entends-tu du Pays des morts, où tu es
» passé? C'est toi qui as tant de fois porté ta tête sur
» les échafauds des Agniers; c'est toi qui as marché
» dans le feu pour en arracher les Français. Nous
» t'avons vu, sur nos nattes du Conseil, décider de la
» paix et de la guerre. Nos cabanes se sont trouvées
» trop petites quand tu y es entré, et nos villages
» mêmes étaient trop étroits quand tu t'y présentais,
» tant la foule du peuple était avide d'entendre tes
» paroles... Nous te pleurons, parce qu'en te perdant,
» nous avons perdu notre père et notre protecteur! »

Après avoir rappelé modestement les services qu'il avait lui-même rendus, il demanda la liberté de trois

---

(1) Nom sauvage du P. Le Moyne; il avait été porté par le P. Jogues. Tous les missionnaires avaient aussi leurs surnoms et s'appelaient : le P. Lemercier, Chaüse; le P. Daniel, Antouennen; le P. Châtelain, Arioo; le P. Ch. Garnier, Oracha; le P. Dupéron, Anonchiarra; le P. J. Lalemant, Achiendasse; les PP. de Brébeuf et Chaumonot, Échon; le P. Ragueneau, Aondechete; le P. Chabanel, Arontaen, etc.

prisonniers de sa nation, grâce qui lui fut accordée volontiers.

PRÉDICATION ÉVANGÉLIQUE.

Cependant les Agniers finirent par redouter l'orage dont ils se sentaient menacés, et ils essayèrent de le conjurer en envoyant deux députés à Québec.

Le vice-roi les accueillit avec bienveillance et les admit à sa table. La conversation étant tombée sur la mort du lieutenant de Chazy, un des députés se leva et dit avec bravade en avançant la main : « Voici » le bras qui a cassé la tête à ce jeune officier ! » Justement indigné d'une telle insolence, de Tracy reprit : « Il ne cassera plus la tête à personne !... » et il le fit passer par les armes en présence de son compagnon qui fut conduit en prison.

Toute négociation fut rompue, et le marquis de Tracy, quoique septuagénaire, disposa tout pour marcher lui-même contre les Iroquois avec six cents soldats, autant de miliciens, et une centaine de Sauvages.

Le secret de cette expédition transpira, et les Agniers n'attendirent pas l'arrivée de ces forces supérieures. Ils se retirèrent au fond des forêts et ne laissèrent qu'un désert à parcourir. Les Français durent se contenter de brûler les bourgades abandonnées et d'enlever de grandes provisions de blé d'Inde qui y restaient. La fin du mois d'octobre approchant ne permit pas à de Tracy d'infliger le même châtiment au canton des Onneiouts. Il ne voulut pas s'exposer à trouver, en revenant, les rivières gelées et, sur ses derrières, un ennemi pour le harceler. En somme, le but principal n'était qu'en partie rempli. Les Agniers étaient humiliés, mais non vaincus. Cependant la famine en fit périr un grand nombre.

La mission du marquis de Tracy était à son terme. Son dernier acte fut d'établir la Compagnie des Indes occidentales dans tous les droits de commerce dont avait joui celle des Cent Associés, et de donner leur congé à plus de quatre cents soldats du régiment de Carignan, venus avec lui. Il les laissait pour devenir colons du Canada, tout en restant ses défenseurs : politique qu'on ne saurait trop louer, parce qu'on ne combat jamais mieux que pour protéger son foyer. Plusieurs officiers se marièrent dans le pays et s'y fixèrent. La population s'éleva alors à cinq mille âmes.

Après dix-huit mois de séjour en Canada, le marquis de Tracy retourna en France, emportant avec lui les regrets et le respect de tous ses habitants. Sur sa proposition et sur celle de l'Intendant Talon, le Roi accorda des lettres de noblesse aux Canadiens qui avaient rendu les services les plus signalés. Le Moine, Boucher, Bourdon, d'Auteuil, Juchereau, Godefroy, Denis, Amiot et Couillard, reçurent cette honorable distinction.

Le châtiment infligé aux Iroquois donna à la colonie un moment de répit, qui permit d'étendre les Missions. Sans se laisser décourager par la fin tragique des PP. Garreau et Mesnard, le P. Allouez reprit leur succession dans l'Ouest, sur les bords du lac Supérieur, et, secondé par les PP. Marquette et Dablon, il fonda les Réductions de Chagouamigon, du saut Sainte-Marie et de la baie des Puants.

En même temps, les PP. Bruyas, Millet, de Carheil, Frémin, Jean Pierron et les deux PP. de Lamberville, s'installaient hardiment au milieu même des Iroquois qui, plus traitables sans être moins inconstants, avaient de rechef exprimé le désir d'avoir des Robes noires parmi eux. Les Agniers eux-mêmes, qui avaient été les plus acharnés contre la religion et contre les Français, et qui avaient mis à mort le plus grand nombre de serviteurs de Dieu, se montrèrent les plus dociles à la Foi. Leur canton fournit les premiers éléments des célèbres Missions du saut Saint-Louis et de la Montagne, établies près de Montréal, qui furent si fécondes en beaux exemples de vertus et de dévouement. Il a la gloire d'avoir donné naissance à l'illustre vierge Catherine Tégakouita, la Geneviève de l'Amérique du Nord, morte en odeur de sainteté, à l'âge de vingt-trois ans.

La paix de Bréda, conclue en 1667, venait contribuer aussi à la prospérité de la colonie. L'Acadie était rendue à la France ; Plaisance, magnifique port au sud de Terre-Neuve, et qui devait tant à la nature et à l'art, devint un poste important où les Français établirent leur principal comptoir. L'Angleterre, maîtresse encore d'une grande partie de l'île, y avait les postes de Saint-Jean, de Bona-Vista et de l'île Carbonière.

Le plus intelligent promoteur des progrès du Canada, à cette époque, fut l'Intendant Talon. A une rare habileté il joignait une activité infatigable. Il poussa à l'exploitation des mines de fer de Gaspé, de la baie Saint-Paul et de Trois-Rivières. Les pêcheries, la culture du chanvre, l'exploitation du bois, prirent, sous sa direction, un développement extraordinaire. On lui doit la première tannerie ouverte à

Québec et les relations commerciales avec Madère, les Antilles et autres îles.

Des dissensions survenues entre lui et le Gouverneur de Courcelles furent plus d'une fois un obstacle aux améliorations projetées. Tous deux, avec des talents réels et un mérite reconnu, manquaient de cette souplesse et de ce tact si nécessaires dans les positions élevées, surtout quand les deux autorités doivent marcher de concert. Malgré sa supériorité, Talon fut sacrifié et remplacé par de Bouteroue, digne à tous égards de lui succéder.

Un double crime, inouï jusque-là en Canada, faillit le replonger dans les guerres désastreuses qui l'avaient si longtemps ensanglanté. Trois soldats français avaient enivré et assassiné un Iroquois pour le dépouiller de ses riches pelleteries. Malgré les précautions dont ils s'étaient entourés, leur crime fut découvert. On instruisait leur procès quand, poussés par la même passion, trois autres Français donnèrent aussi la mort à six Mohingans, alliés des Iroquois. A ces nouvelles, la fureur de ceux-ci se ralluma et ils ne respiraient que vengeance.

Pénétré de l'importance qu'il y avait à étouffer un pareil ressentiment, le Gouverneur accourut à Montréal, où se trouvaient réunis des députés des principales nations, même des Iroquois et des Mohingans, pour établir une paix générale. Il leur parla avec franchise et énergie de ses dispositions pacifiques et fit ressortir leurs propres intérêts. Puis, faisant paraître les trois soldats coupables, il leur fit casser la tête devant l'assemblée, et il promit le même traitement pour les autres assassins. Cette prompte justice plut aux Sauvages et désarma leur colère. L'assurance que les dommages causés seraient entièrement réparés acheva de les gagner.

L'extérieur noble et le ton décidé du Gouverneur de Courcelles en imposaient et lui donnaient le droit de parler avec autorité. Il se servit de cet ascendant pour maintenir la paix même entre les nations sauvages, et intervint heureusement entre les Iroquois et les Ottaouais, sur le point d'en venir aux mains. Les deux partis consentirent à envoyer leurs députés à Québec pour le rendre juge de leurs griefs réciproques, et ils en passèrent par sa décision.

Un des députés iroquois était l'illustre Garakontié. Dieu semblait lui ménager cette circonstance pour le récompenser de tout ce qu'il avait fait pour la Foi dans son pays. Il sollicita le baptême. Le concours des étrangers ajouta à l'importance de cette démarche et à l'éclat de la cérémonie. Le Gouverneur voulut lui-même lui servir de parrain, et l'Évêque lui conféra le sacrement. C'était dignement reconnaître les obligations que lui devaient la religion et la colonie entière.

Dans une autre circonstance, de Courcelles fut aussi ferme dans sa conduite que sage dans sa décision. Vingt Tsonnontouans avaient ravagé et brûlé un village des Pouteouatamis et en avaient enlevé des femmes et des enfants. Les nations voisines se soulevèrent et défirent des partis de chasseurs iroquois, innocents du fait. La guerre allait s'allumer, et le cas fut soumis à Onontio. Il blâma les Tsonnontouans et exigea la remise des prisonniers, sous peine d'être considérés comme perturbateurs du repos public. Les Tsonnontouans, croyant leur bourgade inaccessible aux guerriers français, se répandirent d'abord en propos méprisants ; mais, à la réflexion, ils chargèrent Saonchiogoüa, chef renommé des Goyogouens, de conduire seulement huit des captifs à Québec. Celui-ci accepta, remplit sa mission et, comme Garakontié, reçut le baptême des mains de Mgr de Laval.

De Courcelles, que cette demi-soumission ne satisfit pas, résolut de prouver aux cantons supérieurs qu'il pourrait, quand il le voudrait, surmonter les difficultés de la navigation sur le Saint-Laurent et envoyer un corps de troupes sur le lac Ontario. Un bateau plat fut construit pour porter les provisions et treize canots furent montés par cinquante-six hommes choisis. Cette petite troupe franchit les rapides, et, au grand étonnement des Sauvages, arriva heureusement à un village dans la baie de Kenté. L'intrépide Gouverneur avertit les Iroquois que, s'ils osaient troubler encore la paix, il reviendrait avec des forces suffisantes pour les châtier. Cette démonstration suffit et tout rentra dans l'ordre.

L'éloignement de l'Intendant Talon du Canada n'était qu'un moment de disgrâce qui devait être réparée peu après. Il en avait profité dans l'intérêt même de la colonie, et il y revenait, en 1670, avec de nouvelles ressources et de nouveaux plans de prospérité. Près de sept cents émigrants l'accompagnaient à son retour avec un renfort de soldats et de jeunes orphelines choisies dans une maison religieuse du faubourg Saint-Antoine et accompagnées d'une des Sœurs qui les avaient élevées. Il ramenait avec lui les PP. Récollets, absents du Canada depuis la prise de Québec en 1629. Ils retrouvèrent le champ ouvert pour leurs travaux apostoliques sur ce sol où ils avaient eu la gloire d'avoir, les premiers, planté la croix.

Cette année fut une année douloureuse pour le Canada. La petite vérole, qu'on n'avait jamais vue se développer avec autant d'intensité, fit d'affreux ravages surtout sur les indigènes. Elle dépeupla des contrées entières. Les Attikamèques ou Poissons-Blancs, nation au nord de Trois-Rivières, furent détruits presque entièrement. Tadoussac fut abandonné et les Montagnais à peu près anéantis. La Mission de Sillery, déjà très-réduite, fut dispersée et ne se rétablit plus.

La Mission huronne formée près de Québec sembla seule protégée contre le fléau. Ces Sauvages venaient de quitter le village de Notre-Dame-de-Foye, où ils s'étaient établis depuis la paix avec les Iroquois, pour se placer, huit kilomètres plus loin, auprès des bois. Ce nouveau village prit le nom de Lorette, à cause de la chapelle bâtie par le P. Chaumonot, leur missionnaire, sur le modèle de la célèbre église d'Italie (1).

(1) Voir à l'*Appendice*, Note B.

L'activité de l'Intendant Talon ne se bornait pas aux lieux habités par les Français. Il était préoccupé des moyens d'établir au loin le nom et la puissance de la France, et il utilisait dans cette fin les découvertes et l'influence des missionnaires.

Le P. Allouez avait à peine commencé à former quelques Missions dans l'Ouest, que Talon chargea Nicolas Perrot, homme habile, très-connu et très-aimé des Sauvages, de réunir au saut Sainte-Marie une grande assemblée de toutes les tribus de ces contrées, pour leur faire reconnaître l'autorité du Roi de France. De Saint-Lusson y présida au nom du Roi, et tous les députés, entraînés par le missionnaire qui leur servait d'interprète, s'écrièrent unanimement qu'ils ne voulaient pas d'autre Père que le grand Onontio des Français. Comme prise de possession, une croix fut plantée en ce lieu avec un poteau aux armes de France. Ceci se passait en 1671.

Ces Missions de l'Ouest, nommées Missions des Ottaouais, s'étendaient déjà à un grand nombre de nations. Elles comprenaient les Ontagamis, les Sakis, les Maskoutens, les Miamis, les Amicouets et même les Sioux, les Kilistinons et bientôt les Illinois.

A la même époque, les Hurons Tionnontatès, qui avaient fui jusqu'au fond du lac Supérieur pour être à l'abri des attaques des Iroquois, vinrent s'établir à Missillimakinac, à l'entrée du lac Michigan, afin de s'éloigner des Sioux, leurs ennemis, justement nommés les Iroquois de l'Ouest.

Toujours inquiet sur la constance et la bonne foi

de la nation iroquoise, l'habile et prudent de Courcelles a eu le mérite d'avoir conçu et adroitement préparé un projet qui devait la tenir en bride. Son successeur, le comte de Frontenac, eut la gloire de l'exécuter. Dans une grande assemblée des chefs, de Courcelles leur avait présenté son plan d'élever, à l'entrée du lac Ontario, un bâtiment spacieux et commode, pour servir d'entrepôt de commerce et être le rendez-vous des marchands français et des Sauvages. L'habileté du négociateur ne leur laissa pas soupçonner que ce serait en même temps une barrière sur la route qu'ils fréquentaient et un obstacle à leurs dévastations : loin donc d'y mettre opposition, ils y applaudirent.

Au milieu de ces succès, une calamité atteignit la Nouvelle-France et y répandit un deuil universel. Le 18 novembre 1671, la mort frappa Mme de la Pelterie. Pendant trente-deux ans elle avait accompli sa pénible tâche sans faiblesse et sans regret.

Le dernier jour d'avril 1672, mourut aussi la Mère Marie de l'Incarnation qui, par ses vertus et son intelligence des choses spirituelles, a mérité d'être nommée la Thérèse de la Nouvelle-France.

A la tête d'une communauté de filles faibles, pour ainsi dire sans ressources, elle sut inspirer à ses compagnes la force d'âme et la confiance en Dieu qui la soutenaient elle-même. Malgré l'indocilité et l'inconstance des jeunes Algonquines, l'indiscrète curiosité de leurs parents, les mille misères d'un établissement pauvre, elle conserva une égalité d'hu-

meur qui inspirait la confiance à ses compagnes. Survenait-il quelque malheur subit? Elle apparaissait dans toute la grandeur d'une chrétienne de la primitive Église pour le supporter avec constance. Dieu l'éprouva une fois d'une manière terrible. Dans la nuit du 30 décembre 1650, le feu prit à la boulangerie du couvent et, lorsqu'on s'en aperçut, il avait déjà gagné l'étage supérieur où couchaient les pensionnaires. A peine les religieuses et leurs élèves à demi vêtues purent-elles s'arracher aux flammes et se sauver sur la neige qui couvrait le sol. En moins d'une heure le monastère fut consumé. Meubles, habits, papiers, tout fut perdu. Quel ne fut pas l'étonnement des Français et des Sauvages lorsqu'ils virent ces courageuses filles, groupées autour de leur Supérieure, s'agenouiller, remercier Dieu de leur avoir conservé la vie, en récitant le *Te Deum*, et lui faire une généreuse offrande de tout ce qui leur était enlevé? Leur unique inquiétude était qu'on ne voulût les faire repasser en France; « mais, remarque le
» P. Ragueneau (1), tout le pays avait intérêt à leur
» rétablissement; car l'expérience apprend que les
» filles qui ont été aux Ursulines s'en ressentent
» toute leur vie et que, dans leur ménage, elles
» élèvent bien mieux leurs enfants. »

Recueillies d'abord par les Hospitalières de l'Hôtel-Dieu, elles se logèrent, au bout de trois semaines, dans une petite maison bâtie par Mme de La Pel-

(1) *Relation de 1651.*

terie et voisine des ruines de leur couvent. Tous les habitants, même les plus pauvres, s'empressèrent de leur porter secours. Au moyen d'emprunts elles commencèrent la reconstruction de leur monastère, dont elles reprenaient possession moins de dix-huit mois après l'incendie. « C'est une chose
» admirable, dit à cette occasion la vénérable Mère
» de l'Incarnation, de voir de quelle manière Dieu
» gouverne ce pays. Lorsque l'on croit tout perdu, il
» meut de certains ressorts cachés aux yeux du
» monde, par le moyen desquels il modère ou réta-
» blit toutes choses. »

Cette confiance en la Providence ne l'abandonnait jamais, et son âme énergique attendait sans crainte le retour des jours meilleurs. Après la destruction de la nation huronne, et lorsque les affaires de la colonie paraissaient désespérées, elle répondait à son fils qui lui parlait des mauvais traitements auxquels elle était exposée, si les Iroquois s'emparaient de Québec :

« N'ayez point d'inquiétude à mon égard, je ne dis
» point pour le martyre, car votre affection pour moi
» vous porte à me le désirer; mais j'entends des
» autres outrages qu'on pourrait craindre : je ne vois
» aucun sujet d'appréhender et, si je ne suis bien
» trompée, j'espère que les croix que l'Église souffre
» maintenant seront son exaltation. Tout ce que
» j'entends dire ne m'abat point le cœur et, pour
» vous en donner une preuve, c'est qu'à mon âge
» j'étudie la langue huronne, et, en toutes sortes

» de circonstances, nous agissons comme si rien ne
» devait arriver. »

Le P. J. Lalemant témoignait le même sentiment de foi, en écrivant à son provincial, du Havre de Grâce où il débarquait : « Un des sujets de consola-
» tion que je vois dans ce pauvre pays désolé est le
» courage et la générosité de nos religieuses Hospi-
» talières et Ursulines... C'est une des espérances
» que j'ai de la conservation du pays, ne pouvant
» penser que Dieu abandonne des âmes de cette
» nature, si saintes et si charitables. Il me semble
» que tous les anges du Paradis viendraient plutôt
» à leurs secours, si tant est que les hommes de la
» terre manquassent de procurer leur conservation
» en ce nouveau monde. »

Toujours calme et résignée, l'âme de la Mère de l'Incarnation s'élevait naturellement au-dessus des calamités qui assaillaient la colonie naissante, et elle continuait à s'occuper tranquillement de son œuvre, ne se laissant pas plus emporter par l'enthousiasme qu'arrêter par la crainte.

« On s'imagine quelquefois, écrivait-t-elle à son
» ancienne Supérieure de Tours, qu'un certain feu
» passager est une vocation : non, les événements
» découvrent le contraire. Dans ces feux momen-
» tanés, on tient plus à soi qu'à l'objet qu'on envi-
» sage, et aussi l'on voit que, ce feu étant passé, les
» pentes et les inclinations demeurent en l'assiette
» ordinaire de la nature. » Appuyée sur de tels fondements, sa piété était aussi éclairée que solide. On est

étonné de trouver dans ses écrits une justesse d'idées, une correction de style et une solidité de jugement qui l'élèvent au-dessus de son sexe. Habile à manier l'aiguille et le pinceau aussi bien que la plume, elle réunissait toutes les qualités de la femme forte dont l'Écriture sainte trace l'admirable portrait. Chargée de la direction du couvent, elle écrivait un nombre prodigieux de lettres, apprenait les deux langues-mères du pays, composait, pour l'usage de ses Sœurs, une histoire sainte, un catéchisme et un recueil de prières. Son fils, dom Martin, pieux et savant Bénédictin, fit imprimer, en France, sa Correspondance avec lui, ses *Lettres spirituelles et historiques* et ses *Méditations*, longtemps après sa mort. Au commencement de notre siècle, l'abbé Émery, supérieur général des Sulpiciens, témoignait sa haute estime pour les ouvrages de la Mère de l'Incarnation. Ce prêtre, aussi vertueux qu'éclairé, écrivait en 1802 à Mgr Plessis, alors coadjuteur de l'Évêque de Québec et son futur successeur : « J'ai
» beaucoup de vénération pour les Ursulines de
» Québec, qui, sans doute, ont hérité des vertus
» éminentes de leur fondatrice... C'est une sainte
» que je révère sincèrement. »

L'année qui précéda sa mort, la Mère de l'Incarnation avait envoyé à Paris un Écrit renfermant sur Mme de La Pelterie d'intéressants détails qu'elle seule connaissait. Il a été publié après le décès des deux amies qui occupent une si large part dans l'histoire du Canada.

L'Institution qu'elles avaient fondée et conduite avec une persévérance admirable et une rare intelligence, a exercé une vivace influence sur la famille chrétienne de ce pays. « Je ne regarde pas le pré-
» sent, mais l'avenir, écrivait l'habile Directrice de
» la population féminine de la Nouvelle-France,
» m'estimant heureuse d'être employée dans le
» fondement d'un si précieux édifice. Sans l'édu-
» cation que nous donnons aux filles françaises qui
» sont un peu grandes, elles seraient des brutes
» pires que les Sauvages. C'est pourquoi on nous les
» confie presque toutes les unes après les autres
» pendant quelque temps. (1) »

C'était un avantage inestimable pour une colonie à son berceau que d'avoir des écoles bien tenues, d'où sortaient des femmes élevées dans la piété, instruites de leurs devoirs religieux et capables de former le cœur et l'esprit des générations nouvelles. Grâce aux soins de Mme de La Pelterie et aux leçons de la Mère de l'Incarnation et de ses premières compagnes, se sont formées ces familles patriarcales dont le type s'est perpétué jusqu'à nos jours, gardant précieusement dans leur sein l'intégrité de la Foi et un amour de leur nationalité qui a triomphé de la perversité des temps et de l'oppression de conquérants fanatiques, réduits à admirer une aussi noble persévérance et à respecter la liberté des consciences. Ce sont de ces bienfaits qui ne s'oublient pas et dont le

(1) *Lettres spirituelles*, de la M. de l'Incarnation (année 1652).

souvenir s'est transmis comme les traditions légendaires des anciens peuples.

La Communauté avait prospéré et grandi ; la réputation des saintes institutrices s'étendait au loin et leur nom seul inspirait le respect. Dans une ambassade d'Iroquois qui vint à Québec, en 1655, se trouvaient un grand chef et sa femme, une Capitainesse qui jouissait du droit de commandement. L'une des causes qui les avaient portés à appuyer la paix était le désir de voir les Filles-Vierges, nom sous lequel les Sauvages désignaient les Religieuses. La Capitainesse d'Onnontagué et ses compagnes visitèrent les Hospitalières et les Ursulines et assistèrent aux examens publics des petites Huronnes. L'une d'elles, âgée de dix ou douze ans, fixa surtout leur attention. C'était l'élève la plus distinguée de l'école. Par ses manières gracieuses et son intelligence développée, elle capta la bienveillance de la fière Iroquoise, qui se retira charmée et emporta les meilleurs souvenirs de sa résidence à Québec.

Les Religieuses adoucissaient les mœurs de ces enfants des forêts, mais ne parvenaient jamais à les changer entièrement. L'une d'elles cependant, Geneviève-Agnès Skannodharoï, avait été admise comme novice chez les Hospitalières; elle mourut le 3 novembre 1657, et, la veille de sa mort, elle fit ses vœux et reçut l'habit (1). Ce fut la première qui obtint cette faveur. On avait bien déjà vu, chez les

(1) *Histoire de l'Hôtel-Dieu de Québec.*

Ursulines, des Huronnes et des Algonquines, bien disciplinées, pieuses et capables d'enseigner la lecture et l'écriture à leurs compagnes. Par attachement à leurs maîtresses, elles demandaient souvent à se consacrer au service de Dieu, et à partager leurs travaux ; mais, soumises à de longues épreuves, elles se lassaient d'être renfermées, et finissaient par déclarer qu'elles n'avaient pas assez d'esprit pour rester toujours dans le même lieu. Quelques-unes épousèrent des Français (1) : ces unions, toutefois, furent assez rares, et la plupart, tout en demeurant ferventes chrétiennes, reprirent les habitudes de la liberté dont elles avaient joui chez leurs parents.

(1) Pierre Boucher épousa en premières noces une Huronne, nommée Marie Chrétienne ; Blondeau épousa, aux Trois-Rivières, la fille de Pigarouich, chef algonquin.

VIII

M. Louis de Buade, comte de Frontenac (1672-1682). — M. de La Barre (1682-1685). — Le marquis de Denonville (1685-1689).

Le comte de Frontenac, lieutenant général des armées du Roi, approuva sans réserve le projet de son prédécesseur contre les Iroquois ; et, dès le printemps de 1673, il monta jusqu'à la baie de Catarakouy, à l'entrée du lac Ontario, et y bâtit un fort auquel il donna son nom ; mais le nom sauvage a prévalu.

A peine le comte était-il arrivé dans son gouvernement, que son caractère perça. « C'était, dit Saint-
» Simon, un homme fort du monde et parfaitement
» ruiné. » Esprit actif et entreprenant, fécond et très-

cultivé, il était propre aux grandes choses ; mais son orgueil et son opiniâtreté le rendirent bientôt inaccessible à aucun conseil. Jaloux à l'excès de son autorité, il concentrait tout dans ses mains, et ne montrait de confiance à personne. Il finit par s'aliéner bien des cœurs, et en révolta plusieurs par ses injustices et ses actes tyranniques. Sous de légers prétextes, il fit jeter en prison le Gouverneur de Montréal, l'abbé de Fénélon, Sulpicien, et l'Intendant Duchesneau. Il exila le procureur général et deux conseillers. Son amour de la grandeur lui fit tenir, avec un appareil princier, une espèce de lit de Justice sur les intérêts de la colonie, et il y convoqua le clergé, la noblesse et le tiers état. La Cour le désapprouva et le blâma.

Malgré un grand fond de religion, son opposition à l'Évêque, au sujet de la vente de l'eau-de-vie aux Sauvages, fut opiniâtre et déplorable. Il regardait cette vente comme nécessaire à la richesse de la colonie et prétendait qu'elle ne donnait pas lieu aux abus qu'on lui attribuait. Mgr de Laval fut obligé de recourir encore à l'autorité royale, et la décision fut de nouveau en sa faveur.

Malgré son mécontentement, le comte de Frontenac ne brisa pas avec l'Évêque, mais il déchargea sa mauvaise humeur sur les Jésuites qu'il savait être dévoués au prélat. Sa correspondance avec le Ministre témoigne de ses préventions injustes et de ses plaintes ridicules.

Avant de quitter son poste, l'Intendant Talon avait

eu la gloire de réaliser une découverte qui a immortalisé à jamais son nom. Il aurait voulu pour les possessions françaises une issue commode les reliant à la colonie par le Sud, comme il en existait une par le golfe Saint-Laurent. Les missionnaires avaient entendu des Sauvages parler d'un grand fleuve à l'ouest du Canada, qui coulait dans la direction du Midi. Ils le nommaient le Meschacébé, ou Père des eaux. Talon voulut éclaircir ces données et chargea de cette découverte Jolliet (1), homme instruit, prudent, hardi, et le P. Marquette qui résidait depuis plusieurs années dans l'Ouest. Deux Sauvages qui s'étaient chargés de les guider reculèrent au moment du départ, tant l'expédition était aventureuse, fatigante et périlleuse.

Accompagnés de cinq Français, nos hardis découvreurs remontèrent, dans leur léger canot d'écorce, la rivière des Renards, au fond de la baie des Puants, et, après un court portage, ils atteignirent la rivière Wiscousin, qu'ils descendirent jusqu'au Mississipi. Ils entraient dans ses eaux, le 16 juin 1673, près du 43° de latitude, et ils l'appelèrent rivière de la Conception (2). Les premiers Sauvages qu'ils rencontrèrent avaient leur village un peu au-dessous du 38°.

(1) Louis Jolliet, né à Québec le 21 septembre 1645, était fils de Jean Jolliet et de Marie d'Abancourt. Il étudia au collège des Jésuites et entra dans l'état ecclésiastique ; mais il l'abandonna vers 1667, et passa les années suivantes dans des voyages de découvertes qui le firent connaître.

(2) Quelques cartes anciennes lui donnent le nom de rivière Colbert.

C'étaient les Illinois, le peuple le plus puissant de la contrée. Sans avoir jamais vu les Français, ils les connaissaient de réputation, et se montrèrent fiers d'être en rapport avec eux. Les voyageurs furent accueillis en amis. Quatre vieillards parés de plumes brillantes s'étaient avancés à leur rencontre pour leur offrir le calumet de paix. Le plus âgé les attendait à la porte de sa cabane, où ils furent invités à se rendre. Debout et sans habits, il tenait les mains étendues vers le soleil, et quand les voyageurs furent près de lui, il leur adressa ce compliment : « Que le » soleil est beau, Français, quand tu viens nous » visiter ! Tout notre bourg t'attend et tu entreras en » paix dans nos cabanes. » Cette alliance avec les Illinois facilita la continuation du voyage.

Lorsqu'ils eurent atteint les Arkansas vers le 34°, il n'était plus douteux pour eux que le grand fleuve se déchargeait dans le golfe du Mexique, dont ils n'étaient plus éloignés. Le problème était résolu, et la prudence commandait de ne pas pousser plus avant. Ils étaient à deux mille quatre cents kilomètres de Québec, et avaient traversé les contrées les plus riches de l'Amérique. Partout s'épanouissait une végétation luxuriante, annonçant la prodigieuse fertilité d'un sol vierge. Les rives, coupées par de nombreuses et grandes rivières, laissaient voir d'immenses prairies et des forêts magnifiques où abondaient les bisons, les cerfs, les chevreuils et les oiseaux d'espèces les plus variées : les cygnes, les canards, les poules d'Inde et l'outarde.

Jolliet alla porter à Québec la nouvelle de cette heureuse expédition ; mais il perdit son journal dans le naufrage qu'il fit au saut Saint-Louis, près de Montréal. Quant au P. Marquette, il avait repris dans l'Ouest l'œuvre de ses Missions, et avait rempli sa promesse aux Illinois de les visiter de nouveau. Deux ans après il expirait, épuisé de fatigues, sur les bords solitaires du lac Michigan ; mais le récit qu'il avait rédigé de ce voyage et la carte qu'il en avait dressée, firent connaître les détails de cette belle découverte.

Ce zélé missionnaire n'avait que trente-sept ans. Son nom est resté longtemps célèbre dans le pays de l'Ouest, et sa mort a donné naissance à plusieurs légendes qui se conservaient religieusement parmi les coureurs de bois.

Il fut donné à un autre Français de compléter l'entreprise ébauchée par Jolliet. Robert Cavelier de La Salle, un Normand d'un esprit cultivé, entreprenant et résolu, avait un goût prononcé pour les aventures. Des projets de fortune et de gloire le conduisirent en Canada et, comme tant d'autres, il avait rêvé la découverte d'un passage au Japon et à la Chine par le nord de l'Amérique.

Son premier voyage d'essai fut fait en 1670 ; il atteignit alors jusqu'à l'Ohio, ou Belle-Rivière. Soit manque de ressources ou de données suffisantes, il ne poussa pas plus loin ; mais les récits de Jolliet, qu'il vit à Québec après son retour du Mississipi, enflammèrent son imagination et il résolut de reprendre l'œuvre et de la compléter. Muni de la protection de Frontenac dont il avait su gagner les bonnes grâces, il partit pour la France dans le but d'obtenir l'autorisation du Roi et les moyens de réussite.

Les encouragements ne lui manquèrent pas. Le marquis de Seignelay, fils et successeur de Colbert, le poussa vivement à cette expédition qui promettait de si grands avantages. Le Roi lui accorda des lettres de noblesse, avec la seigneurie de Catarakouy et les fonds nécessaires.

De retour au Canada en 1678, avec trente personnes et le P. Récollet Hennepin, Flamand, de La Salle fit aussitôt ses préparatifs. Pour aider au transport des munitions et des marchandises, il construisit, au-dessus de la chute du Niagara, *le Griffon*, bâtiment de soixante tonneaux, armé de sept canons. C'était le premier navire de construction européenne qui naviguait sur ces eaux. Les Iroquois n'y virent qu'une menace pour leur indépendance, et ils profitèrent de l'absence des Français pour le réduire en cendres.

L'énergique persévérance de de La Salle triompha de ce contre-temps, et il se mit en route par le lac Michigan et la rivière des Illinois, sur laquelle il construisit deux forts. Le premier fut appelé Crève-Cœur, en souvenir des amertumes dont ses compagnons l'avaient abreuvé, et le second Saint-Louis.

Enfin, le 9 avril 1682, il atteignit l'embouchure du Mississipi sur le golfe du Mexique, prit possession, au nom du Roi, du bassin arrosé par le grand fleuve et donna à la contrée le nom de Louisiane, en l'honneur de Louis XIV.

Ainsi fut acquise à la France une étendue de plus de deux mille quatre cents kilomètres de pays, s'étendant depuis le golfe du Mexique jusqu'aux sources Saint-Antoine, dans le haut Mississipi, où le P. Hennepin alla, à la même époque, planter la croix avec les armes de France.

Pendant que le Canada s'étendait ainsi à l'Est, il se vit menacé d'une nouvelle guerre avec les Iroquois soutenus et poussés par les Anglais de New-York. Ceux-ci pouvaient faire aux Sauvages des avantages plus considérables que les Français pour le commerce des pelleteries, et tenaient peu compte des lois de la conscience et de l'humanité pour la vente de l'eau-de-vie. Enfin quelques actes d'imprudence et de violence, commis par des chefs alliés et des commandants français, achevèrent de compromettre la situation. Une rupture était imminente, lorsque de Frontenac et Duchesneau furent rappelés en France.

Elle éclata, en effet, même avant l'arrivée de de La Barre, qui venait remplacer le comte de Frontenac dont les procédés violents avaient rendu la position insoutenable.

Le nouveau Gouverneur, habile marin, mais très-médiocre administrateur, perdit, par ses hésitations et ses délais, un temps précieux, alors qu'un vigoureux coup de main aurait pu écraser les Iroquois et protéger nos alliés contre lesquels ils avaient levé la hache de guerre. Il marcha cependant contre eux, et s'avança jusqu'à la baie de Caihohé sur le lac Ontario : mais déjà les vivres étaient épuisés, ce qui valut à cette baie le nom d'Anse à la Famine.

Les députés iroquois vinrent trouver là le Gouverneur français afin d'entrer en accommodement; mais l'état de l'armée les rendit insolents. Au lieu de recevoir la paix, ils en dictèrent les conditions, et se réservèrent le droit de frapper l'Illinois qui leur résistait dans l'Ouest. Ils consentirent seulement à indemniser les traitants français des pertes qu'ils avaient subies. La plus dure condition que le faible Gouverneur n'était plus en état de repousser, fut la levée du camp dès le lendemain.

La honte et les tristes conséquences de cette expédition firent rappeler immédiatement de La Barre. De Meulles était alors Intendant. Le marquis de Denonville, colonel de dragons, également estimable par sa valeur, sa droiture et sa piété, vint comme Gouverneur en 1685, avec ordre de soutenir les Illinois et d'écraser les Iroquois. C'était le seul moyen de fermer aux Anglais les contrées à l'ouest des Alleganis.

Il avait aussi pour mission de franciser les Sauvages, instruction souvent répétée à ses prédécesseurs; mais il reconnut bientôt que ceux qui s'étaient rapprochés des colons ne s'étaient pas rendus Français, et que les Français qui les hantaient étaient la plupart devenus Sauvages.

Cette même année, sur la demande de l'Intendant, Louis XIV ordonna que, tous les ans, deux gentilshommes canadiens seraient admis dans les grades de la marine. Ainsi, des jeunes gens qui, jusque-là, n'avaient pu, malgré leur aptitude pour la guerre, entrer dans le service régulier, purent faire profession du métier des armes. Il décida aussi que les nobles pourraient s'adonner au commerce, sans déroger. Malgré ces services, de Meulles fut rappelé en 1686 et remplacé par de Champigny.

Entraîné par un ordre de la Cour, injuste ou peut-être mal compris, de Denonville attira un certain nombre de chefs iroquois au fort Frontenac, les fit charger de chaînes, contre le droit des gens, et les envoya aux galères en France. Cette conduite odieuse porta à son comble la fureur des cantons iroquois. Les missionnaires qui s'y trouvaient alors et qui ignoraient ce guet-apens, coururent les plus grands dangers. L'estime et l'affection que les Onnontagués avaient pour le P. de Lamberville purent seules lui sauver la vie. « Nous te connaissons trop, lui dirent-» ils, pour croire que ton cœur ait trempé dans une » pareille perfidie. » Toutefois ils l'engagèrent à se retirer, dans la crainte que les jeunes gens, ayant chanté la guerre et n'écoutant que leur colère, ne pussent être retenus.

Les Onneiouts, chez qui résidait alors le P. Millet, n'hésitèrent pas à le condamner à perdre la vie. Tout était préparé pour son supplice, quand une femme qui avait perdu un de ses enfants à la guerre, émue de compassion, déclara qu'elle l'adoptait pour son fils. C'était l'arracher à la mort : et cette noble action fut récompensée plus tard par la grâce du baptême. Quant au P. Millet, il regagna bientôt son influence et devint l'un des chefs du canton.

Aussitôt ses préparatifs achevés, le Gouverneur se mit en campagne, en 1687, avec deux mille hommes, dont quatre cents Sauvages venant de l'Ouest, sous les ordres de Dulhut, de Tonti et de La Durantaie, qui y commandaient des postes avancés. « C'était,
» dit Mgr de Saint-Vallier (1), qui avait voulu suivre
» l'expédition, le spectacle le plus extraordinaire
» qu'on ait jamais vu dans ce pays et qu'on puisse
» se figurer en Europe. On y voyait un fort grand
» nombre de visages tout différents avec une pareille
» diversité d'armes, de parures, de danses et de
» manières. On y entendait des chansons, des cris,
» des harangues de toutes sortes de tons et de
» langues. La plupart de ces barbares n'avaient pour
» tout habit que des queues de bêtes derrière le dos
» et des cornes sur la tête. »

Ces troupes allèrent débarquer sur les rives du canton des Tsonnontouans. Huit cents Iroquois tentèrent de s'opposer à leur marche; mais ils furent repoussés, après un combat acharné où périrent plusieurs Français. En arrivant dans les villages, l'armée ne trouva qu'une solitude. Tous les Sauvages s'étaient, selon leur habitude, enfuis dans les bois. Les habitations furent détruites, avec une quantité énorme de blé d'Inde et de pourceaux.

Pour compléter sa victoire, le marquis de Denon-

---

(1) *État présent de l'Église.*

ville aurait dû marcher contre les autres tribus iroquoises ; il se contenta d'élever un fort à l'entrée de la rivière de Niagara, pour assurer le commerce sur les lacs.

Le Gouverneur de New-York, Duncan, mit tout en œuvre pour arrêter cette entreprise, sous le prétexte des droits de l'Angleterre sur ce territoire. Comme il n'était pas écouté, il excita les Iroquois à s'opposer à ce qu'il appelait une « usurpation de leurs terres » ; mais l'influence du P. Vaillant, et surtout du P. de Lamberville, fut plus forte que ses caresses, et le fort fut achevé. Peu après, la maladie décima tellement la garnison qu'il fallut l'abandonner.

C'est pendant les premières années du gouvernement du marquis de Denonville, que l'intrépide de La Salle, justement fier des succès de son voyage sur le Mississipi, alla proposer au Roi des plans de colonisation pour ces riches et immenses contrées. Son projet plut au monarque qui lui accorda, en 1684, quatre vaisseaux et deux cent quatre-vingts soldats pour fonder le premier établissement en Louisiane.

Le capitaine de vaisseau de Beaujeu commandait l'escadre, et de La Salle les troupes de terre. Deux aumôniers suivaient l'expédition. Une mésintelligence fatale ne tarda pas à éclater entre les chefs. L'inhabile de Beaujeu passa au-delà de l'embouchure du Mississipi sans l'apercevoir. De La Salle voulut l'obliger à rétrograder ; mais, soit amour-propre, soit basse jalousie, de Beaujeu s'obstina à continuer, et s'avança à quatre cent quatre-vingts kilomètres au-delà du fleuve qu'il cherchait. Il était dans la baie de Matagorda, au Texas.

Dans l'espoir d'atteindre par terre le but de son expédition, de La Salle se fit débarquer avec ses gens et ses provisions. Cent quatre-vingts hommes seulement l'accompagnèrent, et la plupart succombèrent à la fatigue et à la misère. Par la négligence du pilote, le bâtiment des provisions fit côte, et la mer emporta argent, munitions, outils et marchandises.

Aigri par ce malheur, le caractère de de La Salle devint impérieux et violent, défaut peu favorable à la conduite d'une troupe de volontaires et d'aventuriers. Mais dans cette lutte contre l'adversité il montra une incomparable énergie, et marcha résolûment en avant vers le Nord. Les forêts qu'il eut à traverser abondaient en bêtes fauves et carnassières et en reptiles venimeux. Dans les rivières pullulait le vorace et hideux caïman. Partout il avait à se défendre contre les naturels du pays aussi féroces que les animaux.

La colonne errante se vit bientôt réduite à trente-six hommes, au milieu desquels il y avait des germes de découragement et de dissension. Dans une querelle privée, deux soldats donnèrent la mort à Moranget, un des neveux de de La Salle. Connaissant le caractère emporté de leur chef, ils résolurent de se soustraire à sa vengeance par l'assassinat ; et le 20 mars 1687 un des conjurés le tua d'un coup de fusil. Ainsi finit misérablement cet intrépide explorateur qui, par l'énergie de son caractère, l'ampleur de ses conceptions, son héroïque fermeté dans l'épreuve et sa persévérance inébranlable, dota la France de la plus vaste et de la plus riche de ses colonies. Il ne fit que tracer le chemin sans réaliser lui-même tous ses projets; mais « son nom, ajoute l'historien Bancroft, » vivra à travers les âges comme celui du père de la » civilisation dans la grande vallée centrale des États- » Unis. »

La justice du ciel tira vengeance de ce crime. Les deux chefs du complot tombèrent eux-mêmes sous les coups de leurs complices.

Le frère de l'infortuné de La Salle, le P. Anastase, Récollet, et trois autres, les seuls survivant à tant de fatigues, atteignirent enfin le Mississipi, et l'année suivante ils allèrent porter à Québec la nouvelle de leurs désastres.

La colonie était alors absorbée par d'autres préoccupations très-graves: les intrigues du gouvernement de New-York pour détourner à son profit le commerce des pelleteries et ses efforts pour s'attacher exclusivement les Iroquois.

Avant la campagne contre les Tsonnontouans avait eu lieu une autre expédition plus difficile et plus audacieuse. Le Roi, sur les plaintes des commerçants, avait permis de reprendre le fort bâti par les Français sur la rivière Sainte-Thérèse, et d'en chasser les Anglais. Pour réussir dans cette entreprise il fallait des miliciens propres à tous les exercices et habitués à la fatigue et au froid. Soixante-dix Canadiens furent choisis et mis sous les ordres de trois de leurs compatriotes, trois frères, d'Iberville, de Sainte-Hélène et de Maricourt, fils de Charles Le Moine (1). On leur adjoignit trente soldats commandés par de Troyes. Le P. Sylvie les accompagnait.

Les rivières étaient glacées, la neige couvrait la terre lorsque ces hommes alertes et vigoureux quittèrent Montréal, pour parcourir huit cents kilomètres avant d'arriver au premier poste anglais. Tantôt en raquettes, traînant leurs vivres et leurs bagages, tantôt en bateaux, ils arrivèrent, le 20 juin, à la baie James. « Il fallait être Canadien, remarque à ce sujet » La Potherie, pour supporter les incommodités » d'une si longue traversée (2). »

Le fort de Monsipi, flanqué de quatre bastions et armé de douze canons, fut enlevé sans coup férir. Attaqués au milieu des cris de guerre sauvages, les Anglais se rendirent aux assaillants qui avaient escaladé les palissades et enfoncé à coups de bélier la porte principale. Deux autres forts restaient à détruire dans cette baie, à une distance de cent vingt kilomètres les uns des autres : ils la franchirent. Un bâtiment monté par quinze hommes était mouillé vis-

---

(1) Ce Ch. Le Moine de Longueil, dont le père avait été anobli, avait sept fils, tous plus braves les uns que les autres. L'aîné, de Granville, fut nommé capitaine pour sa brillante conduite dans plusieurs engagements. Le père avait séjourné longtemps parmi les Onnontagués qui l'avaient adopté ainsi que sa famille et admis dans leurs Conseils. Il exerçait une grande influence sur eux. Il sera souvent question de ses enfants.

(2) *Histoire de l'Amérique septentrionale,* par de Bacqueville de La Potherie.

à-vis du fort Rupert : d'Iberville, accompagné de sept Canadiens, s'en empara, pendant que de Troyes enfonçait les portes du fort et l'occupait. Enhardi par ces succès, il voulut couronner l'entreprise et alla attaquer le fort d'Albany qui lui fut remis, après une première attaque. Le fort Nelson seul fut épargné, parce qu'il était trop loin.

Resté sur les lieux pour y rétablir les affaires de la Compagnie, d'Iberville envoya en France les prisonniers anglais, sur un bâtiment expédié pour y transporter les pelleteries enlevées aux ennemis. Six mois après, voulant se rendre à Montréal par les terres, il nomma son frère, de Maricourt, pour le remplacer dans le commandement. Au moment de partir, il eut avis qu'un navire anglais était dans les glaces près de l'île de Charleston, et envoya quatre hommes pour le reconnaître ; deux furent pris, garottés et jetés à fond de cale où ils passèrent l'hiver. Le capitaine du navire se noya au printemps. Le moment venu de mettre à la voile, le pilote et les matelots, au nombre de six, se firent aider par le moins vigoureux des miliciens. Un jour, que la plupart des hommes étaient au haut des manœuvres, le Canadien, n'en voyant que deux sur le pont, s'arme d'une hache, leur casse la tête et court couper les liens de son camarade. Ils s'emparent des armes, ils sont maîtres du vaisseau et lui font prendre la route des ports français. D'Iberville avait équipé un bâtiment pour délivrer ses hommes ; ils le rencontrent et lui remettent leur capture. Le bâtiment anglais était chargé de marchandises et de vivres, qui furent d'un grand secours pour les forts (1).

« Écoute, Onontio, avait dit au marquis de De-
» nonville un Iroquois chrétien, avant la campagne
» entreprise contre les Tsonnontouans, tu vas atta-
» quer un nid de guêpes : écrase-le, si tu veux ensuite
» vivre tranquille ; mais si tu te contentes de les ef-
» frayer, elles se réuniront toutes contre toi. » En effet la guerre recommença, et elle inquiétait sérieusement.

Peu satisfait des résultats obtenus par la force, le marquis de Denonville voulut tenter les négociations et essayer de faire la paix. Malgré leur soif de vengeance, les Iroquois, habiles à dissimuler, se prêtèrent à ces projets de conciliation, et mirent bas la hache, mais sans l'enterrer. Les missionnaires, qui, malgré la guerre, étaient restés au milieu d'eux, servirent d'intermédiaires (2). Les trois cantons d'Onneiout, d'Onnontagué et de Goyogouen, envoyèrent des députés en Canada. Mais la confiance des anciens temps avait disparu, et derrière les négociateurs se tenaient à distance douze cents guerriers. Cependant la paix

---

(1) *Lettre de Denonville*, du 25 août 1687.
(2) Dans la Correspondance officielle du marquis de Denonville, on lit ce beau témoignage rendu aux missionnaires : « Il faut soutenir les missionnaires, sans cela on doit s'attendre à beaucoup de malheurs pour la colonie ; car je dois vous dire que, jusqu'ici, c'est leur habileté qui a soutenu les affaires du pays, par le nombre d'amis qu'ils se sont acquis chez les Sauvages et par leur savoir-faire à gouverner l'esprit de ces barbares, qui ne sont sauvages que de nom. »

fut conclue, à la condition du rappel des chefs sauvages prisonniers en France et de la destruction du fort de Niagara.

Un incident imprévoyable vint anéantir tous ces efforts de réconciliation. Les Tionnontatès de Missillimakinac, jaloux ou inquiets de négociations auxquelles ils n'avaient pris aucune part, employèrent un infâme stratagème pour en empêcher le succès. Kondiaronk ou Le Rat, un de leurs capitaines des plus hardis et des plus fourbes, feignant d'ignorer ce qui s'était passé, attaqua les députés iroquois à leur retour, en tua plusieurs et emmena les autres comme prisonniers. De retour à Missillimakinac, il remit l'un d'entre eux à de La Durantaie, commandant français du fort, qui, dans l'ignorance où il était de la paix conclue, le condamna à mort malgré ses protestations.

Le perfide Le Rat fit en même temps évader un autre prisonnier iroquois pour dénoncer ce fait à sa nation. Cette fourberie eut un succès complet. La fureur des Iroquois ne connut plus de bornes, et ils se préparèrent à une terrible vengeance.

Le 5 août 1689, quatorze cents des leurs descendent en silence, pendant la nuit, sur la partie supérieure de l'île de Montréal, au lieu nommé La Chine. Sur un espace de plusieurs kilomètres, ils se placent à la porte de chaque maison, et, à un signal donné, le cri de mort retentit et le massacre commence. Hommes, femmes, enfants, nul ne fut épargné. Deux cents personnes trouvèrent là la mort. Les Iroquois en emmenèrent autant pour les livrer aux flammes ou à la captivité. L'île entière fut inondée de sang et ravagée jusqu'aux portes de la ville. Aucune résistance, en quelque sorte, ne leur fut opposée, et ils ne se retirèrent que vers le milieu d'octobre, et de leur plein gré.

Outre la guerre dont le Canada avait alors à gémir, il y avait deux autres causes qui contribuaient à l'affaiblir. C'était d'abord l'éparpillement des colons vivant isolés sur leurs terres, sans asile de sûreté et sans protection. Pour remédier à ce danger permanent, on commença à élever dans chaque seigneurie des forts palissadés, près desquels les habitants groupèrent leurs maisons, pour pouvoir s'y réfugier en cas d'alerte et tenir tête à l'ennemi en attendant les secours.

Le remède à la seconde source du mal était bien plus difficile à appliquer. Des Français qu'on appelait Coureurs de bois, et dont le nombre s'était considérablement accru, servaient d'agents de détail pour le commerce des fourrures. Ils pénétraient dans les solitudes glacées de la baie d'Hudson, dans les plaines arides du Nord-Ouest, dans les prairies immenses du bassin du Mississipi, partout où ils espéraient trouver un Sauvage qui eut des peaux à vendre. Pendant un temps, ces hommes furent considérés comme très-utiles ; mais peu à peu ils se recrutèrent parmi ceux que rebutait la vie pénible et monotone du laboureur ou du journalier et qui préféraient vivre dans le libertinage et l'indépendance. Quelques-uns finirent même par s'allier aux tribus indigènes et adoptèrent complétement leurs mœurs relâchées et leurs usages. Malgré les mesures sévères que prit le Gouverneur, jamais il ne put arrêter ces désertions, aussi fatales à la religion qu'au développement de la colonie.

COUREUR DE BOIS.

IX

Le comte de Frontenac (1689-1698).—Hauts faits de Le Moine, chevalier d'Iberville.

Avant le désastre du village de La Chine, mais trop tard pour le prévenir et l'empêcher, la Cour avait choisi un successeur au marquis de Denonville. L'état de la colonie inspirait des inquiétudes, surtout depuis les événements survenus en Europe.

Une révolution en Angleterre signala l'année 1688. Les Stuarts, dépouillés de la couronne dans la personne de Jacques II, le dernier souverain catholique de ce royaume, avaient été supplantés par Guillaume III d'Orange. Par là, l'alliance française, qui remontait à Henri IV et à Élisabeth, était rompue, et la Grande-Bretagne entrait dans la coalition d'Augsbourg contre la France. Le Canada devait tôt ou tard être une des victimes de cette lutte qui allait mettre l'Europe en feu.

Louis XIV voulut envoyer dans la Nouvelle-France un homme ferme, expérimenté dans la guerre, instruit des besoins du pays et habile à manier l'esprit des Sauvages. Malgré ses défauts, le comte de Frontenac possédait à un haut degré toutes ces qualités. On le jugea même capable d'exécuter un projet hardi, mais de la plus grave conséquence pour l'avenir : c'était de s'emparer de la Nouvelle-York en l'attaquant par terre et par mer. Ce projet gigantesque manqua, faute d'ensemble dans les opérations. La flotte fut retardée par le temps, et le comte de Frontenac n'arriva à Québec que le 12 octobre.

L'état de dévastation où il trouva la colonie devait absorber tous ses soins, et ne lui permettait pas de songer, pour le moment, à des projets grandioses de conquête. Il ramenait avec lui les prisonniers, et entre autres Ouréouharé, chef goyogouen, très-aimé des siens, sur l'attachement duquel il comptait pour ramener les Iroquois à des idées de paix. Mais l'influence des Hollandais et des Anglais l'emporta sur la sienne; ces rivaux des Français poussaient les Sauvages à continuer leurs dévastations et leur en fournissaient les moyens.

Comme de Frontenac avait reçu mission de protéger l'Acadie contre les empiétements de la Nouvelle-Angleterre et de rentrer en possession de la baie d'Hudson, il mit immédiatement plusieurs partis en campagne. Le fort anglais de Pemquid, près de la rivière de Pentagoët, et ceux des environs de Kénébec, furent successivement enlevés et détruits.

Par un coup de main plus hardi, un détachement sous les ordres de d'Ailleboust, de Mantet et de Sainte-Hélène, après avoir parcouru en plein hiver six cents kilomètres, couchant à la belle étoile sous un ciel brillant comme celui d'Italie et froid comme celui de Sibérie, pénétrait dans le gouvernement de New-York et surprenait la ville de Corlar ou Schénectady, au milieu de la nuit, la ruinait et la réduisait en cendres.

MILICIENS.

Le vaillant Hertel, accompagné de trois de ses fils, franchissant un espace de quatre cents kilomètres, s'avança, à la tête d'une autre troupe de cinquante hommes, jusqu'à la bourgade Sémentel, sur la rivière Salmon'Falls, et revint chargé d'un riche butin, après avoir détruit deux forts et battu deux cents Anglais qui s'avancèrent pour l'arrêter dans sa marche.

Presque en même temps, le lieutenant de Portneuf allait sur les bords de la mer enlever le fort de Casco, muni de huit pièces de canon, le démantelait et ravageait les possessions anglaises des environs.

Le succès de ces expéditions partielles eut pour résultat de faire taire les rivalités qui existaient entre les provinces anglaises, et de les unir pour détourner le danger commun. La résolution fut prise d'attaquer le Canada par terre et par mer.

Winthrop, chargé de conduire l'armée qui entrait par le lac Champlain, fut forcé de rétrograder au milieu de sa route. Les Iroquois qui lui servaient de guides et de renfort prirent un prétexte et l'abandonnèrent en pays tout à fait inconnu.

L'amiral William Phipps partit de Boston avec trente-quatre vaisseaux et trois mille hommes de débarquement et cingla vers Québec. Il entra dans la rade le 16 octobre 1690.

La nouvelle de cette invasion ne le précéda que de quelques jours, et cette surprise fit encore briller davantage les rares talents du comte de Frontenac. Ses mesures furent immédiatement prises et la ville mise en état de défense.

L'amiral anglais se croyait si sûr de son succès, qu'il se vantait de coucher la nuit suivante dans le lit du Gouverneur. Un parlementaire se présenta pour sommer la ville de se rendre. Quand on lui débanda les yeux, il était en présence du comte de Frontenac, entouré de l'Évêque, de l'Intendant et d'un nombreux et brillant état-major.

L'arrogance de la sommation irrita le comte. Quand il vit l'envoyé tirer sa montre et exiger une réponse dans une heure : « Vous ne l'attendrez pas si long-
» temps, lui dit-il ; je vais répondre à votre maître
» par la bouche de mes canons. Qu'il apprenne que
» ce n'est pas ainsi qu'on fait sommer un homme
» comme moi ! »

Le parlementaire était à peine de retour à la flotte, qu'une des batteries de la basse ville commença le feu, et avec tant de bonheur que le pavillon amiral fut coupé et tomba à la mer. Quelques Canadiens se jetèrent à la nage et s'en emparèrent, malgré une vive fusillade. Il fut porté à la cathédrale où il resta jusqu'en 1759.

Trois-Rivières et Montréal envoyèrent aussitôt leurs soldats et leurs miliciens conduits par Hertel et de Callière, au secours de Québec ; cette belliqueuse jeunesse fut accueillie avec de grands cris de joie qui furent entendus de la flotte.

Deux jours après, quatre des plus gros vaisseaux allèrent s'embosser devant la ville et commencèrent le bombardement. Toutes les batteries y répondirent jusqu'à huit heures du soir. Le lendemain, le vaisseau amiral et un autre furent complétement désemparés et forcés à la retraite. Le bombardement cessa.

Cependant quinze cents hommes de débarquement

avaient en même temps pris terre à Beauport, pour approcher de la ville. A chaque pli de terrain, à chaque bouquet d'arbres, ils trouvaient une énergique résistance. Quarante élèves du séminaire de Québec, retirés alors à leur maison de campagne de Saint-Joachim, sur les bords de la rivière Saint-Charles, contribuèrent puissamment à déjouer cette attaque. Les Anglais se crurent un moment pris entre deux feux. Ils furent tellement découragés que, pendant la nuit, ils regagnèrent en toute hâte leurs vaisseaux, abandonnant l'artillerie et les munitions. Le village de Beauport reçut deux de ces canons en mémoire du courage de ses habitants, et la maison de Saint-Joachim en reçut un.

Après avoir perdu six cents hommes, la flotte anglaise leva l'ancre le 23, et elle fut en partie détruite par la tempête, à l'entrée du golfe Saint-Laurent.

Ce siége est resté justement mémorable par la victoire que la petite armée du Canada remporta sur les forces combinées des colonies anglaises, vingt fois plus peuplées que la Nouvelle-France.

Louis XIV accorda des lettres de noblesse aux officiers qui s'étaient le plus distingués, entre autres à Hertel, qui était là avec ses cinq fils, et il fit frapper une médaille commémorative.

Par reconnaissance pour la Sainte Vierge, qui avait été invoquée avec une grande ferveur pendant le siége, Mgr Lacroix de Saint-Vallier, alors évêque de Québec, fit donner à la chapelle de la basse ville le nom de Notre-Dame de la Victoire. Ce Prélat succédait à M*gr* de Laval qui, depuis deux ans, avait fait agréer sa démission.

Les dépenses excessives de cette guerre obligèrent les colonies anglaises à avoir recours au papier-monnaie, inconnu jusque-là en Amérique, et le Canada se vit lui-même dans la nécessité d'imiter cet exemple, au grand préjudice d'un bon nombre de familles.

Les Iroquois prirent part à la lutte entre les deux grandes nations, tantôt séparément et avec des corps volants, tantôt unis aux troupes anglaises. Ils soutinrent surtout celles-ci dans une surprise qu'elles tentèrent, mais inutilement, contre le fort de la Prairie de la Madeleine, le 11 août 1691.

Le capitaine de Valrenne, accouru de Chambly pour leur couper la retraite, les attaqua et les défit complétement en un lieu qui porte encore aujourd'hui le nom de Côte de la Bataille. Les Sauvages chrétiens de Lorette, du lac des Deux-Montagnes et du saut Saint-Louis, combattaient dans les rangs français et déployèrent un admirable courage.

Malgré ces succès, les colons répandus dans les campagnes étaient obligés de se tenir sur le qui-vive. Partout ils couraient le danger d'être surpris par des ennemis subtils qui mettaient tout à feu et à sang ou ne faisaient des prisonniers que pour se donner le plaisir de les torturer. Leur invasion dans la paroisse de Verchères, en 1692, donna lieu à une mémorable défense. Quand ils arrivèrent près du fort, les habitants étaient occupés à travailler dans les champs. Mlle de Verchères, jeune fille de quatorze ans, n'eut que le temps de se jeter dans l'enceinte, où elle trouva un soldat et une troupe de femmes qui poussaient des cris lamentables à la vue de leurs maris égorgés ou chargés de liens. Sans perdre un instant, la jeune héroïne excite à la résistance. Elle se montre avec le soldat tantôt à un bastion, tantôt à un autre, et tire alternativement du canon ou du fusil. Trompé par ce stratagème, la bande dévastatrice crut le fort bien défendu et, craignant l'arrivée d'un secours, elle se retira.

Vers l'Ouest, les Miamis et les Illinois avaient, depuis deux ou trois ans, tué plus de quatre cents Iroquois des cantons supérieurs.

Les Onneiouts, effrayés de ces pertes et poussés par le P. Millet, avaient envoyé sonder les dispositions du comte de Frontenac, qui ne rejeta pas les propositions de l'ambassadeur, mais le laissa dans un état d'incertitude propre à paralyser les efforts des Anglais. Il avait, parmi les chefs iroquois, des amis qui cherchaient à ramener leurs cantons vers la paix ; toutefois l'incertitude était toujours la même. Enfin, au mois de mai 1694, des députés arrivèrent à Québec. A leur tête était Téganissorens, considéré à juste droit comme le premier orateur de la nation iroquoise. Les Anglais et les Français l'écoutaient avec autant de plaisir que ses compatriotes. « Quand je le vis et » l'entendis pour la première fois, dit Colden, il était » déjà avancé en âge et parlait avec tant de facilité » et de grâce qu'on l'aurait admiré partout. Il était

» bien fait et d'une taille élevée : selon moi, par les
» traits de son visage, il ressemblait, d'une manière
» frappante, au buste de Cicéron. » Il parla avec
dignité et aisance et termina son discours avec tant
de modestie et de telles marques de respect pour le
Gouverneur, que tous les auditeurs en furent ravis
d'admiration (1).

Le lendemain, le comte de Frontenac répondit avec
habileté et noblesse, sans prendre aucun engagement, et se borna à témoigner de sa bonne volonté
et du plaisir qu'il aurait à vivre en paix avec les
Iroquois. Il savait que le désir sincère de Téganissorens et de Garakontié était de pacifier les esprits ;
mais il savait aussi qu'ils étaient moins influents que
les capitaines attachés aux Anglais : il espérait cependant que la sagesse et la modération de ces deux
hommes pourraient leur rendre l'ascendant qu'ils
avaient eu dans les Conseils.

Dans l'état d'hostilités continuelles entre la colonie française et les Iroquois, la Cour avait donné à
Frontenac l'ordre d'abandonner les contrées occidentales, qu'on appelait les Pays d'en haut. Il semblait
en effet impossible de défendre un territoire aussi
vaste. Il crut pouvoir déroger à ces instructions qui
auraient livré aux Anglais toutes les nations des lacs
et du Mississipi, et bientôt le Canada tout entier ;
mais en même temps il voulut frapper un grand
coup pour humilier et écraser les Iroquois.

(1) Je ne sais, dit Charlevoix, s'il était dès lors chrétien;
mais il est certain qu'il l'a été et est mort au saut Saint-Louis.

A la tête de deux mille trois cents hommes, le comte de Frontenac pénétra, le 28 juillet 1696, dans leurs cantons par la rivière de Chouaguen ou Oswego. Les Onnontagués avaient pris la fuite après avoir brûlé leur village. On n'y trouva que les corps de deux Français récemment massacrés. Le village des Onneiouts eut le même sort, et tout le pays fut ravagé.

Un vieux chef Onnontagué, incapable ou dédaigneux de fuir avec sa tribu, resta assis dans son wigwam au moment de l'arrivée des vainqueurs, attendant avec un calme stoïque la mort horrible qu'il allait avoir à subir. Les Sauvages, alliés des Français, le soumirent en effet à d'affreuses tortures qu'il supporta sans pousser une plainte et en narguant même ses bourreaux. Il dit à celui qui lui porta un dernier coup mortel : « Tu as tort d'abréger » ma vie. Tu aurais eu plus de temps pour apprendre » comment un guerrier doit mourir ! »

De Frontenac s'arrêta après ces succès. Il n'avait cependant frappé que deux cantons iroquois; mais son armée pouvait courir trop de dangers au milieu d'ennemis insaisissables et à si peu de distance des Anglais : un échec eut tout compromis.

Les Anglais n'avaient pas tardé à essayer de tirer vengeance de leurs pertes en reprenant l'Acadie, et en attaquant Plaisance au sud de Terre-Neuve.

Le Moine d'Iberville, une des plus belles gloires militaires du Canada, déjà connu par sa campagne dans la baie d'Hudson en 1686, reçut, en 1696, mission de renverser Pennaquid que les Anglais avaient relevé, puis de détruire leurs établissements de Terre-Neuve et de la baie d'Hudson. Le colonel Chubb, commandant de Pennaquid, fut promptement forcé de se rendre.

L'île de Terre-Neuve, avec son sol aride et son climat rigoureux, n'avait alors d'importance que par ses pêcheries. Le principal poste des Français était Plaisance, sur la côte sud, établi vers 1660. Les Anglais en avaient plusieurs sur la côte orientale et y faisaient un commerce considérable. Le plus ancien, celui de Saint-Jean, datait de 1583, et était devenu le plus important.

D'Iberville se chargea d'aller l'attaquer par terre pendant que de Brouillan, gouverneur de Plaisance, y arriverait par mer. Cette campagne au milieu de l'hiver, la raquette aux pieds, dans des chemins impraticables, fut un coup de main audacieux, mais couronné d'un plein succès : les fortifications furent rasées et la ville entièrement détruite.

D'Iberville, malgré la rigueur de la saison, parcourut les côtes de Terre-Neuve, avec une poignée de Canadiens, et répandit dans toute l'île la terreur du nom français.

Cinq vaisseaux arrivés de France et mis sous les ordres de d'Iberville, considéré comme le premier manœuvrier de notre armée de mer, ne lui permirent pas d'achever sa conquête. Il partit, en 1697, avec son frère, de Sérigny, officier d'un grand mérite et digne de remplacer de Sainte-Hélène tué devant

Québec. Ils étaient chargés de s'emparer des établissements anglais de la baie d'Hudson.

D'Iberville, monté sur *le Pélican*, arriva seul, le 4 septembre, devant le fort Nelson, autrefois fort Bourbon. Un des navires avait été brisé par les glaces flottantes, les autres avaient été retenus plus de trois semaines.

GLACES FLOTTANTES.

Le commandant fut dégagé le premier et, seul, il accepta le combat contre trois vaisseaux anglais. L'un est coulé ; il force le second à amener son pavillon ; le troisième ne lui échappe que par la rapidité de sa marche. La baie d'Hudson était acquise à la France. D'Iberville revint alors en Europe avec deux navires portant une riche cargaison de pelleteries, et laissa le commandement à son frère de Sérigny.

Une grande vigilance était nécessaire pour maintenir l'accord dans l'Ouest et conserver l'amitié de peuples rivaux. Les officiers chargés de la défense des forts n'y parvenaient pas toujours. Les Miamis furent entraînés par un chef huron, surnommé Baron, ami des Anglais, qui les engageait à s'allier aux Iroquois. Ceux-ci étaient en marche, lorsque le fameux Kondiaronk, alors sincèrement attaché aux Français, surprit quatre de leurs éclaireurs, et en apprit que deux cent cinquante des leurs étaient dans le voisinage ; mais qu'ils n'avaient de canots que pour soixante personnes. Kondiaronk avait avec lui cent cinquante bons guerriers. Il s'embarque, s'avance vers le lieu où sont les ennemis et, quand il voit qu'il a été aperçu, il pousse au large, comme pour fuir. Les Iroquois se précipitent dans leurs canots et se mettent à le poursuivre. Quand il est loin du rivage, il s'arrête et se range en bataille, essuie leur premier feu, puis, sans leur donner le temps de recharger les fusils, fond sur eux avec tant de furie, qu'en un instant tous leurs canots sont fracassés. Trente-sept Iroquois furent tués, quinze furent pris ; les autres se noyèrent.

Ce coup hardi renversa le projet qu'avait formé Baron de détruire la nation des Miamis, sous le prétexte de négocier la paix avec eux, et il consolida la fidélité de ce peuple.

Sur ces entrefaites, la paix entre les deux puissances était signée à Riswich, le 20 septembre 1697. Elle rétablissait les colonies dans l'état où elles étaient avant la guerre. La baie d'Hudson resta acquise à la France; mais la question des frontières en Acadie et de l'indépendance du pays des Iroquois resta pendante.

La gloire que d'Iberville venait d'obtenir par ces derniers exploits fixa sur lui l'attention de la Cour, et il reçut, en 1698, une mission plus utile et plus consolante par ses résultats. La désastreuse expédition de La Salle en Louisiane n'avait pas fait abandonner le projet de coloniser une contrée si riche et si fertile. De Ponchartrain, ministre de la marine, le reprit et en confia l'exécution à l'heureux marin. Celui-ci partit de La Rochelle et parvint à reconnaître l'entrée du Mississipi, qui avait échappé à l'infortuné de La Salle. Ce grand tributaire de l'Océan fut salué au chant du *Te Deum*.

Nommé Gouverneur de la Louisiane, d'Iberville fonda en 1701 Mobile, qui fut pendant un temps la capitale de ces contrées. Mais il ne vit pas le couronnement de son œuvre. Ses talents et sa bravoure, justement appréciés en France, le firent choisir pour commander la flotte envoyée à la conquête de la Jamaïque pendant la guerre de la Succession. La mort le surprit en mer devant la Havane en 1706; il tomba au champ d'honneur. Son frère de Bienville, qui l'avait accompagné dans sa campagne sur le Mississipi, prit, avec Juchereau de Saint-Denis, le commandement du premier fort construit sur ses rives, près de son embouchure, et, en 1701, il devint commandant en chef de toute la colonie.

Pendant l'expédition de d'Iberville en Louisiane, le Canada perdait son Gouverneur. Le comte de Frontenac mourut le 28 novembre 1698, à l'âge avancé de soixante-dix-huit ans. Il a eu la gloire de soutenir la colonie sur le penchant de sa ruine, et de la conserver intacte à la France. Sa seconde administration fut bien plus sage que la première et ne donna pas lieu aux mêmes plaintes. A sa mort, il possédait la confiance entière de son Souverain et l'estime universelle des habitants de la colonie. Son corps fut déposé dans l'église des Récollets qu'il avait toujours protégés.

De Bienville (1) garda longtemps la position importante qu'il occupait et fonda dans le pays les principaux établissements. L'un d'eux fut construit chez les Natchez et à leurs frais. Ce peuple puissant, le plus civilisé de la vallée du Mississipi, adorait le Soleil. Il avait érigé en l'honneur de cette divinité un temple où était entretenu un feu perpétuel. Le grand chef en portait le nom et, comme grand prêtre, lui présentait chaque jour une offrande. Les mœurs y étaient profondément corrompues et les missionnaires, tout en obtenant le respect des Natchez, les trouvèrent pour le moins indifférents. Juchereau de Saint-Denis y commandait un poste et y maintenait l'ordre ; mais pendant une de ses absences, ces Sau-

---

(1) Le nom de Bienville a été porté par deux des fils de Ch. Le Moine, baron de Longueil. Le premier, François de Bienville, fut tué dans une rencontre avec les Iroquois et fut vivement regretté. C'est alors que l'un de ses plus jeunes frères prit ce nom qu'il a illustré.

vages commirent un acte de trahison contre les Français et en tuèrent quelques-uns. De Bienville accourut, à la tête d'une centaine de soldats, pour les châtier, et se fit livrer les meurtriers qui furent passés par les armes.

Cette soumission ne fut que temporaire, et ce peuple se maintint presque constamment en état d'hostilité latente contre les Français, trop peu nombreux dans la Louisiane, et qui ne s'y seraient pas maintenus sans le concours des Canadiens.

Une conspiration fut ourdie parmi plusieurs peuplades pour les massacrer tous en même temps. La précipitation des Natchez fit avorter le complot, en devançant le moment. Ils furent dispersés et se retirèrent chez lez Chicasas, qui comptaient plus de mille guerriers. La soumission de ces deux peuples occupa les forces de la colonie pendant plusieurs années et coûta la vie à une foule d'officiers distingués et au P. Senat, Jésuite, qui, à la suite d'une défaite, voulut rester sur le champ de bataille pour administrer les blessés. Il fut pris, attaché au poteau avec une vingtaine de prisonniers, torturé pendant neuf heures et brûlé.

La soumission de ces peuples ne put être complétée qu'après l'arrivée de troupes envoyées de France. Le calme se rétablit enfin et la paix fut conclue, malgré les menées des Anglais qui soufflaient le feu de la discorde là où ils ne pouvaient dominer.

X

Le chevalier de Callière (1699-1703). — Le marquis de Vaudreuil (1703-1726).

Le chevalier de Callière, qui avait bien mérité du pays pendant son gouvernement de Montréal, fut appelé à succéder au comte de Frontenac. Il avait à un haut degré les qualités qui doivent briller dans ceux qui sont chargés de commander aux autres, surtout dans un pays où le chef est appelé à remplir tous les rôles : il réunissait l'intelligence, la bravoure, la prudence et la santé.

De Callière inaugura son gouvernement par une tentative qui fait honneur à son cœur et qui lui fut d'autant plus glorieuse qu'elle eut tout le succès désiré. Il voulut profiter du moment de paix qui régnait

entre les deux colonies, pour établir une union générale entre toutes les nations sauvages en rapport avec le Canada. Malgré les intrigues du chevalier de Bellomont, Gouverneur de la Nouvelle-Angleterre, les cinq nations iroquoises se rendirent à l'invitation du Gouverneur français. L'émissaire anglais, chargé de les en détourner, eut pour toute réponse ces paroles du chef, qui parlait au nom de tous : « Je ne fais rien
» en cachette. Tu diras à mon frère Corlar (c'est ainsi
» qu'ils appelaient le Gouverneur de New-York) que
» je vais descendre aux Français, pour répondre à la
» parole de mon père Onontio qui a planté l'arbre
» de paix. J'irai ensuite à Orange, pour savoir ce que
» mon frère me veut. »

Ce n'était pas sans de longs préliminaires qu'on était parvenu à s'entendre. Plusieurs ambassades s'étaient succédées. Enfin le 18 juillet 1700, deux députés d'Onnontagué et quatre de Tsonnontouan arrivèrent à Montréal. Les premiers furent introduits par de Maricourt, fils adoptif de leur canton ; les seconds demandèrent de Joncaire, que leur nation avait également adopté, et en qui ils avaient grande confiance. Après le discours d'usage, l'orateur annonça que de Maricourt et de Joncaire seraient chargés de leurs intérêts, et qu'il désirait qu'ils fussent envoyés avec le P. Bruyas, comme ambassadeurs. De Callière y consentit à la condition qu'ils reviendraient avec des députés chargés de pleins pouvoirs.

A Gannentaha, le P. Bruyas et ses deux compagnons furent reçus avec joie ; c'étaient de vieux amis qu'on était heureux de revoir. Les trois Français entrèrent, en grande cérémonie, dans Onnontagué où tous les anciens s'étaient assemblés. Téganissorens les complimenta et leur fit les honneurs de la bourgade. Le P. Bruyas lui répondit et il fut écouté avec plaisir ; car les Iroquois avouaient qu'il parlait leur langue mieux qu'eux-mêmes.

Tout se passa bien, malgré la présence d'un Anglais qui eut la maladresse de s'interposer en maître et qui froissa l'orgueil de ces peuples, ce qui lui attira la réponse citée plus haut.

L'audience d'adieu fut très-solennelle, et les ambassadeurs se remirent en route, emmenant dix captifs. Plusieurs autres, qui avaient été adoptés, avaient pris les habitudes des Sauvages et refusèrent de les suivre.

La paix fut faite à Montréal le 8 septembre 1700, au milieu du plus nombreux concours de chefs sauvages qu'on eût encore vu.

Le P. Anjelrand et Le Gardeur de Courtemanche, capitaine qui commandait un fort, avaient reçu la mission difficile de rassembler les nations remuantes de l'Ouest et de les mettre d'accord pour s'entendre au sujet d'un traité de paix avec les Iroquois. Le P. Anjelrand resta à Missillimakinac, point de réunion, tandis que Courtemanche, chaussant les raquettes, visitait les Pouteouatamis, les Outagamis, les Hurons, les Mohingans, les Miamis et les Illinois, qui se disposaient à la guerre contre les Iroquois. Sur ses instances, tous lui promirent de se rendre à Montréal. Les Kaskaskias voulaient marcher avec des Ottaouais contre les Kansas. Il les engagea à déposer les armes et revint à Chicago, où les Ouyatanons chantaient la guerre contre les Sioux. Chez les Mascoutins, la hache avait été levée, il réussit à la leur faire déposer. Arrivé à la baie des Puants, le 14 mai, il rencontra des Sakis, des Otchagras, des Malhomines ou Sauvages de la Folle-Avoine (1), des Kithapous et des bandes des nations qu'il avait visitées ;

RÉCOLTE DE LA FOLLE-AVOINE.

partout il exhortait à la paix et, après une course de seize cents kilomètres, il revint à Missillimakinac, où le P. Anjelrand avait tiré deux prisonniers iroquois des mains des Ottaouais. Le missionnaire partit de suite avec ses deux prisonniers pour aller annoncer le succès de sa mission, tandis que Courtemanche réunissait les députés des différentes nations, au

---

(1) La *folle-avoine* est une céréale qui pousse naturellement dans les terrains marécageux et dont les Sauvages tirent parti. Le pays des Malhomines en produisait en si grande abondance qu'on leur en donna le nom.

milieu desquels la discorde était souvent sur le point d'éclater. Il vint à bout de surmonter tous les obstacles et se mit à la tête d'une flottille de cent quatre-vingts canots.

Kondiaronk porta la parole au nom des nations alliées et Chichikatalo, chef miamis d'un mérite singulier, dit La Potherie, fit remarquer qu'ils avaient amené leurs prisonniers pour les échanger, tandis que les Iroquois avaient laissé leurs captifs dans leurs cantons. Il fallut écouter tous les orateurs, qui avaient chacun un grief contre les autres peuples; tous se plaignirent des Iroquois. Ceux-ci parlèrent à leur tour et se justifièrent assez mal; enfin on abandonna les récriminations et on finit par se rapprocher.

Un incident, qui fit sur tous une profonde impression, signala la consommation de cet acte important. Ce fut la mort du célèbre chef huron Le Rat ou Kondiaronk. Il avait réparé par une fidélité et un dévouement à toute épreuve l'acte perfide dont l'histoire a parlé et que lui avait inspiré son orgueil.

Sa grande influence sur les Sauvages, acquise par son courage, son habileté dans les affaires et son talent pour la parole, lui avait fait jouer le principal rôle dans ces négociations pour la paix. Il la cimenta par une fin toute chrétienne.

Dans une des dernières séances du Congrès, où il avait parlé très-longuement, ses forces le trahirent et il s'évanouit. A peine revenu à lui, il demanda à ajouter encore quelques mots pour consolider son œuvre, et il conjura le Gouverneur de maintenir cette paix, dans l'intérêt de toutes les nations sauvages.

Il était épuisé. On se hâta de le porter à l'Hôtel-Dieu, où il expira la nuit suivante. De pompeuses funérailles témoignèrent de la douleur publique. Elles furent honorées de la présence du Gouverneur et de toutes les autorités. Il fut enterré dans la grande église, et sur sa tombe on grava cette courte inscription : CY GIT LE RAT, CHEF HURON.

Comme la maladie faisait des progrès parmi les Sauvages, qui se montraient inquiets, le Gouverneur général pressa la conclusion du traité. Toutes les clauses en avaient été acceptées, il ne s'agissait plus que de le signer et de proclamer la paix. La dernière assemblée générale fut indiquée pour le 4 août, et de grands préparatifs furent faits pour donner plus de solennité à cette dernière réunion. Dans la plaine fut formée une enceinte de branches d'arbres avec une allée tout autour. A l'une des extrémités était une salle couverte pour les dames et le beau monde. Treize cents Sauvages furent rangés en ordre dans l'enceinte. Le Gouverneur, placé sur une estrade et ayant à ses côtés l'Intendant, de Vaudreuil, gouverneur de Montréal, et les principaux officiers, ouvrit la séance et prononça un discours qui fut traduit aux Abénaquis et aux Algonquins par le P. Bigot, aux Hurons par le P. Jul. Garnier, aux Ottaouais par le P. Anjelrand, aux Illinois et aux Miamis par Nicolas Perrot, aux Iroquois par le P. Bruyas. Tous l'approuvèrent par le cri de consentement usité chez les

Sauvages et, afin de fixer ces paroles dans la mémoire et de consacrer leur sanction, on distribua aux chefs trente et un colliers de porcelaine qui étaient suspendus sur l'estrade du Gouverneur (1).

Les chefs s'avancèrent alors l'un après l'autre, conduisant quelques prisonniers iroquois, et, après un petit discours, ils les remettaient à de Callière pour être rendus à la liberté. Cette procession fut longue et égaya parfois les Français. Certains costumes étaient en effet extraordinaires.

Un Algonquin avait dressé ses cheveux en tête de coq avec un plumet rouge pour crête.

Ounanguicé, qui parla au nom des Pouteouatamis et des Sakis, était coiffé avec la peau de la tête d'un jeune bison dont les cornes lui battaient les oreilles. C'était du reste un homme d'esprit très-dévoué. Miscoasoath, chef des Outagamis, s'avança à son tour. Son visage était vermillonné et il avait sur la tête une vieille perruque poudrée et mal peignée. C'était une galanterie de sa part ; il la souleva pour saluer et découvrit un visage fort laid. On éclata de rire, surtout lorsqu'un plaisant le pria de se couvrir, ce qu'il fit aussitôt. Ce mouvement d'hilarité ne le déconcerta pas, et il débita gravement sa harangue qui valait mieux que sa tournure.

Les Iroquois étaient restés silencieux jusque-là, tous les regards se tournèrent vers eux. Agenanon, orateur des cantons, s'avança alors vers de Callière

---

(1) Voir à l'*Appendice,* Note A.

et présenta de leur part quatre colliers : « Onontio,
» dit-il, nous sommes contents de tout ce que tu as
» fait ; voici nos paroles pour t'assurer que nous se-
» rons fidèles à remplir nos engagements. Quant aux
» prisonniers que nous n'avons point amenés, tu en
» es le maître et tu peux les envoyer chercher. »

Un grand calumet servit de sanction. Le Gouverneur général y fuma le premier, puis tous les principaux officiers de la colonie, et enfin chacun des chefs à son tour. Un festin monstrueux, des salves d'artillerie, des feux de joie et le chant du *Te Deum*, terminèrent cette solennité qui ensevelissait cette hache de guerre depuis tant d'années toujours levée et toujours sanglante.

A peine les alliés avaient-ils quitté Montréal que les Agniers, dont les députés n'avaient pas paru à l'assemblée, arrivèrent dans cette ville, offrirent leurs excuses et adhérèrent au traité. Ainsi fut conclue la paix générale et le traité signé par trente-huit députés qui y apposèrent l'emblème particulier adopté par chaque nation (1).

A de Callière revient encore la gloire d'avoir jeté les fondements du premier établissement français dans le Michigan. Il chargea de La Motte-Cadillac de commencer, en 1701, le poste de Détroit entre le lac Huron et le lac Érié. Le nom du ministre de Pontchartrain

---

(1) Les Agniers un ours ; les Onnontagués et les Tsonnoutouans une araignée ; les Goyogouens un calumet ; les Onneiouts un bâton fendu tenant une pierre ; les Hurons un castor ; les Abénaquis un caribou ; les Ottaouais un lièvre, etc.

fut donné au misérable fort en pieux qui formait sa première défense. Quelques familles huronnes de Missillimakinac et quelques Ottaouais vinrent peu à peu se grouper sous sa protection. Ce poste français, le plus avancé dans l'Ouest, assurait le commerce sur les lacs et protégeait les communications avec le pays des Illinois et la Louisiane.

Les Missions et surtout celles des Iroquois profitèrent de la paix pour prendre un nouvel élan. Les Iroquois sollicitèrent eux-mêmes les Robes noires de revenir au milieu d'eux. Ils ne se montrèrent pas beaucoup mieux disposés qu'auparavant à embrasser le christianisme ; mais les Jésuites, en demeurant au milieu d'eux, s'y créaient des partisans, obtenaient quelques conversions et rendaient d'importants services en déjouant les projets des Anglais.

L'un des amis les plus constants des Français, Garakontié, jouit de la satisfaction de voir la paix conclue et expira au commencement de l'année 1702.

De Callière eut aussi la consolation de voir se maintenir jusqu'à sa mort cette union qu'il avait cimentée entre les nations sauvages. En Europe, au contraire, tout se préparait pour une longue lutte, dont le Canada devait ressentir les effets.

Elle éclata entre la France et l'Angleterre, à l'occasion de la succession au trône d'Espagne, sur lequel Charles II venait d'élever le duc d'Anjou, petit-fils de Louis XIV. Guillaume d'Orange ne pardonnait pas en outre au grand Roi d'avoir soutenu le fils de Jacques II comme légitime souverain d'Angleterre.

La guerre ne s'ouvrait pas dans d'heureuses conditions. Louis XIV n'était plus entouré de ce cortége d'hommes illustres qui font la gloire de son règne. Les populations étaient épuisées, le trésor vide, l'agriculture ruinée, la marine et l'armée de terre mal commandées. La guerre en Amérique devait se ressentir de cette triste situation.

L'Angleterre en profita pour reprendre le projet d'envahissement du Canada.

Le Gouverneur se hâta de prendre des mesures contre toutes les éventualités ; mais au moment où il semblait le plus nécessaire à la colonie, la mort l'enleva le 26 mai 1703. Il s'était acquis à un haut degré l'estime, la confiance et l'affection de tous les habitants. Il fut regretté comme le général le plus expérimenté et l'administrateur le plus habile qu'ait eu la colonie depuis Champlain.

La brillante conduite du marquis de Vaudreuil à Valenciennes lui valut la succession du sage et brave de Callière, et il lui fut recommandé de se tenir prêt à repousser l'invasion anglaise.

Un malheur signala les premières années de son administration. Malgré son héroïque résistance, le vaisseau *la Seine*, commandé par le chevalier de Meaupou, fut pris par les Anglais. Il portait en Canada Mgr de Saint-Vallier, grand nombre d'ecclésiastiques et un chargement estimé plus d'un million.

La perte était énorme ; mais elle tourna à l'avantage de l'industrie et de l'agriculture. On se mit alors à cultiver le lin et le chanvre et à élever des manufactures. Sous bien des rapports, le pays apprit à se suffire à lui-même.

Pour préparer la guerre, les Anglais avaient fait tous leurs efforts afin de faire sortir les Iroquois de leur neutralité. Ceux-ci, flattés de se voir traiter par les Français comme une nation indépendante, ne se laissèrent pas entraîner. Leur détermination était due surtout à l'activité et à l'influence des missionnaires qui vivaient au milieu d'eux.

La guerre ne consista d'abord que dans de petites expéditions partielles, et avec des chances très-variées de succès et de revers.

Les deux colonies poursuivaient leurs luttes au sujet des frontières de l'Acadie et de la propriété du pays des Iroquois, tandis que ces Sauvages repoussaient toujours toute domination étrangère, et ne comprenaient pas qu'on pût mettre en jeu leur indépendance sans leur participation.

En 1708 le Canada perdit son premier Évêque, à l'âge de quatre-vingt-cinq ans. Depuis sa démission, Mgr de Laval-Montmorency vivait dans une profonde retraite, au séminaire de Québec, uniquement occupé de la prière et des bonnes œuvres. Son mérite et ses vertus l'ont rendu digne de la vénération publique.

On lui a reproché, dans quelques circonstances, des actes empreints d'une obstination que rien ne pouvait fléchir ; mais la fermeté dans les positions critiques où il s'est trouvé n'est-elle pas préférable à la faiblesse ? Les faits lui donnèrent toujours raison.

L'Angleterre, fatiguée de cet état d'hostilité continue avec la colonie française du Canada, se décida à lui porter un grand coup. Le ministre d'État pour les colonies, lord Bolingbrock, poussait à une mesure énergique. Ce n'était rien moins qu'un plan de conquête à l'aide d'une attaque par terre et par mer. La Reine Anne approuva ses projets et fournit les vaisseaux. Mais cette flotte eut d'abord mission d'aller au secours du Portugal après la victoire du duc de Vandôme sur Stahremberg, à Villaviciosa, et n'arriva pas à temps en Amérique.

L'offensive fut reprise par l'Angleterre en 1710, et sur une plus vaste échelle. Le moment était favorable : les échecs que venait de subir la marine française ne laissaient à Louis XIV que peu de ressources pour protéger ses possessions d'outre-mer.

Nicholson partit d'abord avec une flotte de cinquante et une voiles pour s'emparer de l'Acadie. Port-Royal, avec sa petite garnison de trois cents hommes, ne put pas résister longtemps. Mais son commandant, de Subercase, obtint par son héroïque résistance d'être traité avec tous les honneurs de la guerre. Toutefois l'Acadie était à jamais perdue pour la France, et, en l'honneur de la reine Anne, le nom d'Annapolis fut substitué à celui de Port-Royal.

L'amiral Hill arriva en 1711 avec un nouveau renfort qu'il était chargé de conduire contre le Canada en suivant les premiers plans. Une horrible tempête dispersa sa flotte à l'Ile-aux-Œufs, à l'entrée du Saint-Laurent. Il perdit huit grands vaisseaux et trois mille hommes. Ce désastre le força de rentrer à Boston.

De son côté, le marquis de Vaudreuil, malgré la faiblesse de ses ressources, s'était préparé à la résistance. Les habitants avaient répondu à l'appel fait à leur patriotisme ; il avait pu armer un corps imposant de milice et restaurer les murailles de la ville de Québec. Les Sauvages alliés accoururent au nombre de douze cents pour renforcer l'armée française ; mais l'ennemi ne reparut pas.

Un de ces coups de main, comme on en voyait tenter par ces vaillants soldats, sauvait en même temps d'un imminent danger le poste le plus important de l'Ouest. Les Outagamis ou Renards, que les Anglais étaient parvenus, à force de présents, à détacher de l'alliance française, marchèrent en grand nombre pour attaquer le fort de Détroit. Son commandant, l'intrépide Dubuisson, suivi d'une troupe fidèle de Hurons, d'Ottaouais, de Sauteux, de Sakis et d'Illinois, alla à leur rencontre et les tailla en pièces.

Le commerce des grands lacs ainsi que la communication libre avec tous les pays de l'Ouest était ainsi maintenue à la France. Cette fidélité de nos Sauvages alliés était encore regardée avec raison comme due à l'influence des missionnaires répandus dans ces contrées (1).

La paix d'Utrech, en 1713, ramena en Canada un

(1) *Lettre de l'Intendant Raudot* (Arch. du Min. de la marine).

moment de trêve. Courbé sous le poids du malheur et de la vieillesse, Louis XIV subissait les dures conditions du traité. L'Acadie, Terre-Neuve et la baie d'Hudson, restaient à l'Angleterre. La France conservait l'Ile-Royale ou île du Cap-Breton ainsi que l'île Saint-Jean, le Canada proprement dit et la Louisiane ; mais les portes du Canada étaient ouvertes, et l'incertitude dans laquelle le traité laissait encore les limites entre les deux colonies resta un germe permanent de discorde. Plus tard elle devint la cause ou le prétexte de la dernière et fatale rupture.

La liberté rendue à l'Évêque de Québec, après huit années de captivité, fut un des bienfaits de la paix.

La période agitée qui venait de s'écouler, avait appauvri le pays, ruiné la culture et le commerce. Tout prit alors un nouvel élan. Malheureusement le système de restriction dans le trafic des pelleteries, la grande source des richesses du Canada, ne fut pas levée, et nos rivaux en profitèrent pour se livrer à une concurrence préjudiciable à sa fortune.

Deux entreprises importantes et glorieuses se rattachent au gouvernement du marquis de Vaudreuil : la fondation de Vincennes sur l'Ouabache, par un gentilhomme canadien de ce nom, et celle de la Nouvelle-Orléans, par Le Moine de Bienville.

Cette contrée de la Louisiane, qui devait au Canada sa découverte et ses premiers habitants, préoccupait beaucoup alors l'esprit public en France. La réputation de richesse faite aux mines qu'il était supposé posséder, excitait toutes les convoitises.

Un spéculateur français, colporteur ardent de ces bruits, avait obtenu pour seize ans le privilége exclusif de tout le commerce de la contrée ; il y avait de suite jeté huit cents Français, plutôt aventuriers que colons. Mais, pour assurer son succès, il lui manquait un coup d'œil sûr, de la largeur dans les vues et de la persévérance. Dès 1717, Crozat dut résilier son privilége.

Sous l'impulsion de l'Écossais Law, se forma alors, pour lui succéder, cette société tristement célèbre sous le nom de Compagnie occidentale ou du Mississipi, constituée pour vingt-cinq ans.

A cette occasion, le 17 septembre 1717, le gouvernement de la Louisiane fut séparé de celui du Canada; elle eut son Gouverneur particulier.

Pour seconder ses projets qui devaient amener une ruine presque générale, Law eut l'audace de faire circuler les bruits les plus fabuleux sur les bénéfices à recueillir et, dans cette prévision qu'il donnait comme assurée, il fit élever le capital de la Compagnie jusqu'à cent vingt-cinq millions de livres. La Banque était autorisée à émettre des billets jusqu'à la concurrence de deux cent quarante millions. L'affluence des capitaux fut énorme.

L'illusion qui ne reposait que sur le mensonge ne pouvait pas durer. Quand le jour se fit, ce fut un véritable désastre. Nombre de familles en France et à l'étranger furent complétement ruinées. Sans la police, le peuple aurait mis Law en pièces.

Cette Compagnie, dont les charges dépassaient de

beaucoup les bénéfices, renonça à ses priviléges en 1735, et la Louisiane retourna à la Couronne.

L'histoire de cette colonie n'appartient plus désormais à celle du Canada ; mais leur sort sera le même au moment de la conquête anglaise.

En 1718, le P. Lafitau, missionnaire au saut Saint-Louis, herborisant dans les bois, méritait un genre de gloire nouveau. En occupant ses loisirs à réunir les matériaux de son grand ouvrage sur les mœurs et les coutumes des Sauvages, il découvrait, dans les forêts du Canada, la plante du Genseng, connue alors seulement en Corée et en Chine (1).

Pour se préparer à toutes les éventualités, le Gouverneur faisait achever, à la même époque, les fortifications de Québec et substituait à la faible enceinte en bois de la ville de Montréal un mur en pierres, garni de bastions et de fossés.

La principale mesure de précaution fut l'établissement, à l'entrée du golfe Saint-Laurent, d'un poste formidable pour y maintenir la domination française. Louisbourg fut fondé en 1720 dans l'île du Cap-Breton, qui prit le nom d'Ile-Royale. Rien ne fut épargné pour ce travail, et il absorba plus de trente millions. Cette île, jusque-là peu peuplée, servait alors de lieu de refuge à beaucoup de colons de Terre-Neuve et de

---

(1) La Chine avait le monopole du commerce de cette plante fébrifuge. Le P. Lafitau fit sur cette découverte un travail qui a été imprimé et qu'il présenta au duc d'Orléans, alors Régent, lorsqu'il vint en Europe pour les affaires de sa Mission. On abusa de ce remède qui fut déprécié et abandonné.

l'Acadie, qui, n'ayant pas voulu changer de drapeau, restaient fidèles à la France.

De leur côté, les Anglais, toujours jaloux d'étendre leur commerce, élevèrent sur le lac Ontario le fort d'Oswégo, à l'entrée de la rivière de Chouaguen, malgré les protestations du gouvernement français qui voulait que ce terrain restât neutre, comme propriété des Iroquois.

Au reste, les prétentions anglaises s'étendaient encore ailleurs. La question des limites de l'Acadie donnait lieu à des empiétements continuels sur le territoire des Abénaquis, que leurs astucieux voisins avaient tenté inutilement de gagner par des présents, des promesses et l'établissement chez eux de ministres protestants.

L'attachement de ces Sauvages à la Couronne de France et à leur religion restait inébranlable. Persuadés que cette obstination n'avait pas d'autre cause que la présence au milieu d'eux d'un Jésuite, le P. Sébastien Rales, les Anglais mirent sa tête à prix pour mille livres sterling (24,000 fr.). Aucun traître ne se présenta.

Un parti anglais se chargea plus tard de cette lâche exécution. Il envahit, en 1724, le village de Narantsouah, sur le Kénébec. Le vieux missionnaire qui allait couronner par une mort glorieuse trente-sept années d'un pénible apostolat tomba percé de coups au pied de la croix qu'il avait plantée, avec sept de ses plus zélés néophytes qui essayèrent de faire un rempart de leur corps à leur Père bien-aimé. La

France, qui tenait à ne pas rompre la trêve avec l'Angleterre, ne voulut pas ou ne put pas demander justice pour le sang odieusement versé de l'un de ses enfants.

L'année suivante mourut le marquis de Vaudreuil, après avoir puissamment contribué au bonheur et à la prospérité de la colonie dans des temps difficiles.

Cette sage et heureuse administration appela plus tard sur son fils les faveurs de la Cour; mais celui-ci n'avait ni le caractère, ni les talents, ni les qualités de son père.

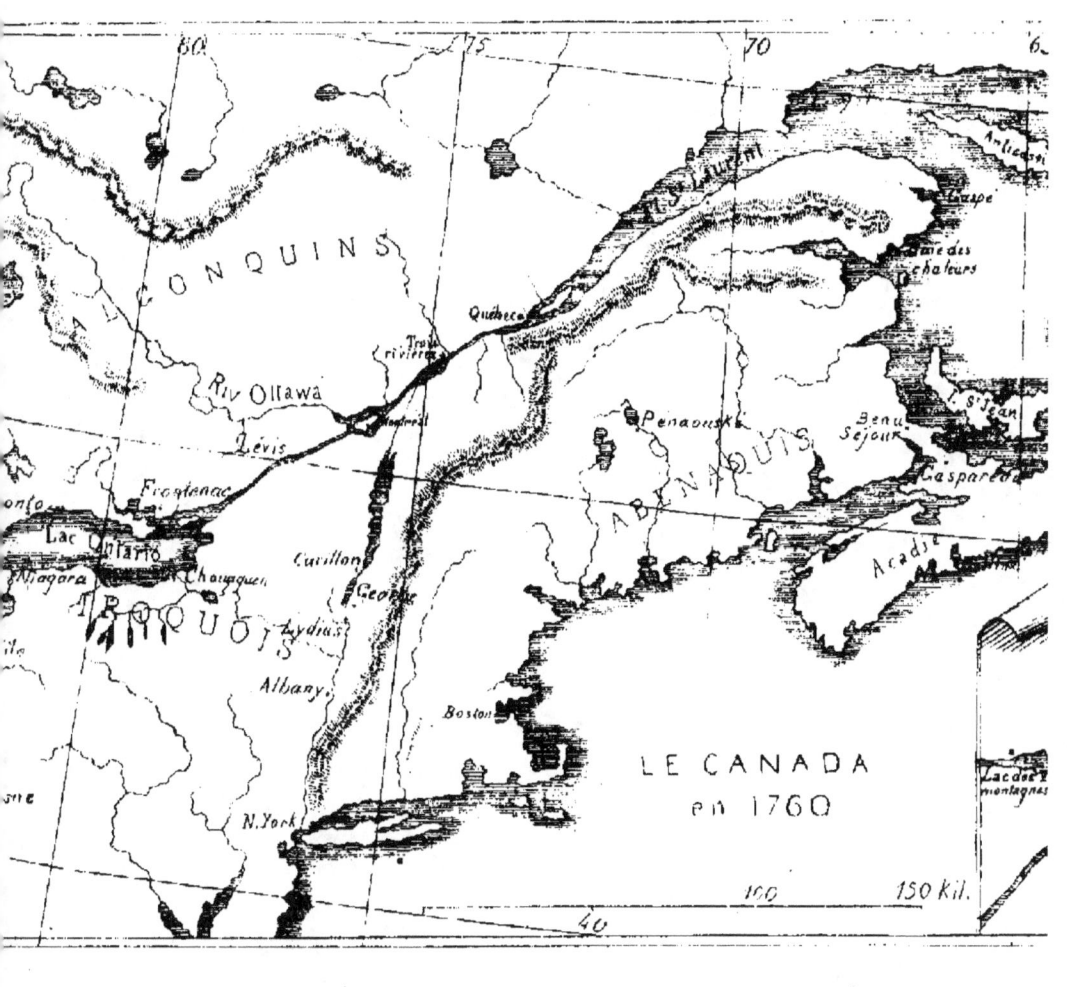

XI

Le chevalier de Beauharnais (1726-1746). — De La Jonquière (1746). — De La Galissonnière (1747). — De La Jonquière (1748-1752). — Le marquis Duquesne de Menneville (1752-1755). — Le marquis de Vaudreuil (1755-1759). — Le marquis de Montcalm.

Le chevalier de Beauharnais, capitaine de vaisseau, alla en 1736 remplacer le marquis de Vaudreuil, et, avec le même zèle et le même succès, il travailla au bonheur de la colonie. Grâce à son habileté et à sa prudence, il apaisa les jalouses et inquiètes susceptibilités de ses rivaux, et parvint à compléter le système de défense commencé pour maintenir nos possessions à l'ouest des Alléganis et l'indépendance du

Saint-Laurent. On lui doit le rétablissement du fort de Niagara en 1726, celui de la Pointe-à-la-Chevelure, sur le lac Champlain, et de Beau-Séjour, sur l'isthme de l'Acadie.

Sous son administration, et grâce au concours intelligent de l'Intendant Hocquart, l'industrie prit un grand développement. Les mines de fer, de cuivre et de plomb, furent exploitées plus en grand, et la colonie put exporter une quantité considérable de térébenthine et de planches. L'instruction primaire fut aussi encouragée par ses soins, et des Frères des Écoles chrétiennes passèrent en Canada en 1737.

Mgr de Saint-Vallier s'éteignit à Québec, après un épiscopat de quarante années. Des fondations utiles et des sommes immenses dépensées par lui, dans l'intérêt du pays, ont immortalisé sa mémoire. Son successeur, Mgr de Mornay, mourut avant d'arriver en Canada. Mgr Dosquet, nommé pour occuper ce siége, en 1733, y renonça trois ans après en faveur de Mgr François de l'Aubérivière, prélat à peine âgé de vingt-huit ans, et qui ne devait son élévation qu'à ses éminentes vertus. Dieu ne fit que le montrer à son troupeau. Atteint d'un mal contagieux, en soignant les malades du vaisseau qui le portait, il succomba quelques jours après son arrivée à Québec, en 1740.

Le chevalier de Beauharnais profita du calme qui régnait dans la colonie pour encourager les découvertes lointaines. Boucher de Montbrun, accompagné du P. Guignas, alla fonder un poste chez les Sioux, en 1727. Poussant plus avant dans l'Ouest, en 1736, de La Véranderie atteignit le lac Winipeg et la rivière des Assiniboins. L'un de ses fils parvint même, en 1743, jusqu'aux Montagnes-Rocheuses. Ils préludaient ainsi aux découvertes qui, soixante ans plus tard, devaient compléter l'exploration de l'Amérique jusqu'à l'océan Pacifique.

Pendant tout le temps du gouvernement du chevalier de Beauharnais, les Iroquois furent maintenus dans des dispositions pacifiques à l'égard des peuplades alliées et se bornèrent à guerroyer au Sud contre les Chérokis et les Chicasas ou Têtes-Plates.

L'époque des luttes sanglantes allait encore s'ouvrir pour le Canada. La succession au trône d'Autriche en fut l'occasion. La France, qui en était l'alliée, vit, en 1744, l'Angleterre se déclarer contre elle et profiter de la guerre européenne qui absorbait une partie de nos soldats, pour opérer plus facilement ses plans de conquête en Amérique.

William Peperels, marchand du Maine, se mit à la tête d'un corps de troupes considérable et alla faire le siége de Louisbourg. Des prédicants fanatiques suivaient l'armée et y entretenaient les haines religieuses. L'un d'eux, portant le titre de chapelain, étalait sous leurs yeux une bannière emblématique. Elle représentait une hache énorme destinée, disait-il, à briser tous les signes de l'idolâtrie papiste.

Le commandant Duchambon était mal secondé dans l'intérieur de la place. L'Intendant Bigot avait déjà commencé son système d'injustice et de malversation, qui sera un jour la principale cause de la perte du Canada. Mal nourrie et mal payée, la garnison ne se défendit que faiblement et, le 24 juin 1745, elle mit bas les armes. Les prêtres et les religieuses furent chassés de la ville, et les églises souillées par les plus odieuses profanations.

La nouvelle de ce désastre produisit en France une vive sensation. On s'occupa aussitôt d'aller au secours du Canada. Les récentes victoires de Fontenoy et de Bassignano, ainsi que les avantages obtenus dans les Indes, avaient relevé les courages.

Une flotte de quarante et un vaisseaux avec trois mille cinq cents hommes fut confiée au duc de Danville et partit pour le Canada, en 1747, avec de La Jonquière, nouveau Gouverneur chargé de remplacer le chevalier de Beauharnais. La tempête et la maladie la ruinèrent presque entièrement. Elle rentra en France après avoir perdu son commandant et plus de deux mille hommes.

Le comte de La Galissonnière, le plus habile et le plus actif des officiers du Canada, fut chargé de l'intérim pendant l'absence du Gouverneur, et c'est à lui que l'on doit l'achèvement d'une ligne de forts qui s'étendait depuis l'Atlantique jusqu'au Mississipi et embrassait environ deux mille kilomètres. Mais ce plan péchait par son étendue et n'était pas en proportion avec les ressources militaires dont on disposait. Le comte fut mieux inspiré en réveillant l'esprit national des Iroquois, à l'occasion de quelques prisonniers de leur nation que le Gouverneur de New-York réclamait comme sujets anglais. L'orateur sauvage

répondit fièrement à l'envoyé anglais : « Onontio a
» été longtemps notre père, et Corlar notre frère;
» mais ni l'un ni l'autre n'est notre maître. Nous
» n'avons cédé nos terres à personne. Nous sommes
» libres. Vous nous appelez sujets, et nous, nous di-
» sons que nous sommes simplement vos frères. »
Plus tard nous verrons cette noble indépendance
fléchir devant les promesses et les présents de l'Angleterre.

A la suite des brillantes victoires du maréchal de
Saxe, la paix d'Aix-la-Chapelle rendit au Canada l'île
du Cap-Breton et son Gouverneur, de La Jonquière.
Le premier soin de celui-ci fut de rétablir Louisbourg
dans son premier état et d'élever quelques forts près
du centre de la colonie. Ces précautions étaient
louables; mais il est triste de dire que la conduite de
ce Gouverneur le rendait indigne de sa haute position.

Jusque-là les officiers de la colonie s'étaient fait
remarquer par leur fidélité et leur intégrité; alors la
corruption et la vénalité, appuyées par de grands
exemples, commencèrent à marcher le front haut.
Prévoyant une disgrâce à la suite des plaintes nombreuses qui parvinrent en France, de La Jonquière
la prévint et demanda son rappel; mais il mourut à
Québec sur ces entrefaites, le 17 mai 1752. Il fut enterré avec pompe dans l'église des Récollets, où reposaient déjà les cendres du comte de Frontenac et
du marquis de Vaudreuil.

Charles Le Moine, deuxième baron de Longueil,

Gouverneur de Montréal depuis 1749, prit le commandement général de la colonie en attendant que la Cour eut nommé un successeur à de La Jonquière.

Le marquis Duquesne de Menneville arriva cinq mois après ; et, dans la persuasion que la paix ne pouvait pas être de longue durée, il déploya ses talents et sa remarquable activité pour assurer la défense du pays. Il s'attacha à former un corps de milice bien exercé et rompu à la discipline militaire trop négligée depuis quelque temps.

Un fort qu'il construisit sur les confins de la Virginie, et qui portait son nom, fut l'occasion et le théâtre des premières hostilités entre les deux colonies.

La question des limites avait été confiée à une Commission nommée par les deux Cours, et, après cinq années d'étude, elle n'avait encore abouti à aucun résultat.

Les Anglais n'avaient pas attendu sa solution. Encouragée par le Parlement, une Compagnie de spéculateurs de la Virginie avait établi, dans la vallée de l'Ohio, ses agents et ses colons et était résolue à soutenir ses prétentions par les armes.

De Contrecœur, commandant du fort Duquesne, avait reçu l'ordre, de son côté, de ne permettre aucun établissement anglais sur l'Ohio et d'y empêcher le commerce des pelleteries. Il fit notifier cette défense.

Le Gouverneur de la Virginie, Dinwidie, décidé à ne pas céder, détacha le colonel George Washington, plus tard le héros et le fondateur de la république des États-Unis, pour demander au capitaine français des explications sur sa conduite.

De Jumonville fut envoyé avec un détachement pour arrêter cette marche, regardée avec raison comme une invasion du territoire. Il allait en parlementaire. Au moment où il élevait la voix, il reçut la mort, le 28 mai 1754. Douze de ses compagnons furent tués à ses côtés. Cette action honteuse des Anglais est un monument de perfidie et de lâcheté qui doit indigner tous les siècles.

Prévoyant bien qu'un pareil acte allait amener des représailles, Washington se hâta d'élever un fort qui, à raison des circonstances, prit le nom de fort Nécessité. Mais cet abri fut impuissant contre la fureur du capitaine de Villiers, qui avait reçu la mission d'aller venger la mort de son frère. Washington fut forcé de capituler. En le voyant, de Villiers lui dit : « Nous » pourrions venger un assassinat, mais nous ne vou- » lons pas l'imiter. » Nobles et généreuses paroles dignes d'un chrétien et d'un héros !

Tels furent les actes préliminaires d'hostilité entre les deux nations, avant même que la paix eût été rompue en Europe.

Ce premier échec jeta l'alarme dans les colonies anglaises. Une grande assemblée, tenue à Albany au mois de juillet, décida qu'il fallait tout tenter, non-seulement pour enlever aux Français leurs postes avancés, mais pour les chasser de l'Amérique du Nord. Franklin, un des moteurs de ce plan, proposa l'union fédérale des douze provinces pour marcher avec plus d'ensemble et plus de force.

Le gouvernement anglais sembla reculer d'abord devant ces mesures, comme s'il eût entrevu qu'elles portaient en elles le germe d'une révolution qui, un jour, devait lui ravir la plus grande partie de ses possessions d'outre-mer. Mais l'inquiétude croissant toujours, il fit de grands préparatifs.

Pour éviter une rupture qui semblait imminente, la France chercha à négocier et proposa même quelques concessions qui semblaient devoir satisfaire les exigences des Provinces-Unies. Au témoignage de l'historien Bancroft, Louis XV paraissait sincère dans ses propositions; mais les prétentions exagérées de l'Angleterre, appuyées par l'envoi du général Braddok en Amérique avec deux régiments, trahissaient le secret de ses intentions.

A cette nouvelle, la France équipa une flotte en toute hâte et l'envoya en Canada avec trois mille hommes commandés par le baron de Dieskau, un favori du maréchal de Saxe.

L'amiral Boscoven surveillait ce mouvement et se mit à la poursuite de la flotte française. Il atteignit près de Terre-Neuve deux frégates que le brouillard avaient égarées. Hélé trois fois par le capitaine français pour savoir si leur nation était en paix ou en guerre, le capitaine anglais répondait toujours : « Nous n'entendons pas, » jusqu'à ce que, arrivé à une petite distance, il lâcha une terrible bordée à double charge. Une des frégates fut désemparée.

L'autre n'amena son pavillon qu'après une vigoureuse résistance.

Cette lâche agression eut lieu le 27 avril 1756 et donna un nouveau poids aux plaintes officielles que Louis XV adressait à Londres par son ambassadeur. Les Anglais avaient sur toutes les mers des vaisseaux croiseurs chargés d'enlever tous les bâtiments de commerce. Ces actes, que les pièces officielles traitent avec raison de brigandage, firent éprouver au commerce français une perte de plus de trente millions. Ne pouvant obtenir satisfaction, notre ambassadeur fut rappelé et la guerre déclarée.

Cette guerre est connue sous le nom de guerre de Sept Ans. Son origine était la lutte de l'Autriche avec la Prusse à l'occasion de la Silésie. La France finit par y prendre une part active, mais qui lui devint funeste. L'Angleterre, qui soutenait la Prusse, se chargea de faire à son profit une habile diversion en Amérique.

Dès l'année précédente, le gouvernement du Canada avait été confié au marquis de Vaudreuil, capitaine de vaisseau et ancien Gouverneur de la Louisiane. Il ne lui fut pas donné de ramener en Canada les jours prospères qui avaient fait bénir l'administration de son père.

Les forces des parties belligérantes étaient fort inégales. Les colonies anglaises unies comptaient deux millions d'âmes et la Nouvelle-France en comptait à peine soixante-dix mille. Mais la lutte allait être d'autant plus héroïque qu'elle serait désespérée.

La campagne s'ouvrit par la défaite complète de Braddok, qui s'était vanté d'enlever le fort Duquesne d'un tour de main. Peu au fait de la tactique des Sauvages et peu disposé à recevoir des conseils, il s'avança sans précaution dans un défilé des Alléganis et tomba dans une embuscade que lui avait dressée le commandant de Beaujeu à la tête de ses Canadiens et des Sauvages alliés. Le général anglais et une grande partie de ses soldats périrent. L'artillerie et un énorme butin tombèrent entre les mains des vainqueurs. Le reste de l'armée ne dut son salut qu'à l'habileté et à l'intrépidité du colonel Washington qui écrivait à l'occasion de cette bataille : « Nous » avons été battus, battus honteusement par une » poignée de Français. »

Les Anglais, plus favorisés en Acadie, prirent les forts Gaspareaux et Beauséjour, plus tard Comberland ; mais ils souillèrent leur victoire par un acte de violence et de brutalité que ne justifie jamais le droit de conquête. Quinze mille colons, connus sous le nom d'Acadiens, dont tout le crime était d'être restés bons catholiques et Français de cœur, furent dépouillés de leurs biens, chassés du pays de leurs pères et jetés sans ressources dans toutes les directions (1). « Je ne sais, dit ici l'historien Bancroft, si » les annales de l'humanité conservent le souvenir

---

(1) On retrouve encore aujourd'hui les traces de cette émigration forcée dans quelques paroisses du Canada, à la Louisiane, à la Guyane ; en France : à Belle-Ile-en-Mer et dans les environs de Châtellerault. De Bougainville en conduisit jusqu'en Océanie.

» d'une pareille cruauté aussi injuste et aussi du-
» rable. »

Un succès plus brillant allait couronner les armes anglaises sur les bords du lac George, autrefois lac Saint-Sacrement. L'armée anglaise, commandée par William Johnson, s'avançait vers le lac Champlain et menaçait le fort de la Pointe-à-la-Chevelure. Dieskau, envoyé pour l'arrêter dans sa marche, dut sa défaite à son aveugle opiniâtreté et à son défaut d'études locales. Il tomba blessé entre les mains des vainqueurs.

Johnson, qui avait peu fait pour la victoire, ne sut pas en profiter et laissa les Français se fortifier à Ticondéroga ou Carillon, sur le lac Champlain.

La défaite de Dieskau jeta l'alarme en France, car elle pouvait faire courir des dangers à la colonie. La Cour envoya à son secours, en 1756, le marquis de Montcalm, jeune maréchal de camp distingué, avec un corps de troupes d'élite et un groupe d'officiers dont la réputation grandira encore dans l'histoire.

De Montcalm justifia par des débuts heureux la confiance dont il avait été l'objet. Son premier succès fut la prise du fort de Chouaguen, sur les bords du lac Ontario. Seize cents prisonniers, cinq drapeaux, cent treize bouches à feu et une quantité considérable de munitions et de numéraire, furent les trophées de la victoire.

L'armée anglaise resta un moment inactive, parce que Abercrombie avait ordre de ne rien entreprendre de décisif avant l'arrivée de lord Londown. Le retard que celui-ci éprouva, rendit toute expédition impossible pour cette campagne, et un nouvel obstacle surgit l'année suivante dans la division qui se manifesta entre les provinces, dont chacune travaillait plus pour son intérêt propre que pour l'intérêt commun.

De Montcalm profita de cette circonstance pour attaquer le fort William-Henri, autrefois le fort George. Il s'en rendit maître le 6 août 1757, malgré la vigoureuse résistance du colonel Monro. Ce beau fait d'armes fut malheureusement terni par la perfide cruauté des Sauvages, alliés des Français. Le pillage du fort leur avait été abandonné ; mais la brave garnison devait se retirer avec armes et bagages. Irrités de voir cette proie facile leur échapper, les Sauvages allèrent surprendre les Anglais dans leur retraite, et, malgré l'intervention des Français, ils en massacrèrent une vingtaine. Ce fait odieux, mais étranger à l'armée régulière, servit d'injuste prétexte au Roi d'Angleterre pour ne pas ratifier la capitulation.

Cependant la guerre allait changer d'aspect. L'illustre William Pitt, si connu sous le nom de lord Chatam, entrait au Ministère. Ses talents égalaient son ambition démesurée. Il eut la gloire de préparer et de consommer la conquête du Canada, en flattant l'amour-propre des Américains et en leur accordant de larges concessions. L'Angleterre fournissait les armes et les munitions ; les colonies levaient et entretenaient l'armée.

Trois attaques simultanées devaient obliger les

p. 233

Français à diviser leurs forces et par conséquent les affaiblir. L'amiral Boscoven avec le général Amherst et seize mille hommes allaient attaquer Louisbourg. Forbes, à l'Ouest, marchait avec neuf mille hommes contre le fort Duquesne, pendant que Abercrombie, avec dix-sept mille hommes, pénétrait par le Centre.

De Montcalm n'avait à opposer à ces forces formidables que cinq mille cinq cents soldats réguliers et la milice.

Abercrombie, général en chef, entra le premier en campagne en 1758; il fut le plus maltraité. L'échec complet qu'il essuya, le 3 juillet, au fort Carillon ou Ticondéroga, est resté célèbre. Le succès de l'affaire fut dû à la valeur incroyable de l'officier et du soldat. « Ces gens-là, écrivait Montcalm peu de jours avant la » bataille, en parlant de ses ennemis, marchent avec » précaution; cependant, s'ils me donnent le temps » de gagner les hauteurs que j'ai choisies au-dessus » de Carillon, je les battrai; » et il tint parole. Il attendit l'ennemi avec une poignée de soldats derrière des retranchements improvisés en avant du fort où il avait pu parvenir. Les grenadiers anglais et les montagnards écossais chargèrent pendant trois heures sans se rebuter, mais sans pouvoir entamer les lignes françaises. Après six assauts successifs et également infructueux, les Anglais furent forcés de se retirer.

Les milices canadiennes prirent une part très-brillante à cette action, regardée avec raison comme une des plus glorieuses dans les fastes de la Nouvelle-

France. Pour célébrer cette victoire, le Roi fit chanter un *Te Deum* dans toutes les églises du royaume.

De Montcalm écrivait modestement, au sujet de cette victoire, au marquis de Vaudreuil : « Je n'ai eu » que la gloire de commander des troupes aussi va- » leureuses. » Et ailleurs : « Ah ! quelles troupes, mon » cher Doreil, que les nôtres ! Je n'en ai jamais vu de » pareilles ! » Il fit élever sur les lieux, en signe de reconnaissance, une grande croix portant les armes de France, avec cette inscription : *Manibus date lilia plenis.* « Donnez des lis à pleines mains. »

Cependant de pareils succès ne pouvaient pas sauver le Canada. L'infériorité de ses forces et l'abandon déjà commencé de la mère patrie devaient amener la fin de la lutte. Un énergique sentiment de religion et de patriotisme put seul prolonger les derniers et suprêmes efforts de ses défenseurs.

La prise de Louisbourg par Amherst vint compenser l'échec subi à Carillon. Ce poste était comme la clef des possessions françaises du côté de la mer. La gloire de sa résistance pendant cinquante-quatre jours revient surtout à la femme du commandant de Drucourt. Cette héroïne ne quittait pas les remparts, portant à tous des paroles de consolation et d'encouragement. Plus d'une fois elle mit elle-même le feu aux canons. Les habitants de Louisbourg subirent le même sort que les Acadiens. Les églises et les couvents furent incendiés, et la ville mise dans un tel état de destruction qu'elle n'a jamais pu se relever de ses ruines.

Les Anglais, devenus par là maîtres du golfe Saint-Laurent, interceptèrent toute communication avec la France.

De son côté, Abercrombie prit sa revanche, au mois d'août, en faisant enlever et démanteler le fort Frontenac. C'était l'entrepôt du commerce français avec tout l'Ouest, et l'arsenal de la marine des lacs. La perte fut considérable ; mais la conséquence la plus grave fut d'ouvrir le centre du pays aux Anglais.

Presque à la même époque, le fort Duquesne, privé de tout secours, était abandonné et détruit par son commandant, de Ligneris. En l'honneur du Ministre, l'âme de cette guerre, le général anglais donnait à ces ruines le nom de Pittsburg, devenu aujourd'hui une très-vaste et très-riche cité.

Dans cet état, le Canada, à l'Est et à l'Ouest, était comme une armée sans gardes avancées. Tout était prêt pour son envahissement, remis à l'année suivante.

Pendant que quelques milliers de braves sacrifiaient leur vie pour l'honneur de la France, il est honteux de dire que des administrateurs infidèles, et surtout l'Intendant Bigot aidé de ses agents, semblaient se faire un jeu de compliquer la position par la plus inique dilapidation des finances (1). Il spéculait sur tout. Le papier-monnaie, qui depuis plus de

---

(1) Les dépenses annuelles du gouvernement pour le Canada ne s'élevaient en 1729 qu'à 400,000 francs. En 1749 elles atteignirent 1,700,000 francs ; mais en 1759 elles montèrent à 29 millions, qui passèrent dans des mains infidèles.

trente ans servait à la plupart des transactions commerciales, perdit tout à coup son crédit en raison de l'énorme quantité de billets qu'il émit, et ce fut une cause de ruine générale.

Une calamité d'une autre nature, mais plus déplorable encore, vint envahir en même temps le Canada. On y vit, ce qui était inconnu jusqu'alors, le scandale des mœurs s'afficher sans pudeur, et trouver son appui dans l'exemple ou la faiblesse des agents mêmes du gouvernement gorgés d'or. L'amour du plaisir et surtout du jeu causait parmi eux un grand désordre et formait un hideux contraste avec la misère publique toujours croissante. — « Chez l'Intendant » Bigot, écrivait de Moncalm à cette époque, on joue » un jeu à faire trembler les plus déterminés. »

Cette scandaleuse conduite, entretenue par d'indignes spéculations, trouvait des intelligences intéressés jusque dans les bureaux du Ministère de la marine, ce qui en rendait la répression très-difficile, pour ne pas dire impossible.

XII

Mort de Wolfe et de Montcalm. — Conquête du Canada. — Condamnation de Bigot et de ses complices.

La campagne de 1759 s'annonçait sous de tristes auspices. Les Anglais venaient de triompher au Sénégal, dans les Indes, et à La Martinique. Le Canada n'avait plus de postes avancés pour tenir l'ennemi à distance. Le centre du pays allait être envahi.

Pour prolonger la lutte, le marquis de Vaudreuil en appela aux mesures extrêmes. Une levée en masse depuis seize jusqu'à soixante ans rassembla tous les hommes sous les armes, et on réunit ainsi un effectif de quinze mille deux cent vingt-neuf nouveaux soldats. La voix de l'Évêque encouragea à la **résistance** et prescrivit des prières publiques pour écarter le fléau qui menaçait.

L'enlèvement de tant de bras à l'agriculture, la principale ressource du pays, allait, sous un rapport, aggraver la situation. La récolte des deux années précédentes avait complétement manqué. Cette année menaçait du même sort, sans donner plus d'espérance de voir arriver des secours. La famine s'avançait inévitable. L'armée était déjà à la ration; on y soumit tous les habitants. « Le peuple prend son mal » en patience, » écrivait le loyal Doreil, commissaire des guerres ; c'est que le peuple, quand ses instincts ne sont pas faussés, est susceptible de toutes les vertus et des plus grands sacrifices.

Malgré la situation critique et ses sinistres pressentiments, de Montcalm ne se laissait pas abattre et, par sa contenance, soutenait le moral du soldat. « Je » ne suis pas découragé, ni mes troupes non plus. » Nous sommes résolus à nous ensevelir, s'il le faut, » sous les ruines de la colonie, » écrivait-il au Ministre en 1759. Magnanimes paroles qui, pour lui, ne furent pas de vains mots !

De Bougainville, l'aide de camp de Montcalm, fut chargé de porter ce cri de détresse à la Cour de France. Il trouva les esprits préoccupés par les échecs que venait de subir l'armée française en Allemagne. Toutes les forces et les ressources du royaume suffisaient à peine à les réparer. L'armée du Canada, si souvent victorieuse, n'excita qu'un médiocre intérêt.

On lui recommandait encore de tenir à tout prix, et on lui envoya un faible secours: « C'était peu, écri-
» vait de Montcalm ; mais le peu est précieux à qui
» n'a rien. »

Bien au courant des détresses de la France, Pitt se hâta de mettre en action toutes ses ressources pour triompher enfin du Canada.

James Wolfe, que ses talents et sa belle conduite à Louisbourg venaient d'élever au grade de major général, conduisait par le fleuve l'armée qui allait attaquer Québec. Il devait être rallié là par Amherst, général en chef, chargé de réduire les forts du lac Champlain.

Aussitôt après la prise de Niagara, le général Prideaux, à l'Est, devait, lui aussi, descendre le Saint-Laurent pour les rejoindre.

Des opérations sur une ligne aussi étendue ne pouvaient pas s'exécuter avec une grande précision.

Wolfe se trouva seul à son poste au moment fixé et sans relation possible avec les autres corps. Avec ses vingt mille hommes d'équipage et dix mille soldats presque tous d'élite, il ne désespéra pas du succès, et jeta l'ancre près de Québec, le 25 juin.

Du sort de cette ville dépendait celui de la colonie. De Montcalm l'avait compris, il y avait réuni les principales ressources de la défense. Les approches de la place, si bien défendue par elle-même, furent garnies de postes avancés. Toute la côte de Beauport, depuis la rivière Saint-Charles jusqu'à la chute du Montmorency, qui offrait les lieux les plus favorables au débarquement, devint un vaste camp retranché et fut protégée par des batteries et des redoutes. L'armée de défense, divisée en trois corps, attendit là l'ennemi.

Avant de commencer l'attaque, Wolfe fit un appel au peuple canadien, en le pressant de se jeter dans les bras de l'Angleterre pour éviter les horreurs de la guerre. Il faisait surtout valoir l'impossibilité de la résistance. Loin de produire l'effet désiré, ce manifeste qui ne gardait même pas les formes des convenances, imprima un nouvel élan à l'esprit patriotique et on ne songea plus qu'à repousser l'agresseur.

Pour préparer le bombardement de la ville, le général anglais fit occuper le plateau de la pointe Lévis en face de Québec, et dresser là les batteries de siége ; puis, il assit son camp assez près de celui de Beauport, mais de l'autre côté de la chute.

Suivi d'une forte division de l'armée de terre et de mer, Wolfe essaya, le 31 juillet, de forcer les lignes. Le défaut d'ensemble dans l'opération, les difficultés du terrain et l'énergie de la résistance, lui firent éprouver un grave échec, malgré les efforts inouïs de ses soldats.

Cependant le bombardement de la ville avait déjà commencé, et il se poursuivit avec acharnement pendant presque tout le mois de juillet. On ne tarda pas à en voir les suites désastreuses. La basse ville fut réduite en cendres. Les flammes dévorèrent aussi la cathédrale et une partie de la haute ville.

Les troupes anglaises descendaient sur les principaux points de la côte au-dessous et au-dessus de

Québec, et portaient partout le pillage et l'incendie.

Mais rien ne pouvait tenir lieu de la prise de la place, et le moment pressait; car la saison avançait et il était impossible de tenir la flotte dans les eaux du fleuve aux approches de l'hiver.

Le tempérament nerveux de Wolfe succombait sous le poids de ses inquiétudes et de son inaction pleine d'anxiété. Il résolut de tenter une surprise et d'aller attaquer les Français dans une position plus avantageuse pour eux que pour lui, mais où il espérait ne pas les trouver sur leurs gardes. Dans le but d'éloigner tout soupçon, la flotte fit pendant plusieurs jours des manœuvres le long de la côte au-dessus de Québec, et le colonel de Bougainville fut détaché à douze kilomètres plus haut pour surveiller ces mouvements.

Cependant, le 12 septembre au soir, quelques vaisseaux s'arrêtèrent sur la rive droite à six kilomètres de Québec, et les troupes de débarquement se tinrent prêtes (1).

Les bateaux gagnèrent la rive gauche et descendirent en silence. Au premier *Qui-vive!* poussé par une sentinelle française, un officier, qui savait très-bien la langue, répondit: « France! » avec le nom du

---

(1) En passant au milieu des bateaux pour donner ses derniers ordres, Wolfe s'entretenait du poëte Gray avec ses officiers, et citait ces vers de l'élégie sur le cimetière : « L'orgueil des » tyrans, la pompe du pouvoir et tous les biens que la fortune a » jamais pu donner, sont également soumis à l'heure inexorable. » Les sentiers de la gloire ne commencent qu'au tombeau. » — « Je serais plus fier, ajouta-t-il, d'avoir fait ces vers que de la victoire de demain sur les Français. »

régiment de la Reine. Wolfe avait appris que ce régiment devait escorter cette nuit-là même un convoi de vivres envoyé à Beauport.

Les Anglais arrivèrent ainsi sans encombre à l'Anse-au-Foulon, aujourd'hui l'Anse-de-Wolfe, au sud de la ville, et s'emparèrent du petit poste qui s'y trouvait. Les Écossais gravirent aussitôt la colline, et trouvèrent le sommet sans défense. C'était un des points les plus abruptes de la côte, et on l'avait regardé comme inaccessible.

Au lever du soleil, l'armée anglaise, forte de quatre mille hommes environ, était déjà rangée en bataille dans la plaine d'Abraham, devant les Buttes-à-Neveu, qui la couvraient contre le canon de la ville.

De Montcalm, toujours dans son camp de Beauport, n'apprit ce mouvement que lorsqu'il était complétement effectué. Il accourut avec tout ce qu'il put réunir de troupes; mais elles avaient une longue distance à parcourir, un coteau à gravir, et des champs de blé à traverser avant de rencontrer les Anglais qui avaient eu tout le loisir de prendre haleine et de se ranger en bataille.

Sur l'avis de ses officiers, de Montcalm se résolut immédiatement à l'attaque, pour ne pas laisser de nouveaux renforts venir fortifier les rangs de l'ennemi ni lui donner le temps de se retrancher. La fortune lui avait souri jusque-là; il la brava et cette fois elle le trahit.

De part et d'autre le combat s'engagea avec une égale ardeur. Sentant que l'action était décisive, les

MORT DE WOLFE

deux généraux payaient de leur personne avec un héroïsme que l'histoire a immortalisé ; l'un et l'autre en furent victimes.

Wolfe laissa les Français se précipiter en avant sans leur répondre. Au moment où ils approchaient en désordre de son armée, il fit faire une terrible décharge dont tous les coups portèrent. Les Français lâchèrent pied pour se reformer ; mais ils étaient poursuivis de si près, qu'il ne fut pas possible de les rallier.

Blessé légèrement dès le commencement de l'action, Wolfe avait continué de charger à la tête de ses grenadiers. Peu après, il fut frappé à mort. « Soute-» nez-moi, dit-il à l'un de ses officiers, afin que mes » soldats ne me voient pas tomber. » En même temps, il entend crier : « Ils fuient ! — Qui ? demande le héros expirant. — Les Français, » lui répond un soldat. « — Je meurs content, » dit Wolfe ; et il rendit le dernier soupir. Il n'avait que trente-quatre ans.

De Montcalm ne fut atteint d'un coup de feu que pendant qu'il dirigeait la retraite. On le porta à Québec. Apprenant qu'il n'avait plus que quelques heures à vivre, il répondit : « Le moins sera le mieux : je » ne verrai pas la reddition de la ville ! »

Recueillant alors un reste de forces, il écrivit au général anglais pour lui recommander ses soldats prisonniers ; puis, cessant de se mêler des affaires terrestres, il ne s'occupa plus que de son éternité. Il mourut en héros chrétien, le 14 septembre 1759, à l'âge de quarante-quatre ans.

A la nouvelle de ces désastres, le Gouverneur français fit lever précipitamment le camp de Beauport qu'il trouvait trop découvert, et se retira à Saint-Augustin, abandonnant ses bagages, son artillerie et ses munitions. Cette retraite était une véritable fuite et fut une faute irréparable.

Abandonné à ses faibles ressources, avec une garnison épuisée par un long bombardement et manquant de tout, de Ramezay, commandant de Québec, crut devoir accéder aux instances des habitants effrayés de la perspective d'un assaut. La ville se rendit le 18 septembre.

La joie de la conquête rendit les vainqueurs modérés. La capitulation garantissait aux Canadiens la liberté civile et religieuse, la conservation de leurs biens, de leur langue, de leurs coutumes et de leurs lois.

La prise de Québec semblait devoir entraîner la fin de la guerre. « Personne en Europe, dit Raynal, » ne pouvait imaginer qu'une poignée de Français » qui manquaient de tout, et à qui la fortune sem- » blait interdire même l'espérance, osassent songer » à retarder une destinée inévitable. »

Mais le vrai patriotisme ne se laisse pas abattre. Le chevalier de Lévis, qui remplaçait de Montcalm, se préparait à attaquer les lignes anglaises, quand il apprit la reddition de la place. Le succès devenait dès lors impossible.

Après avoir établi le camp retranché de Jacques-Cartier, afin d'opposer une barrière à l'ennemi, s'il

MORT DE MONTCALM

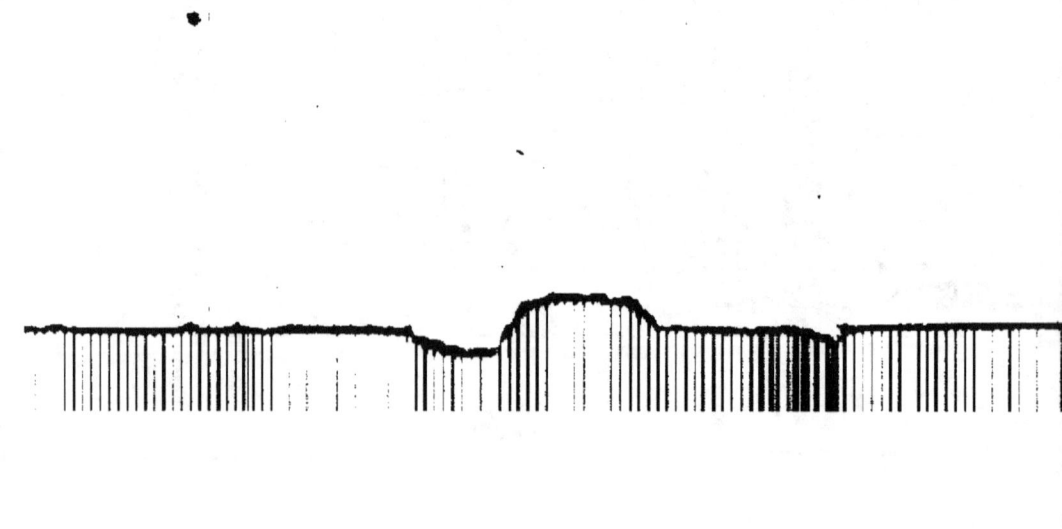

voulait remonter le fleuve, le jeune commandant concentra à Montréal tout ce qui restait de troupes et de milice. Persuadé qu'à l'ouverture de la navigation il recevrait quelques secours de France, il voulait combiner ses opérations avec leur arrivée.

La flotte s'éloigna et l'hiver se passa ainsi.

Dès le 20 mars 1760, avant même que le fleuve eût été entièrement débarrassé de ses glaces, l'armée française se mit en route pour Québec. Officiers et soldats, tous comprenaient la gravité de la situation : ils tentaient un suprême effort pour sauver la patrie.

Le secret et l'activité de la marche furent tels, que la petite armée était déjà près de Québec, que les Anglais la croyaient toujours dans ses quartiers d'hiver. Un incident fortuit donna l'éveil.

Dans une fausse manœuvre, un soldat français était tombé à l'eau. Il n'échappa à la mort qu'en se jetant sur un glaçon flottant que le courant conduisit sous les murs de la ville. On courut à son secours. Transi par le froid, il avait perdu connaissance ; des soins le ramenèrent à la vie ; se croyant toujours avec les siens, il parla de l'armée qui devait être tout près, et trahit ainsi sa présence.

Quand les Français s'avancèrent par la route de Notre-Dame-de-Foye, ils trouvèrent le général Murray avec quatre mille hommes pour leur barrer le passage, non loin du champ de bataille, théâtre de la victoire de Wolfe.

L'action s'engagea. Après deux heures d'efforts surhumains, l'armée française triompha. Les Anglais s'enfuirent précipitamment, en abandonnant leurs morts, leurs blessés et leur artillerie.

Le chevalier de Lévis fit aussitôt ouvrir la tranchée devant la ville, et le bombardement commença. Ses espérances se tournaient toujours vers le secours attendu de France. « Une seule frégate arrivée avant » la flotte anglaise eut décidé la reddition de Québec » et assuré la Nouvelle-France pour cette année (1). »

Six bâtiments avaient été en effet expédiés de Bordeaux, mais trop tard. Les croiseurs anglais les avaient prévenus, et leur barrèrent le passage dans le Saint-Laurent.

L'anxiété était grande à Québec et dans le camp français, quand le soir du 15 mai deux frégates anglaises parurent à l'horizon. Aussitôt qu'elles furent reconnues, l'enthousiasme de la garnison éclata en cris de joie frénétiques et en hourras prolongés.

Les Français perdaient leur dernière espérance. Le siége n'était plus possible et la retraite sur Montréal s'opéra le 17 mai. Ici allait se concentrer tout ce qui restait du Canada. L'Évêque de Québec, Msr de Pontbriant, s'y était déjà retiré après la défaite des Plaines. La mort vint l'y surprendre le 8 juin, et lui épargna la douleur de voir l'invasion complétée.

Les armées anglaises, chargées de l'attaque du Canada au Centre et à l'Ouest, avaient rencontré des obstacles sérieux avant de pénétrer dans le cœur du pays.

---

(1) *Lettre du chevalier de Lévis.*

Dans la campagne de 1759, Amherst avait occupé sur le lac Champlain les forts Carillon et Saint-Frédéric, qui avaient été successivement évacués et démantelés; avant d'attaquer Bourlamaque, dans le fort de l'Ile-aux-Noix, dernier rempart des Français de ce côté, il attendit les événements de Québec et commanda la même circonspection à l'armée de l'Ouest qui, le 24 juillet, s'était emparée du fort Niagara, malgré l'énergique résistance de la poignée d'hommes que commandait Pouchot.

Amherst ne reprit qu'en 1760 son mouvement en avant, lorsqu'il apprit la concentration des Français à Montréal. Le fort de l'Ile-aux-Noix, qui venait d'être évacué, découvrait cette ville au Sud. Un seul obstacle restait encore devant elle à l'Ouest. C'était le fort Lévis, dont les ruines portent aujourd'hui le nom fort peu poétique de l'Ile-aux-Cheminées. Deux cents braves y tinrent ferme pendant deux jours contre une armée de dix mille hommes, à la tête de laquelle Amherst était venu se placer en personne (1).

Le 6 septembre 1760, l'armée anglaise forte de dix-sept mille hommes, avec une nombreuse artillerie, était réunie devant Montréal protégé par une simple enceinte murée, propre tout au plus à arrêter une

---

(1) Pouchot raconte, dans ses Mémoires, que, lorsque les ennemis furent entrés, ne voyant que quelques soldats dispersés dans le poste et une soixantaine de miliciens, ils demandèrent où était la garnison; le commandant leur répondit qu'ils la voyaient tout entière. Ils ne pouvaient pas revenir de leur étonnement.

irruption des Sauvages. L'armée française, dans ses murs, était alors réduite à trois mille combattants et à six pièces d'artillerie. La résistance ne pouvait pas être longue.

Dans la crainte d'irriter le vainqueur et de rendre la capitulation plus onéreuse, le Gouverneur de Vaudreuil, d'accord avec le Conseil de guerre, se décida à mettre bas les armes. Bougainville fut chargé d'entamer les négociations, et, dès le lendemain, 8 septembre, les conditions proposées furent acceptées, moins les honneurs militaires, hommage qu'un vainqueur généreux ne refusa jamais au courage malheureux.

Des régiments français, retirés dans la petite île Sainte-Hélène, devant la ville, brûlèrent leurs drapeaux plutôt que de les laisser servir au triomphe de leurs ennemis, et le chevalier de Lévis brisa son épée pour ne pas la livrer.

Il voulait résister jusqu'à la mort. Mais l'intérêt public et la voix de son chef l'emportèrent sur ce premier mouvement de bravoure chevaleresque. Il se rendit en protestant contre le traitement fait aux troupes, qui auraient dû mériter plus d'attention de la part de M. de Vaudreuil et plus d'estime de celle du général Amherst.

Cette capitulation, basée sur celle de Québec, complétait la conquête de tout le Canada. Elle ne fut consommée que par le traité de paix de Fontainebleau du 16 février 1763. Toute la Louisiane jusqu'au fleuve Mississipi partagea le même sort. « C'était pour la

» France, s'écrie Dussieux, pour sa religion et pour
» sa civilisation, s'effacer en Amérique, et livrer le
» nouveau monde à la race anglaise. » Les ministres de Louis XV ne le comprirent pas.

La Cour de Versailles semblait en effet ne pas attacher une grande importance à ces sacrifices. L'Angleterre, au contraire, en sentait tout le prix, surtout au moment où ses propres colonies, difficiles à gouverner, semblaient lui faire pressentir que tôt ou tard elles secoueraient le joug de la métropole.

L'éloge de Wolfe fut célébré par Pitt en plein Parlement, et l'Angleterre reconnaissante lui donna une tombe à Grenwich et un magnifique mausolée à Westminster. Quand la tranquillité fut complète, on éleva à Québec un obélisque dont l'inscription (1) immortalise avec impartialité les noms des deux héros qui succombèrent en se combattant. Deux autres monuments perpétuent encore leur mémoire : l'un en l'honneur de Wolfe, sur le champ de bataille où il mourut ; l'autre en l'honneur de Montcalm, dans la chapelle des Ursulines où il fut enterré.

Ainsi passa de la France à l'Angleterre une contrée beaucoup plus vaste que l'Europe. La contrariété des éléments, les fautes et les erreurs des hommes et les décrets de la Providence enlevèrent à la France la plus ancienne de ses colonies et le plus beau fleuron de sa couronne.

(1) *Mortem virtus — Communem famam historia — Monumentum posteritas dedit.* « Ils doivent à leur courage le même trépas, à l'histoire le même renom, à la postérité le même monument. »

Elle s'émut à la nouvelle de cet immense désastre, et la voix publique s'éleva avec tant d'indignation contre les dilapidations scandaleuses qui avaient causé la ruine du Canada, que le faible gouvernement de Louis XV fut obligé de sévir. Par arrêt du conseil d'État, du 12 décembre 1761, contre-signé par le duc de Choiseul, et par lettres patentes du Roi, du 17 du même mois, des poursuites furent ordonnées contre » les auteurs des monopoles, abus, vexations et pré- » varications, qui avaient été commis en Canada ». Le lieutenant général de police de Sartine et vingt-sept juges au Châtelet furent chargés de juger le procès sommairement et en dernier ressort.

Le marquis de Vaudreuil, Bigot, Varin, Cadet, Péan et cinquante autres accusés, furent compris dans les poursuites; les uns étaient contumax, les autres furent « arrêtés et recommandés, sous le bon plaisir du Roi, à la Bastille ». C'étaient des gardes-magasins, des négociants, des officiers, des commandants des forts, les uns prévenus de complicité et de connivence, les autres de négligence ou de complaisance coupable. Le procès dura quinze mois et le jugement fut rendu le 10 décembre 1763. Il portait :

« L'intendant Bigot banni à perpétuité du royaume, ses biens confisqués, 1,000 livres d'amende, 1,500,000 livres de restitution ;

» Le subdélégué de l'Intendant, Varin, banni à perpétuité du royaume, ses biens confisqués, 1,000 livres d'amende, 800,000 livres de restitution ;

» Le contrôleur de la Marine, Bréard, banni pour

neuf ans de Paris, 500 livres d'amende, 300,000 livres de restitution ;

» Le munitionnaire général des vivres, Cadet, banni pour neuf ans de Paris, 500 livres d'amende, 6,000,000 livres de restitution (1) ;

» Pénisseault et Maurin, associés et commis de Cadet, à Montréal, bannis pour neuf ans de Paris, 500 livres d'amende, 600,000 livres de restitution chacun ;

» Corpron, associé et commis de Cadet dans les bureaux de Québec, condamné à être admonesté en la Chambre, 6 livres d'aumône, 600,000 livres de restitution ;

» Estèbe, conseiller honoraire du Conseil supérieur, garde des magasins du Roi à Québec, condamné à être admonesté, 6 livres d'aumône, 30,000 livres de restitution ;

» Martel de Saint-Antoine, garde des magasins du Roi, à Montréal, condamné à être admonesté, 6 livres d'amende, 100,000 livres de restitution. »

Il était ordonné que ces huit condamnés garderaient prison au château de la Bastille jusqu'au payement intégral des restitutions prononcées.

Péan, capitaine aide-major des troupes de la Marine, après plus ample informé, fut mis hors de cour, c'est-à-dire, que les preuves ne parurent pas suffisantes

---

(1) Cadet réclamait au gouvernement dix ou onze millions qu'il prétendait lui être dus. Pour être quitte, on le réhabilita, dit Soulavie.

pour asseoir une condamnation ; cependant, attendu les gains illégitimes qu'il avait réalisés dans les différentes Sociétés dans lesquelles il avait été intéressé, il dut restituer à Sa Majesté la somme de 600,000 livres et garder prison jusqu'à la restitution.

Le marquis de Vaudreuil et cinq autres prévenus furent déchargés de l'accusation.

Parmi les contumax, Landrivrière, commissaire de la Marine au fort Carillon, banni pour neuf ans de Paris, fut condamné à 500 livres d'amende et 100,000 livres de restitution ;

Descheneaux, secrétaire de Bigot, banni pour cinq ans de Paris, eut 50 livres d'amende et 300,000 livres de restitution ;

Cinq autres furent condamnés au bannissement de Paris pendant cinq ou trois ans et à une légère amende.

Un plus ample informé fut ordonné contre vingt-six accusés. Plusieurs vinrent plus tard se constituer volontairement prisonniers et furent mis hors de cour.

La morale publique était en partie satisfaite : les plus grands coupables étaient atteints ; mais le mal ne fut pas réparé. Un gouvernement sage y eût avisé plus tôt ; car les avertissements ne lui avaient pas manqué (1).

---

(1) Voir entre autres la Correspondance secrète d'André Doreil, commissaire des guerres, à M. le maréchal de Belle-Ile et autres ministres, publiée par L. Dussieux dans *le Canada sous la domination française*. — On trouve dans le même ouvrage le jugement et les noms de tous les inculpés dans le procès.

Bigot avait publié un Mémoire justificatif dans lequel il eut l'impudeur d'attaquer de Montcalm. La mère et la veuve, en son nom et au nom des enfants de ce pur et loyal soldat, portèrent plainte contre le calomniateur. La Commission, faisant droit à leur requête, ordonna « que les termes injurieux à la mémoire du marquis de Montcalm, insérés dans la justification de Bigot, et notamment le terme de délateur, demeureraient supprimés comme calomnieux; » et il fut permis aux dames de Montcalm de faire imprimer cette partie du jugement (1).

Le marquis de Vaudreuil, accablé de chagrin, traîna quelque temps une vie languissante et mourut. Il avait contribué par sa faiblesse, sa jalousie et son mauvais vouloir, à consommer la ruine du Canada, qu'il eût pu retarder et peut-être même prévenir s'il eût secondé les vues et les plans du général de Montcalm, et si un sentiment de vanité et de susceptibilité mesquine ne l'eût pas porté à atténuer et à dissimuler les abus et les crimes que le brave et généreux commandant des forces militaires ne craignait pas de démasquer et de poursuivre de sa légitime indignation.

(1) Voir, pour tout ce qui concerne ces tristes événements et pour le texte de la capitulation de Québec, l'ouvrage intitulé : *Le marquis de Montcalm et les dernières années de la colonie française en Canada*, par le R. P. F. Martin, de la Compagnie de Jésus. — Paris, Téqui, libraire-éditeur, rue de Mézières, 6 ; 1875, un vol. in-12.

XIII

DOMINATION ANGLAISE

Le général Murray (1760-1764). — Guy Carleton (1764-1778). — Insurrection et indépendance des colonies anglaises. — Le général Haldiman (1778-1780). — Lord Dorchester (1780-1796). — Le général Prescott (1796-1799). — Sir Robert Milnes (1799-1807). — Sir James Craig (1807-1811). — Le général sir Georges Prévost (1811-1815).

Le Roi d'Angleterre, Georges II, survécut peu au triomphe de ses armées et mourut le 25 octobre suivant. La paix n'était pas encore réglée. Les habitants du Canada ne pouvaient pas croire que leur sort fut définitif et qu'ils ne devaient plus compter avec la France. Le ministre de Choiseul eut quelques velléités de retenir encore cette colonie, comme compensation des victoires de la France en Allemagne ; mais les événements donnèrent bientôt à l'Angleterre le droit de se montrer exigeante: elle venait de remporter un nouveau triomphe sur la France et sur l'Espagne, son alliée, dans le golfe du Mexique.

Aussi haineux que hautain, Pitt poussa ses exigences avec une exagération qui indigna même ses compatriotes. On l'entendit dire en plein Conseil :

« Le moment est venu d'humilier la maison de
» Bourbon ! »

« L'histoire impartiale, ajoute Bancroft, donnera
» la palme de la modération au jeune souverain
» Georges III, qui n'ambitionnait de conserver sa
» conquête qu'au prix d'une paix raisonnable. »

Elle fut conclue le 10 février 1763. De ses immenses possesions en Canada il ne resta à la France que les deux petites îles de Saint-Pierre et de Miquelon, au sud de Terre-Neuve, et le droit de pêcherie sur les côtes de la grande île.

Jusqu'à la publication de ce traité de paix, l'administration du Canada était restée purement militaire, entre les mains du général Murray. Il usa du pouvoir avec modération, afin de ne pas s'aliéner les anciens habitants. Mais, loin de se rapprocher de leurs nouveaux maîtres, ceux-ci se retirèrent sur leurs terres et vécurent isolés, occupés à relever leurs ruines et à réparer leurs pertes. Bien des années s'écouleront avant qu'ils surmontent leur défiance et leur antipathie.

La proclamation de Georges III, datée du mois d'octobre 1763, publia le traité de Fontainebleau et régla l'administration de la colonie. Le Roi garantissait aux Canadiens le libre exercice de la religion catholique et maintenait la dîme et les établissements religieux. Les Jésuites et les Récollets étaient seuls exceptés ; on les laissait seulement jouir de leurs biens jusqu'à la mort du dernier survivant

La loi nouvelle établissait dans le pays une Chambre d'assemblée et des Cours de justice avec obligation de suivre le code anglais. C'était une maladresse. L'impopularité et même l'impossibilité de cette mesure forcèrent le Gouverneur à ne pas l'appliquer et à maintenir les anciennes lois et les coutumes du droit civil.

En même temps la division territoriale était modifiée. Terre-Neuve, la Nouvelle-Écosse et plus tard le Nouveau-Brunswich, furent détachés du Canada proprement dit, pour former des provinces séparées, démembrement qui lui fut fatal, parce qu'il le dépouillait d'une partie de son commerce et de ses richesses.

Le mauvais choix de certains officiers de la Couronne nuisit beaucoup à la fusion des deux races française et anglo-saxonne et à l'entière pacification des esprits. « Ces magistrats, écrivait Murray au Mi-
» nistre, haïssent la noblesse canadienne à cause de sa
» naissance et des titres qu'elle a à leur respect. Ils
» détestent les autres habitants, parce qu'ils les voient
» soustraits à la domination qu'ils voulaient exercer

» sur eux. » Les haines religieuses étaient l'un des mobiles de ces vexations, et on vit des Anglais fanatiques, s'appuyant sur les lois tyranniques d'Élisabeth, pousser leurs prétentions jusqu'à vouloir exclure les catholiques de tous les emplois publics. Le Gouverneur fut assez sage pour refuser de se prêter à de pareilles exigences ; mais il ne put se prémunir contre les plaintes que les mécontents portèrent à la Cour, et il fut révoqué.

La conquête du Canada par l'Angleterre entraînait nécessairement la soumission des Sauvages du pays. Les tribus de l'Ouest comprenaient autrement leur indépendance. Loin de reconnaître le changement, elles résolurent d'en profiter, en 1763, pour recouvrer leur pleine et entière liberté, et expulser les Blancs des territoires des grands lacs.

Le héros de cette lutte, qui compromit un moment la pacification du pays, fut un Ottaouais, nommé Pontiac. Courageux et intelligent, il avait ce caractère d'audace nécessaire à un chef de parti. A sa suite se rangèrent les Miamis, les Ottaouais, les Wyandots, les Illinois et les Pouteouatamis. Pour colorer cette résistance et se ménager l'appui des Français restés dans le pays, ils publiaient partout qu'ils ne prenaient la hache de guerre qu'au nom de la France, quoiqu'elle fût entièrement étrangère à ce mouvement.

Des succès brillants couronnèrent les débuts de ce chef intrépide, et il se rendit maître de neuf postes militaires qui lui ouvraient tous les passages.

La ruse le servait aussi bien que son courage. Il

surprit ainsi le fort de Missillimakinac qu'il n'espérait pas emporter de vive force. Des Sauvages s'arrêtèrent quelque temps dans ses environs comme pour chasser. Rien ne faisait soupçonner leurs projets hostiles. Ils avaient même des relations amicales avec la garnison. Sous le prétexte d'une solennelle partie de jeu de crosse entre deux tribus, ils invitèrent les soldats à y assister. Elle avait lieu près du fort.

La partie paraissait bien engagée, quand la balle fut lancée, comme par hasard, vers la porte du fort. Les joueurs se précipitèrent en masse de ce côté, et tout à coup aux cris de joie succéda le cri de guerre. Les femmes, qui ne semblaient assister au jeu que comme spectatrices, donnèrent aux guerriers leurs haches qu'elles tenaient cachées sous leurs vêtements, et en un instant la garnison désarmée et sans défiance était massacrée avant d'avoir eu le temps de se reconnaître.

Pontiac voulait compléter son plan en s'emparant encore de Niagara, de Pittsburg et de Détroit. Devant cette dernière ville s'accomplit son plus beau fait d'armes. Le commandant s'étant porté en avant contre lui avec toutes ses troupes, éprouva une défaite complète et y perdit la vie.

L'enivrement du succès rendait le fier Sauvage téméraire et cruel. Il trouva enfin dans le colonel Bouquet un adversaire qui parvint à l'arrêter et à le vaincre. Sa révolte avait duré trois ans; elle s'éteignit avec lui.

A la même époque, un embarras autrement sérieux

pour l'Angleterre et plus compromettant pour le Canada commençait à se développer dans les anciennes colonies anglaises d'Amérique. A l'occasion d'une loi de finances qui imposait de nouvelles taxes aux colonies, pour faire face aux dépenses de la guerre, le mécontentement prit des proportions alarmantes. Se croyant lésées dans le droit qui paraissait acquis de ne supporter aucune charge sans le concours de leurs réprésentants, elles portèrent leurs plaintes jusqu'au pied du trône, mais inutilement.

La loi du timbre de 1765 poussa l'irritation à son comble dans les Provinces-Unies, et y provoqua l'exclusion des marchandises anglaises pour l'usage habituel de la vie. L'agitation prit bientôt des formes régulières, avec cet ensemble et cet accord qui doublent les forces de la résistance.

L'Angleterre, ne voyant encore dans ce mouvement qu'une insubordination sans consistance et sans danger pour elle, crut pouvoir l'arrêter facilement en frappant quelques coups de vigueur à Boston où était son foyer. Elle y envoya des troupes. Mais cette mesure et les menaces qui l'appuyaient, loin de calmer les esprits, produisit dans tout le pays une exaspération dont on ne pouvait plus se dissimuler les conséquences.

Le gouvernement anglais voulut alors entrer dans des voies de concessions et d'accommodements; elles furent sans résultats. Le temps se passait en demi-mesures et en inutiles essais de rapprochement entre les partis. Le mal allait croissant, et l'orage devenait de plus en plus menaçant. A l'arrivée à Boston de quelques cargaisons de thé, dont la taxe subsistait toujours, il éclata. Le peuple ne voulut pas en permettre le débarquement. Dans le tumulte, quelques hommes travestis en guerriers sauvages montèrent à bord, brisèrent les caisses et les jetèrent à la mer.

Il n'y avait plus de ménagements possibles. Abandonner cette colonie ou décourager les mécontents, en les forçant à la soumission, était la seule alternative qui restât. Toute l'éloquence d'Edmond Burke ne put empêcher l'adoption par le parlement anglais des mesures les plus violentes.

Ce fut le signal de la première levée de boucliers. Pour rendre la résistance efficace, un Congrès des douze provinces, représentant trois millions d'hommes, s'assembla à Philadelphie, le 5 septembre 1774, et en appela aux armes. L'embrasement devint bientôt général. La rupture ne fut cependant consommée que le 4 juillet 1775, par la promulgation de l'Acte d'indépendance.

Le Canada était trop voisin du théâtre de l'agitation pour y rester complétement étranger. Les Provinces soulevées avaient d'ailleurs trop d'intérêt à ne pas laisser cet appui et cette retraite à l'Angleterre, pour ne pas chercher à entraîner dans leur parti les colons d'origine française qu'ils croyaient toujours très-peu affectionnés à leurs nouveaux maîtres. La Convention de Philadelphie leur adressa donc une invitation pressante pour les engager à faire cause commune avec elle.

Ils furent sourds à cet appel. Ils n'avaient pas d'ailleurs, comme les autres provinces, à revendiquer des prérogatives dont ils n'avaient jamais joui. Il n'existait entre eux et leurs voisins aucune similitude de vues et d'intérêt. Leur origine n'était pas la même, et leurs relations mutuelles se ressentaient encore de la dernière guerre à laquelle les Américains avaient pris une part si active. Enfin la différence de mœurs et d'opinion politique et religieuse maintenait le Canada dans l'isolement.

Le clergé contribua beaucoup à retenir les Canadiens dans cette ligne. Mgr Olivier Briand qui, en 1766, avait succédé à Mgr de Pontbriant comme évêque de Québec, fit valoir avec force le serment de fidélité qu'ils avaient juré à leurs nouveaux maîtres. Sa voix avait d'autant plus d'autorité qu'on connaissait toute l'énergie de son caractère pour défendre contre le pouvoir civil l'indépendance de l'Église ou l'intégrité de la Foi. Dans une circonstance difficile, il répondit sans crainte à une demande inique du Gouverneur : « Votre Excellence peut prendre la » tête de Briand ; mais il ne dépend pas d'Elle de » lui faire commettre une injustice. » Grâce à cette fermeté la religion fut respectée.

Devant l'attitude menaçante des Provinces-Unies, l'Angleterre, justement alarmée, n'avait pas hésité à améliorer le sort des Canadiens, afin de les attacher davantage à sa cause. La Constitution à laquelle on a donné le nom d'Acte de Québec leur fut concédée en 1774.

Cette loi reculait les limites tracées à la province de Québec. Elle garantissait aux catholiques leurs droits religieux, leur admissibilité aux charges publiques, et les exemptait du serment du test, contraire à leur conscience. Les anciennes lois civiles étaient rétablies, et un Conseil législatif recevait la mission de prendre une part active à l'administration du pays.

Trompé dans son attente, le gouvernement improvisé de Philadelphie voulut non-seulement rompre toute relation avec les Canadiens, mais prévenir toute attaque de ce côté, en s'emparant des principaux postes de la frontière. Les volontaires de Vermont et du Connecticut furent jetés en avant, en 1775, et enlevèrent sans difficulté les forts du lac Champlain.

Ce n'était qu'un essai. Afin de créer un embarras sérieux au moment où Washington, chargé de commander les révoltés, s'avançait contre Boston, deux corps d'armée pénétraient en Canada, l'un par le lac Champlain, l'autre par le Kénébec. Le premier, sous les ordres de Schuyler que remplaça bientôt Montgoméry, marcha de succès en succès, et atteignit sans peine les bords du Saint-Laurent en face de Montréal.

A ces nouvelles alarmantes, Guy Carleton, successeur de Murray, proclama la loi martiale, et voulut forcer les Canadiens à prendre les armes; mais, malgré la conquête, ils ne se croyaient pas nécessairement soldats de leurs nouveaux maîtres. Ils se rappelaient que ceux-ci, au moment de l'invasion, avaient exigé d'eux, sous peine de mort, une neutralité absolue.

Pour ne pas susciter des embarras qui pouvaient de plus en plus compliquer la position, Carleton dut se borner aux enrôlements volontaires. Ils furent nombreux, surtout quand la voix de la religion eut éclairé les consciences.

Les conditions les plus avantageuses étaient offertes à cette milice. Chaque soldat recevait deux cents acres de terre; cinquante de plus, s'il était marié, et cinquante à chacun de ses enfants. L'engagement cessait avec la guerre.

Dans l'impossibilité de se maintenir à Montréal qui était sans défense, le Gouverneur concentra toutes ses forces à Québec, dont le sort allait décider de celui de la colonie entière.

Montgoméry entra sans coup férir à Montréal le 12 novembre 1775; mais il était en retard. Malgré les difficultés inouïes de la route, l'autre armée d'invasion, commandée par le colonel Arnold, parut le 8 novembre à la pointe Lévis, en face de Québec. Dans cette prévision, tous les bateaux de la côte sud du fleuve avaient été enlevés, et cette adroite précaution sauva Québec.

Arnold ne parvint à passer le fleuve que le 14, et il fut bientôt rallié par Montgoméry; mais Carleton avait eu le temps de se mettre en mesure de résister.

La situation de l'ennemi devenait chaque jour plus critique. Les premières atteintes de l'hiver, si rigoureux dans ces contrées, surtout pour une armée en campagne, se faisaient déjà sentir. Néanmoins la place fut investie et le siége s'ouvrit au milieu des froids excessifs du mois de décembre. C'était presque tenter l'impossible.

Pour arriver à un plus prompt dénouement, Montgoméry voulut opérer une surprise. Elle lui fut fatale.

Le dernier jour de décembre, à la faveur d'une neige abondante qui devait dérober sa marche, le général américain, à la tête de l'élite de ses troupes, s'avança jusqu'au pied de la citadelle. En même temps, afin de faire diversion, une fausse attaque avait lieu sur la porte Saint-Jean et la basse ville.

Malgré ses précautions, Montgoméry avait été découvert, et au moment où, plein de confiance et de sécurité, il croyait toucher à son but, une terrible décharge d'artillerie foudroya toute sa colonne. Il tomba mort avec la plupart de ses soldats. Le Gouverneur anglais rendit hommage à sa bravoure en lui faisant de pompeuses funérailles. Son nom, gravé sur la pierre au lieu même où il succomba, perpétue le souvenir de cette téméraire tentative.

Arnold, qui conduisait l'autre attaque, ne fut pas plus heureux. Blessé grièvement à la jambe, il fut forcé de se retirer et fut suivi de son armée. Ce grave échec ne découragea pas pourtant les Américains; ils essayèrent plusieurs fois de le réparer, mais toujours sans succès, et ils ne purent que se maintenir dans leurs campements jusqu'au printemps. Le 5 mai, l'arrivée d'une flotte anglaise apportant des secours les força de déguerpir.

L'armée en retraite, ou plutôt en pleine déroute, fut ralliée par les postes dispersés à Chambly, à Saint-Jean, à l'Ile-aux-Noix et à Montréal. En peu de jours le pays fut délivré des envahisseurs et rendu à la sécurité.

Pour que cette tentative armée contre le Canada fût plus efficace, les Américains avaient mis en jeu tous les moyens de persuasion. Des agents politiques travaillèrent à gagner les esprits à leurs idées de révolte et à entraîner les populations dans leurs projets. Discours, pamphlets, intrigues, rien ne fut négligé, mais tout fut inutile. John Caroll et le célèbre Franklin furent députés à Montréal dans le but d'obtenir une adhésion ; mais les Canadiens n'avaient pas oublié que, quinze ans auparavant, ce même Franklin avait été l'ardent promoteur de leur séparation de la France, et avait poussé l'Angleterre à consommer la conquête de leur pays.

Le Gouverneur, Carleton, ne laissa pas les envahisseurs se retirer tranquillement. Il les poursuivit avec ardeur, et leur fit subir des pertes considérables. Les ayant attaqué avec une flottille qu'il avait équipée sur le lac Champlain, et qui comptait l'illustre Nelson parmi ses lieutenants, il les battit et les combats de l'île Valicourt et de Crawn-Point achevèrent son triomphe. Les Sauvages du Canada eux-mêmes ne restèrent pas étrangers à cette lutte. Ils prirent les armes et se montrèrent sujets belliqueux et fidèles.

Après ces jours d'agitation et les malheurs qu'entraîne inévitablement une invasion ennemie, le Canada vit renaître le calme et la sécurité si nécessaires au bonheur et au développement des nations ; mais, aveuglés par les préjugés de l'hérésie, ses nouveaux maîtres, tout en accordant en apparence une entière liberté à la religion, avaient introduit dans le traité de paix des clauses qui lui étaient fatales. Ils avaient fermé l'entrée du Canada à l'immigration des prêtres de France, et avaient exigé la suppression des Jésuites et des Récollets. Ces religieux avaient défense de recevoir des novices. On laissait seulement aux survivants la liberté d'attendre en paix la mort sur ce sol, théâtre des travaux de leurs Pères depuis plus d'un siècle et demi (1).

Les vides se multipliaient dans les rangs du clergé séculier, et les ressources qu'offrait le pays, pour les combler, étaient insuffisantes. Dans cette pénurie de prêtres, l'Évêque de Québec s'était vu forcé de laisser s'éteindre, en 1773, le Chapitre de sa cathédrale, qui comptait un siècle d'existence.

Le Canada trouva dans l'activité du zèle des Directeurs des séminaires de Québec et de Montréal un remède à ces malheurs. Ils se livrèrent avec une sainte ardeur à l'éducation de la jeunesse et à la for-

(1) Le gouvernement anglais, qui convoitait la succession de ces deux familles religieuses, n'attendit pas leur extinction totale pour s'emparer de leurs biens. La plus grande partie du collége des Jésuites fut prise pour caserne, et le terrain du couvent des Récollets servit à élever la cathédrale anglicane et le palais de justice.

mation de nouveaux prêtres, qui se multiplièrent peu à peu. Le pays put enfin se suffire à lui-même, et pourvoir aux besoins religieux de la population croissante et même à l'entretien et au développement des Missions lointaines.

La tranquillité dont jouissait le Canada était loin de se rétablir dans la colonie, sa voisine. Le cri de révolte n'avait fait que se développer, et il retentissait dans toutes les provinces. Tout le pays était en feu, et, dans la prévision des efforts suprêmes que l'Angleterre ne manquerait pas de tenter, la résistance s'organisait partout. Il fallait triompher à tout prix ou s'attendre à voir s'aggraver le joug oppressif, vraie cause de tout le désordre.

Après bien des tentatives d'accommodements pacifiques, l'Angleterre entreprit la répression par la force. Ses armées portèrent la lutte au centre des contrées les plus agitées, mais avec des alternatives de succès et de revers qui révélaient toute la force de la résistance.

En 1776, le général Carleton fut chargé d'une attaque par le Nord. Il devait d'abord se rendre maître de la navigation du bassin du lac Champlain, jusque-là au pouvoir des Américains. Les Anglais avaient toute une flotte à créer pour l'opposer à celle de l'ennemi. Pour déguiser et aussi pour hâter leurs préparatifs, ils firent venir d'Angleterre des bâtiments complets, mais démontés, et avec eux les ouvriers qui devaient en assembler les pièces.

On vit bientôt flotter sur les eaux du lac Champlain

cette escadre improvisée, qui put provoquer l'ennemi au combat et le vaincre ; mais le général Arnold mit le feu à ses vaisseaux, pour ne pas les laisser entre les mains du vainqueur.

Ce combat avait lieu le 3 novembre : la saison était désormais trop avancée pour continuer les opérations et attaquer les autres forts.

Rentré en Canada pour se préparer à la campagne suivante, Carleton apprit qu'il avait été supplanté par le général Burgoyne, membre de la Chambre des communes. Ce dernier avait déjà pris part à la guerre d'Amérique. De retour en Angleterre, il avait fait prévaloir son plan d'attaque, et avait été chargé de l'exécuter. Il devait achever l'occupation du lac Champlain et du lac George, pousser plus avant pour s'emparer d'Albany et rallier les armées anglaises qui guerroyaient dans le Sud.

Burgoyne arriva à Québec le 6 mai avec des secours de toute nature. Il se mit à la tête d'une petite armée de sept mille hommes de troupes régulières renforcées d'un corps de volontaires canadiens et de quelques Sauvages, dont l'insubordination et la cruauté furent un embarras plutôt qu'une aide.

La campagne s'ouvrit sur le lac Champlain et le lac George par d'heureux et faciles succès. Au delà, l'armée anglaise trouva des difficultés graves et imprévues. Les routes avaient été rendues impraticables pour les bagages, et même pour la troupe. Le pays était désert et dénué de toutes ressources.

Après quarante jours de combat et de marche pénible, Burgoyne atteignit enfin Saratoga. Au lieu d'y trouver une position favorable, il se vit bientôt cerné par un ennemi qui avait eu le temps de réunir des forces considérables. Privé de toute espérance de secours, et n'ayant qu'une armée trop inférieure en nombre, Burgoyne fut forcé de mettre bas les armes et de se constituer prisonnier avec son armée.

Les autres généraux anglais soutinrent mieux la lutte dans le Sud.

En paix avec l'Angleterre, la France avait d'abord paru étrangère au mouvement insurrectionnel des colonies anglaises. Elle laissait cependant ses sujets prendre part au conflit. Ses sympathies parurent même si peu douteuses au Congrès des Provinces-Unies, qu'il députa l'illustre Franklin pour engager le gouvernement français à épouser sa cause. L'habile négociateur finit par obtenir un succès complet. Le traité fut conclu en 1777, et la France envoya en Amérique des secours puissants.

Cependant, malgré d'énergiques efforts et quelques succès partiels, l'Angleterre voyait la révolte grandir chaque jour et se fortifier. La guerre devenait désastreuse pour elle, et plus le dénouement s'éloignait, plus ses forces s'affaiblissaient. Elle comprit enfin qu'elle ne pouvait pas prolonger la lutte indéfiniment sans voir diminuer ses chances de réussite. En 1783, elle se décida à traiter avec ses colons révoltés, pour reconnaître leur indépendance et sanctionner leur séparation.

Cette décision suprême intéressait le Canada. La

lutte était trop voisine pour ne pas troubler son repos, et entraver son commerce. Il vit établir une ligne de frontières resserrant ses limites, en même temps que bon nombre de familles, fidèles au drapeau anglais, quittaient le sol de la nouvelle république pour venir s'installer sur son territoire vaste encore, quoique diminué. L'influence des Français fut amoindrie par ce surcroît de population.

La guerre avait empêché d'inaugurer le nouveau Conseil législatif. Carleton s'empressa de le réunir en 1777, quand il vit la lutte se concentrer dans les contrées éloignées du Canada. Un des premiers actes que le Conseil sanctionna, fut de reconnaître les droits de la langue française dans les discussions. Puis, il s'occupa de l'organisation de la milice et de l'administration de la justice. Ces mesures renfermaient des dispositions qui pouvaient devenir facilement vexatoires; elles excitèrent de violents murmures.

Malheureusement pour le Canada, le Gouverneur Carleton fut alors remplacé par le général Haldiman, Suisse de naissance, plus fait pour commander une armée que pour administrer une province. Il crut devoir agir avec une inflexible rigueur, comme si le Canada allait être envahi par la révolution qui troublait les colonies voisines. Attribuant à l'esprit de révolte les plaintes et les mécontentements auxquels il ne donnait que trop d'occasions, il fit jeter en prison, et pour le moindre prétexte, bon nombre de citoyens, même parmi les plus honorables. Sa conduite arbitraire et violente ne semblait guidée que par le despotisme le plus absolu.

De son côté, la population anglaise, toujours mécontente de l'Acte de 1774, trouvait excessifs les avantages accordés aux Canadiens français. Ceux-ci sollicitaient pour le pays un gouvernement purement constitutionnel, le droit de *l'habeas corpus*, c'est-à-dire qu'un prévenu pût être élargi sous caution, et enfin le rappel du Gouverneur. Les deux derniers points furent accordés.

Carleton, élevé à la pairie sous le nom de lord Dorchester, revint en Canada comme Gouverneur, le 21 octobre 1786. Suivant ses instructions, il fit faire des enquêtes détaillées sur l'état du pays et sur les moyens de remédier aux maux dont on se plaignait.

Il envoya ses informations en Angleterre et s'étudia avec ardeur et intelligence à subvenir aux premiers besoins, et à favoriser tout ce qui pouvait imprimer un nouvel élan à la prospérité publique. Cette conduite aida beaucoup à calmer les esprits, et quand le prince William Henri, qui fut plus tard le roi Guillaume IV, vint visiter le Canada en 1789, il n'eut à recueillir que des témoignages de respect et de dévouement. C'était la première fois que la colonie voyait un prince du sang.

En 1791, le Parlement anglais prit en considération les nombreuses demandes que lui avait adressées le Canada, pour substituer une forme définitive au régime provisoire suivi jusque-là.

L'illustre William Pitt, qui eut la gloire d'égaler,

peut-être même de surpasser son père, lord Chattam, fut le promoteur de cette nouvelle Constitution. Elle divisait le Canada en deux provinces, pour faire cesser la rivalité qui existait entre les Canadiens et les Anglais. Chaque province devait avoir un Conseil législatif nommé par la Couronne et une Chambre d'assemblée élue par le peuple. Le Gouverneur avait en outre près de lui un Conseil exécutif dont les onze membres étaient nommés par le Roi.

Le Canada se trouvait ainsi à son quatrième gouvernement depuis trente et un ans : la loi martiale, de 1760 à 1763 ; le gouvernement militaire, de 1763 à 1774 ; puis le gouvernement civil absolu, de 1774 à 1791, et enfin le gouvernement constitutionnel proprement dit.

La nouvelle Constitution entra en vigueur le 26 décembre 1791 ; elle garantissait encore une fois aux catholiques le libre exercice de leur religion. La population des deux provinces s'élevait alors à environ 135,000 âmes, dont 10,000 dans le haut Canada. Les Anglo-Canadiens entraient à peine pour un neuvième dans le chiffre total; mais ils avaient, dans le haut Canada, la prépondérance du nombre et des richesses.

Dès le mois de juin suivant, le peuple fut appelé à exercer ses droits d'élection, et il choisit ses représentants au Parlement provincial.

Dans le bas Canada, les Canadiens français obtinrent une imposante majorité qui protégea leurs lois, leur langue et leurs coutumes. Une des motions les plus importantes qui y fut soutenue, fut la réclamation faite par la Chambre au gouvernement, pour obtenir en faveur de l'éducation les biens qui avaient appartenu autrefois aux Jésuites.

L'acte le plus grave de l'Assemblée du haut Canada fut l'interdiction de quelques lois anglaises, de celles entre autres qui regardaient le clergé.

La Révolution française arrivait en 1793 au paroxisme du désordre et de la folie. Elle jetait la France dans tous les excès de la plus affreuse anarchie. L'univers entier sentait le contre-coup de cette commotion violente. Le Gouverneur du Canada jugea prudent de prendre quelques mesures contre les menées secrètes des émissaires de la Révolution, qui venaient jusque-là semer leurs funestes doctrines. Il ouvrit au contraire un asile hospitalier aux victimes de ces fureurs politiques, que la persécution forçait à s'éloigner de leur ingrate patrie.

Cette même année 1793 fut signalée par les découvertes d'un illustre voyageur. Alexandre Mackensie, l'un des associés de la Compagnie du Nord-Ouest, poussa son exploration jusqu'à la mer Glaciale, en descendant la rivière qui conserve son nom pour immortaliser sa mémoire. Il s'avança ensuite vers l'Ouest et atteignit l'océan Pacifique, après avoir, le premier, franchi les Montagnes-Rocheuses.

La religion anglicane, que les conquérants avaient introduite avec eux en Canada, n'avait pas encore d'évêque. Ses zélés partisans gémissaient de ce rang d'infériorité où elle semblait être vis-à-vis de l'Église catholique. Leurs plaintes furent écoutées, et, en 1794, le chapelain de l'Évêque de Lincoln, le docteur Mountain, élevé à cette dignité, prit le titre d'Évêque de Québec.

De son côté, l'Église catholique, préoccupée des besoins spirituels de l'immense diocèse de Québec, alors le plus vaste de la chrétienté, fonda en 1796, dans l'île de Terre-Neuve, un Vicariat apostolique. L'éloignement de cette contrée, et surtout la difficulté des communications avec elle pendant une grande partie de l'année, rendaient son administration comme impossible pour l'Évêque de Québec.

Le général Prescott, qui succéda à lord Dorchester en 1796, ouvrit le second Parlement provincial. De nouvelles élections avaient changé la moitié de la représentation. Dans le bas Canada, les membres qui avaient appuyé la proscription de la langue française dans l'assemblée furent rejetés. Panet, un nom justement vénéré, fut pour la seconde fois élu président.

Cette session ne fut remarquable que par le pouvoir absolu que le Gouverneur se fit donner par les Chambres pour s'opposer aux idées révolutionnaires qu'il croyait à la veille d'éclater. Ses inquiétudes n'étaient pas sans quelques fondements. Il y avait dans le pays des émissaires étrangers, mais qui trouvaient peu d'échos; l'ambassadeur de la République française aux États-Unis, Adet, avait lui-même adressé un manifeste aux Canadiens pour leur annoncer que la France, victorieuse de l'Espagne, de l'Autriche et de l'Italie, allait attaquer l'Angleterre, en commençant par ses colonies, et les invitait à se rallier à son drapeau. Un des agents ostensibles de ce mouvement, Melane, enthousiaste républicain, fut livré aux tribunaux et condamné à mort. Afin d'inspirer plus de terreur, son exécution se fit avec un grand appareil militaire, et au lieu le plus élevé de la ville.

Le Gouverneur s'était alarmé trop vite. Le mécontentement du peuple à l'occasion de certaines lois, et surtout sa résistance à quelques clauses de celle des chemins, n'avait rien d'inquiétant. Il fut plus maladroit encore en voulant s'opposer à l'érection de nouvelles paroisses catholiques que réclamait le développement de la population. Cette prétention, qui blessait les droits de l'Église, souleva une énergique opposition devant laquelle il dut reculer.

Sir Robert Milnes, qui vint remplacer le général Prescott, en 1799, vit des jours relativement plus calmes : mais la nouvelle Chambre, élue en 1800, montra ses tendances à anglifier le pays par un plan général d'instruction publique tout à l'avantage des protestants. Les Canadiens, qui ne voulaient abdiquer ni leur langue ni leur foi, protestèrent unanimement contre un pareil système qui devait être, pendant bien des années, le grand obstacle aux progrès de l'éducation.

C'est sous ce Gouverneur que, malgré les réclamations de la Chambre, la Couronne s'empara définitivement des biens qui avaient appartenu aux

Jésuites, et dont on avait laissé la jouissance jusqu'à sa mort, arrivée en 1800, au P. Cazot, dernier membre de cet Ordre religieux dans le pays.

Pour augmenter le revenu de la colonie, qui n'était pas en proportion avec ses charges, les Chambres crurent devoir imposer le commerce au lieu de la propriété foncière. C'était blesser le parti mercantile, c'est-à-dire le parti anglais, et l'irriter contre les Canadiens. La lutte devint bientôt plus tranchée et prit naturellement une teinte de jalousie nationale.

Du Parlement, la discussion descendit dans la presse qui, comme d'ordinaire, ne fit que l'envenimer. Les Anglais avaient pour organe le *Mercury*, fondé en 1805, et soutenaient qu'il était temps que le Canada s'identifiât davantage avec l'Angleterre en faisant disparaître l'élément français. Comme contre-poids et pour défendre « ses institutions, sa langue et ses loix, » le parti français créa, l'année suivante, le journal intitulé *le Canadien*. On peut dater de l'apparition de cette feuille l'ère de la liberté de la presse en Canada ; car, jusque-là, aucune gazette n'avait osé y discuter publiquement les questions politiques, comme on le faisait dans la métropole.

Vers cette époque, les difficultés survenues entre la Grande-Bretagne et les États-Unis faillirent compromettre la tranquillité extérieure dont jouissait le Canada.

L'Europe était en feu. L'Angleterre, maîtresse des mers, voulut y dicter ses lois. Sans égard aux prétentions des États-Unis qui, à la faveur de leur neutralité, voulaient commercer librement avec les puissances belligérantes, elle mit en état de blocus toutes les côtes du continent européen, et introduisit le droit de visite dans son code maritime.

Les États-Unis rendirent la pareille à l'Angleterre et fermèrent leurs ports à ses vaisseaux. Tout commerce avec la Grande-Bretagne était interdit jusqu'à ce qu'elle eut donné satisfaction ; mais, avant de pousser plus loin leurs hostilités, les Américains attendirent l'issue qu'allait avoir la guerre européenne.

La crainte de voir la lutte prendre des proportions inquiétantes détermina l'Angleterre à envoyer en Canada, en 1807, un nouveau Gouverneur. C'était sir James Craig, qui recevait là la récompense de ses services militaires. Il s'était signalé dans la guerre américaine, dans son commandement en Sicile, et surtout dans sa conquête du cap de Bonne-Espérance sur les Hollandais. Il avait pu être un habile soldat ; il ne fut qu'un triste administrateur. Rempli de préjugés contre la nationalité et la religion des Canadiens, il n'eut ni l'adresse ni la prudence de les dissimuler.

De fâcheuses divisions ne tardèrent pas à éclater entre le Gouverneur et les Représentants. L'autorité voulut alors user d'une certaine violence, et les partis adverses s'aigrirent par des mesures où perçaient la haine et la vengeance.

La Chambre voulait, à l'exemple de la métropole, exclure les juges des rangs de la représentation, et, avant même la sanction de cette loi, elle expulsa de son sein le juge Hart, qui était juif, en s'appuyant sur d'anciennes lois anglaises. En même temps, un des membres influents, Bédard, insistait sur la nécessité d'un ministère responsable, sous le prétexte de conserver l'inviolabilité du Monarque ou de son représentant, et la liberté de discussion dans les Chambres.

Craig fut alarmé de tant de hardiesse et résolut de dissoudre la Chambre. Dans son discours de clôture, en 1809, il mit le comble à l'exaspération par les reproches exagérés et les menaces qu'il adressa à la majorité des Représentants.

Les élections ne changèrent pas le caractère de l'Assemblée et fortifièrent même le parti canadien. Cette Chambre, convoquée en 1810, continua le système d'opposition de celle qui l'avait précédée. Un de ses premiers actes fut de protester contre le langage insultant du Gouverneur dans son discours de clôture, comme étant une violation de ses priviléges et de la liberté du pays.

Le parti remuant avait, comme on l'a dit, un organe puissant : le *Canadien* devenait l'écho de tous les mécontents. Écrits violents, épigrammes mordantes, rien n'était épargné contre le Gouverneur.

Celui-ci, qui s'était contenu avec peine un moment, éclata à la fin. Le Parlement fut cassé de nouveau et les presses du *Canadien* saisies. L'imprimeur fut arrêté sous accusation de haute trahison, ainsi que plusieurs citoyens notables regardés comme la tête du parti.

Une proclamation du Gouverneur ne justifia pas l'arbitraire de sa conduite. Il se trouva même bientôt embarrassé de ses prisonniers qu'il était difficile de traduire devant les tribunaux. Ils furent donc peu après remis en liberté sans avoir subi de jugement.

Craig ne réussit pas mieux dans les discussions qu'il eut avec Mgr Plessis, devenu évêque de Québec en 1806. Il s'agissait surtout de la nomination des curés que le Gouverneur voulait réserver au Roi. L'Évêque fut inflexible dans la défense des droits de l'Église, et sa fermeté en imposa tellement qu'il ne fut plus jamais rien entrepris contre l'administration religieuse du pays.

Le temps n'était pas favorable à un système de prétentions outrées et de terreur. L'attitude menaçante des États-Unis força le bureau colonial à modifier beaucoup sa politique. Il se hâta de remplacer, en 1811, l'administration orageuse et maladroite de sir James Craig par celle du général sir Georges Prévost. La prudence de celui-ci, la confiance qu'il manifesta dans la loyauté des Canadiens, son impartialité dans la distribution des emplois publics, lui concilièrent les esprits, et il obtint sans peine des Chambres les subsides nécessaires pour faire face à toutes les éventualités. Peu à peu on se calma, les animosités disparurent et la plus grande sympathie s'établit entre le peuple et lui.

Ce fut un bonheur pour le Canada, car la guerre éclata dès l'année suivante. Il fallut lever des troupes, armer la milice et organiser la défense de la province entière. Toutefois, les opérations devaient se borner en Canada à se tenir sur la défensive. L'Angleterre était trop engagée en Europe pour songer à porter de grands coups en Amérique. Elle présumait avec raison que les entreprises des États-Unis dépendraient des vicissitudes de la guerre au-delà des mers. Ils n'étaient pas d'ailleurs en mesure de faire un grand déploiement de forces. La guerre maritime de 1812 se borna donc à l'embargo mis sur tous les vaisseaux anglais alors dans leurs ports, et à une simple lutte d'escarmouches dans laquelle il fut cueilli peu de gloire de part et d'autre.

Cependant une lutte sérieuse s'organisait d'une extrémité du pays à l'autre, et il fut facile de deviner que les Américains ne se proposaient rien moins que la conquête du Canada.

Ils tentèrent de l'envahir en même temps sur trois points. Le général Hull, gouverneur du Michigan, alla camper à Sanwich avec deux mille hommes, qui portaient le titre pompeux d'armée de l'Ouest. Mais il se retira bientôt pour s'enfermer dans le fort de Détroit, où le général anglais Brock alla l'attaquer et le força de se rendre avec ce qui lui restait de soldats. Tout le territoire du Michigan tombait par là au pouvoir des Anglais avec un butin considérable.

Près de Niagara, le général Van Renselaers ne fut pas plus heureux que son collègue. Il n'avait pénétré que quelques milles sur le sol canadien, quand le général Sheaffe lui fit mettre bas les armes. Mais cette victoire coûtait cher aux Anglais. Ils perdirent le général Brock à qui étaient dus, jusque-là, tous les succès de cette campagne.

L'armée du Nord qui s'avançait vers Montréal s'arrêta un instant sur les bords de la rivière Lacolle. Par une de ces fâcheuses méprises, toujours à redouter en temps de guerre, deux détachements de cette armée se prirent pour ennemis au milieu de l'obscurité, et ne s'aperçurent de leur erreur qu'après avoir fait bien des vides dans leurs rangs. Cet incident, arrivé le 20 novembre, et de nouveaux renforts envoyés à l'armée anglaise déterminèrent la retraite des Américains.

La saison mit fin aux opérations de cette campagne qui avait été plus heureuse, pour les Américains, sur mer que sur terre. Après de sanglants combats, ils s'étaient rendus maîtres de plusieurs vaisseaux anglais.

Suspendues pendant l'hiver, les hostilités recommencèrent au printemps. Le colonel anglais Proctor s'illustra dès le début par un brillant fait d'armes dans le haut Canada. Il surprit le camp du général Winchester près de Frenchtown. Tout le matériel et le général lui-même restèrent au pouvoir du vainqueur. Malheureusement les Sauvages qui servaient dans l'armée anglaise ne purent pas être maîtrisés, et ils massacrèrent une partie des prisonniers.

Après plusieurs engagements dont les succès variaient, les Américains comprirent qu'ils ne pourraient rien entreprendre d'important avant de s'être rendus maîtres de la navigation sur le lac Érié. Le commodore Perry reçut cette mission, et, après un combat de quatre heures, il défit complétement la flottille anglaise, le 10 septembre, à Put-in-Bay.

Cet échec déconcerta Proctor et lui fit abandonner Détroit, Sanwich et Amhersburgh. Il fut même atteint dans sa retraite par Harrison, à Moravian-Town, et fut complétement défait. Le corps de Tecumseh fut trouvé parmi les morts. La fidélité de ce chef à l'Angleterre, son éloquence, son influence sur les Sauvages de la contrée, ont fait de lui le héros de cette guerre. Cette bataille remettait les Américains en possession de tout le territoire qu'ils avaient perdu dans le Michigan; elle acheva de ruiner la réputation militaire de Proctor.

Les vainqueurs purent alors marcher sur Toronto, capitale et principal entrepôt militaire du haut Canada.

Leur général Dearborn culbuta sans peine Sheaffe qui voulut lui barrer le passage et, profitant de l'explosion d'une poudrière qui entraînait deux cents hommes dans ses ruines, il s'empara de la ville.

Le Gouverneur, Georges Prévost, voulut aller au secours du haut Canada ; mais il arriva avec peine à l'entrée du lac Ontario et éprouva un grave échec à Sacket's Harbor. Comme il disposait toujours d'une force assez puissante sur les eaux du lac, les Américains, pour poursuivre leurs projets de conquête, sentaient le besoin de l'écraser. Leur flotte commandée par le commodore Chauncey rencontra enfin celle des Anglais devant Toronto, le 28 septembre.

Le combat s'engagea et le commandant anglais, sir James L. Yeo, fut complétement défait.

Enivrés de ces succès, les Américains ne songèrent plus qu'à compléter l'invasion du Canada.

Wilkinson descendit le Saint-Laurent avec son armée, pour faire sa jonction avec le général Hampton qui s'avançait par le lac Champlain. Ils ne furent heureux ni l'un ni l'autre. Le premier éprouva un grave échec à Christler's Farm, et ne parvint que jusqu'à Saint-Régis où il fut contraint de s'arrêter.

Hampton avec sept mille hommes s'approchait, le 26 octobre, de la rivière de Châteauguay, quand il trouva devant lui l'intrépide colonel de Salaberry, connu par la part active qu'il avait prise aux guerres d'Europe. Celui-ci, à la tête d'une poignée de voltigeurs canadiens qui formaient l'avant-garde de l'armée anglaise, parvint à arrêter l'ennemi et à le forcer à la retraite, après lui avoir fait subir de grandes pertes. Le colonel avait été si savant tacticien dans les dispositions qu'il avait prises que Hampton crut avoir affaire à l'armée entière.

Le Gouverneur général du Canada rendit hommage par un ordre du jour à l'habile officier canadien. Il fut félicité par les deux Chambres. Le Prince régent le décora de l'ordre du Bain et l'Angleterre fit frapper une médaille pour immortaliser cette victoire.

Le plan d'invasion des Américains était donc complétement déjoué et les Anglais purent reprendre immédiatement l'offensive dans le haut Canada.

Le colonel Murray s'empara de nouveau du fort

George et du fort de Niagara, où il trouva une quantité considérable de munitions. L'irritation était extrême dans les deux partis, et elle les poussait à des actes de cruauté que la nécessité ne peut jamais justifier. La ville de Niagara avait été réduite en cendres par les Américains et ses infortunés habitants laissés sans asile et sans ressources, à l'entrée de la plus rude saison. Par représailles des Anglais, Lewiston, Manchester et les pays environnants, Black-Rock et Buffalo, furent ravagés et livrés aux flammes. La campagne de 1813 se terminait ainsi à l'avantage des Anglais.

L'année 1814 s'ouvrit par une suite de succès et de revers alternatifs. On se battait avec bravoure, on mourait avec gloire; mais le sang répandu n'affaiblissait pas assez un parti pour assurer le triomphe définitif de l'autre.

Oswégo, principal entrepôt des Américains, fut pris et détruit par le général Drummond. Ils furent vengés par leur victoire de Chippeway. Le plus sanglant événement fut l'explosion complète du fort américain Érié. Il causa la mort de tous ses défenseurs et répandit dans l'armée anglaise qui l'assiégeait une terreur panique telle que ses ennemis, qui surent en profiter, lui firent subir de très-grandes pertes.

Cependant la chute de Napoléon allait permettre aux Anglais de concentrer des forces plus considérables dans le Nouveau-Monde et d'y porter des coups décisifs. Un corps de quatorze mille hommes fut envoyé en Canada et se mit immédiatement en marche pour envahir les États-Unis par le lac Champlain. Il comptait un certain nombre de soldats français, prisonniers en Angleterre, qu'on laissa libres de prendre part à cette guerre en leur offrant de grands avantages. Plusieurs d'entre eux s'établirent ensuite dans le pays.

Le général Prévost en prit le commandement et s'avança jusqu'à Plattsburg. Il devait être secondé par la flottille qu'il avait sur le lac, et sans laquelle on ne pouvait opérer rien de sérieux. Mais le commodore américain Mac-Donough lui enleva cet appui. Il attaqua la flotte anglaise et la détruisit complétement. L'expédition projetée n'était plus possible et le général Prévost rentrait dans ses quartiers sans avoir rien fait, tandis que les troupes anglaises envoyées en Virginie obtenaient de beaux triomphes.

La paix conclue à Gand le 24 décembre 1814, entre toutes les puissances européennes, mit aussi un terme au conflit américain. Les conquêtes réciproques furent restituées et les frontières, incertaines jusque-là, du Canada, du Maine et du Nouveau-Brunswich, abandonnées au jugement de commissaires. Cette question resta longtemps encore agitée et ne reçut de solution définitive que par le traité ou plutôt le compromis de 1846.

Loin d'imputer à sir Georges Prévost ses malheurs, les Chambres du Canada rendirent un témoignage public et honorable à son énergie et à sa sagesse dans les circonstances difficiles qu'il venait de traverser ; mais l'Angleterre, toujours prête à imputer à ses généraux les malheurs qu'ils avaient éprouvés, rappela le Gouverneur pour rendre compte de sa conduite militaire. Cette mesure, qu'il regardait avec raison comme une flétrissure anticipée, eut son dédommagement dans l'affection que lui manifestèrent surtout les Canadiens. Il emportait avec lui les regrets de toute la province. Toutefois, il ne survécut pas à cette humiliation et mourut en chemin. Sa mort désarma ses accusateurs, et sa mémoire fut respectée.

La Chambre d'assemblée de 1815 se fit remarquer par cet esprit d'antagonisme et d'opposition qui naît facilement entre les différentes branches du pouvoir sous le régime représentatif. Elle avait appelé à sa présidence Papineau, jeune homme de vingt-six ans, d'un talent remarquable, mais dont les idées libérales très-avancées pouvaient déjà faire redouter l'influence qu'il prenait chaque jour.

XIV

Le chevalier Scherbrook (1816-1818). — Le duc de Richemond (1818-1820).— Le comte de Dalhousie (1820-1828). — Sir James Kempt (1828-1830).— Lord Aylmer (1831-1835). — Lord Gosford (1835-1838). — Sir John Colborne ; lord Durham (1838-1839).

Le général Drummond, qui remplaça temporairement sir Georges Prévost, froissa les susceptibilités de la Chambre, et la mesure de rigueur qu'il crut devoir prendre, en prononçant sa dissolution, ne fit que provoquer une réaction plus tranchée. Les mêmes membres furent presque tous réélus.

Le nouveau Gouverneur arrivait en ce moment. C'était le chevalier Scherbrook, homme très-habile et très-prudent. Il débuta par l'action la plus propre à lui gagner les cœurs, par un acte généreux de bienfaisance. Des paroisses du district de Québec avaient été, en grand nombre, complétement ruinées par des gelées hâtives. Il prit dans les magasins du Roi, ou acheta sous sa propre responsabilité, tout ce qui était nécessaire pour arracher ces populations à une famine imminente.

Par sa sage politique, le Gouverneur parvint à modérer un peu l'ardeur des partis. Une des mesures qui contribua le plus à lui concilier l'affection des Canadiens catholiques, fut la reconnaissance officielle du titre de l'Évêque de Québec. Mgr Plessis fut même nommé membre du Conseil exécutif, et reçut du gouvernement une pension qu'on continua à deux de ses successeurs. Cependant la question des finances restait toujours pendante. La Chambre revendiquait le droit d'initiative dans l'emploi des deniers publics, tandis que le Gouverneur et le Conseil en avaient toujours disposé jusque-là, même depuis la Constitution de 1791.

La difficulté que le Gouverneur trouvait à maintenir l'équilibre entre les différentes branches du pouvoir et à concilier tant d'intérêts opposés, le dégoûta. Il demanda son rappel et fut remplacé par le duc de Richemond, un des grands personnages de l'Angleterre, réduit à voyager pour refaire une fortune que le luxe et les extravagances avaient dissipée. Il arriva en 1818.

Ses débuts furent maladroits. Il avait augmenté

Ce siége devint un évêché en 1843 et plus tard un archevêché.

Mgr Plessis eut aussi la consolation de voir la religion fonder un établissement stable dans les régions de l'Ouest, parcourues depuis longtemps par les missionnaires. Deux d'entre eux furent attachés en 1818 à la colonie fondée en 1812 par lord Seltirk sur les bords de la Rivière-Rouge. En 1844, on en fit un vicariat apostolique qui devint évêché en 1847 sous le titre de Saint-Boniface et archevêché en 1871.

Le comte de Dalhousie succéda au duc de Richemond et arriva à Québec le 18 juin 1820. La brillante réputation militaire qu'il avait acquise en Égypte, en Flandre et dans la Péninsule espagnole, la popularité qu'il avait obtenue dans le gouvernement de la Nouvelle-Écosse auraient dû prévenir en sa faveur ; mais les circonstances difficiles où il se trouva et des maladresses inexcusables aigrirent tellement les Canadiens qu'il y a peu de gouverneurs qui aient donné lieu à autant de plaintes et de récriminations, quoiqu'on rendit hommage à l'aménité de son caractère dans la vie privée, à son amour du travail et à ses vues élevées pour le progrès de l'éducation, du commerce et de l'industrie.

Un nouveau Parlement avait été convoqué ; mais il marcha dans les mêmes voies que son devancier. Il revendiquait toujours ses droits sur la liste civile, et son refus de voter les subsides entrava la marche des affaires et acheva de rendre tout accommodement impossible.

d'un cinquième la liste civile : elle fut rejetée. La Chambre voulut même, en la modifiant, retirer au gouvernement le droit acquis de distribuer les fónds votés sur sa demande.

Le Conseil législatif refusa sa sanction à ce bill, qu'il qualifia d'inconstitutionnel et d'injurieux à la Couronne. De son côté, le Gouverneur, en prorogeant le Parlement, fit entendre des paroles imprudentes de blâme et de reproches qui ne firent qu'irriter les Représentants. Tout semblait annoncer de graves orages. Mais la mort inopinée du Gouverneur prévint une collision. Le duc de Richemond, mordu par un jeune renard apprivoisé, mourut d'hydrophobie en 1819.

Cette agitation politique n'empêchait pas la religion de se développer. Ses intérêts poussèrent l'Évêque de Québec à faire à cette époque un voyage à Londres et à Rome. D'accord avec le gouvernement, Pie VII éleva le siége de Québec en métropole (1), le 12 janvier 1819, et il érigea deux vicariats apostoliques, celui de Kingston, dans le haut Canada, qui devint évêché en 1826, et celui de Charlotte-Town, qui comprenait l'île du Prince-Édouard, le Nouveau-Brunswich et les îles de la Madeleine. Déjà, en 1817, la Nouvelle-Écosse avait été détachée du diocèse de Québec pour former un vicariat apostolique à Halifax.

(1) Bien que l'Évêque de Québec ait pris depuis lors le titre d'Archevêque dans ses rapports avec Rome, il ne s'en est servi publiquement dans le pays que depuis 1844, lorsque la province ecclésiastique de Québec a été constituée.

Une des causes de l'irritation des esprits était le projet de loi introduit devant la Chambre des communes en Angleterre pour réunir les deux provinces du Canada sous un seul gouvernement. Le parti anglais du bas Canada, toujours hostile à ses anciens habitants, était le grand moteur de cette mesure qui, grâce à la majorité anglaise du haut Canada, lui assurait la domination exclusive dans les affaires du pays. Ce bill entraînait en même temps la proscription de la langue française dans les discussions, et une restriction à la liberté religieuse et aux droits des Représentants sur les deniers publics.

L'introduction de ce projet de loi au Parlement impérial fit une profonde sensation en Canada. De toutes parts s'élevèrent des protestations contre cette mesure vexatoire. Le haut Canada prit part lui-même à ce mouvement, et, à la surprise générale, se prononça contre elle. Des pétitions nombreuses couvertes de signatures furent alors adressées à l'Angleterre, et L.-B. Papineau et Nelson les portèrent à Londres. Devant une pareille unanimité, le Ministère retira son projet, mais sans changer ses dispositions et sans améliorer l'organisation de la colonie ; en sorte que l'agitation continua avec plus de violence que jamais.

Malgré ces dissensions intérieures, le Canada avait pris, sous bien des rapports, de rapides développements. Les améliorations, fruit de la science et des arts et compagnes de la civilisation, s'introduisaient et se multipliaient dans le pays. Les eaux du Saint-

Laurent et des grands lacs commençaient à être sillonnées dans tous les sens par de nombreux vaisseaux à vapeur. De larges canaux, capables de recevoir les navires européens du plus gros tonnage, reliaient avec l'Europe toutes les mers intérieures, et ouvraient au commerce des voies promptes et faciles. Celui de la Chine, dans l'ile de Montréal, fut le premier exécuté. Ceux de Chambly, de Beauharnais, du Rideau, de Welland, le suivirent de près. L'agriculture et l'industrie s'emparaient de terres jusque-là incultes, et les Town-Ships se couvraient d'une population nombreuse et active. Les principales villes possédaient leurs banques, leurs compagnies d'assurances, leurs institutions charitables, littéraires et scientifiques. L'instruction publique, dans ses différents degrés, devenait chaque jour plus accessible. Dès 1821, un nouveau collége s'ouvrait dans le district de Saint-Hyacinthe, et, grâce à l'active impulsion que lui avait donnée son généreux fondateur, le curé Girouard, il atteignit en peu d'années le niveau des plus brillantes maisons d'éducation.

Au milieu de ce mouvement, l'Église qui y prenait une part active multipliait, selon les besoins, ses centres d'action, en fondant de nouvelles paroisses ou en établissant des Missions pour les populations flottantes. Cependant l'année 1825 fut pour elle une année de deuil. Le Canada perdit son illustre évêque, Mgr Plessis, regardé avec raison comme un des hommes les plus éminents qu'ait jamais possédés la colonie.

Les élections nouvelles, provoquées en 1827 par lord Dalhousie, furent l'occasion d'une grande agitation. Un manifeste lancé dans le public par les chefs de l'opposition, Papineau, Heney, Cuvillier, Quesnel et autres, amena la réélection de tous les membres de la majorité. Ils ne manquèrent pas de choisir encore Papineau pour président. Le gouvernement ne voulut pas sanctionner ce choix ; et la Chambre s'obstinant dans sa résolution, l'Assemblée fut prorogée le soir même.

Le mécontentement dans le bas Canada allait croissant, et les assemblées publiques recommencèrent, plus nombreuses et plus agitées que jamais. Un manifeste rédigé à Montréal en 1827, contre l'administration provinciale, formula une liste de griefs et se couvrit bientôt de quatre-vingt mille signatures. Trois membres du Parlement furent chargés d'aller le déposer au pied du Trône. De son côté, lord Dalhousie et ses partisans firent parvenir au Roi des mémoires et des adresses pour justifier le gouvernement colonial.

Toute cette affaire fut soumise à la Chambre des communes, où chaque parti comptait des défenseurs. Le rapport du comité chargé de cette affaire fut, dans son ensemble, favorable aux plaintes qui avaient été formulées : la Chambre ne dissimula pas sa surprise qu'on eût supporté si longtemps de si graves abus ; mais, avant tout, elle recommandait l'union.

Le moyen qui parut le plus simple pour le rétablissement de la concorde, fut le changement du

Gouverneur. Lord Dalhousie reçut comme compensation sa nomination au gouvernement des Indes, premier poste colonial de l'Angleterre, et sir James Kempt vint occuper sa place en Canada, en 1828.

Le nouveau Gouverneur sut, par d'adroites concessions et une grande impartialité, rétablir le calme et imprimer aux affaires leur marche ordinaire. Son exemple inspira en même temps la modération et aux journaux et aux membres des deux Chambres, et le Parlement canadien signala sa bonne volonté par un vote de subsides considérables pour les améliorations publiques et le développement de l'éducation.

Cependant, d'après certains symptômes, sir James Kempt appréhendait de voir renaître les troubles qui avaient agité le pays, et, après deux ans de séjour en Canada, il obtint d'être rappelé. Son départ excita des regrets universels.

Lord Aylmer lui succéda en 1830 et eut à traverser des jours pénibles. Dans la session du Parlement qu'il ouvrit au mois de janvier suivant, il trouva sur la question des subsides une grave opposition et des exigences exagérées.

Poussé par un extrême désir de la paix, le Gouverneur mit en œuvre tous les moyens de conciliation, mais sans réussir. Quelques jeunes membres exaltés se laissèrent aveugler par un zèle outré du bien public; ils s'opposèrent opiniâtrement à tout compromis et précipitèrent ainsi le pays dans un dénouement qui devait être fatal à la nationalité canadienne.

Sur ces entrefaites, l'élection d'un député dans

la ville de Montréal donna lieu aux troubles les plus graves. Les partis restèrent aux prises pendant trois semaines, et il fallut appeler les troupes pour maintenir l'ordre. Le 21 mai 1832, la force armée dut faire usage de ses armes. Trois Canadiens furent tués et deux blessés ; triste conséquence des luttes envenimées de la politique.

Un autre malheur venait presque à la même époque fondre sur le pays. Le choléra y éclatait pour la première fois et faisait d'affreux ravages. Dans la seule ville de Québec il enleva trois mille personnes en quatre mois, et on compta deux mille victimes dans le bas Canada. Ce fléau ne ramena pas le calme dans les esprits.

Le bureau colonial essaya d'utiles concessions pour arrêter l'agitation. Le système municipal fut inauguré dans les villes de Québec et de Montréal, et on laissait à leur corporation l'administration de leurs propres affaires, système qui s'étendit bientôt à tout le pays. L'honorable Elzéar Bédar, à Québec, et le commandeur J. Viger, à Montréal, furent élus par acclamation.

Cependant les assemblées publiques se multipliaient dans tout le pays, et les questions les plus propres à augmenter l'irritation y étaient discutées sans mesure et, comme il arrive souvent dans un pareil milieu, sans connaissance suffisante des choses. Les bruits les plus sinistres et même les plus calomnieux étaient mis en avant par le parti de l'anarchie, et faussaient l'opinion populaire.

La session de 1834 s'ouvrit sous ces tristes auspices. La Chambre se montra profondément blessée d'un blâme que le ministre des colonies avait infligé à sa conduite.

Papineau, se séparant alors d'une partie de ses collègues plus modérés que lui, devint le grand moteur du parti ultra-libéral, et fit adopter, après de longs débats, les quatre-vingt-douze fameuses résolutions qui renfermaient les griefs de la colonie contre la métropole. Elles servirent de base aux pétitions qui furent immédiatement rédigées, signées et adressées aux deux Chambres du parlement impérial. Elles finissaient par demander la mise en accusation de lord Aylmer devant la Chambre des lords.

Cependant le parti modéré, qui tenait à conserver la Constitution donnée au pays, députa de son côté deux de ses membres en Angleterre pour soutenir sa cause. La population anglaise se divisa, et, en dehors des villes surtout, elle se rangea avec l'opposition.

La révolution marchait à grands pas et semblait s'organiser régulièrement. Le parti avancé avait nommé un comité central permanent chargé de diriger le peuple, toujours facile à entraîner quand on flatte ses passions ou qu'on met en jeu ses intérêts.

La Chambre des communes s'occupa un moment des graves questions soulevées en Canada; mais elle finit par en abandonner la solution au bureau colonial. Stanley, alors ministre des colonies, prit une résolution tranchée contre l'opposition : il fit dissoudre le Parlement canadien.

Au milieu de cette agitation, le bas Canada avait été visité pour la seconde fois par le choléra, et ce fléau, qui enleva près de huit mille personnes, répandit un effroi général.

Les électeurs furent convoqués, en 1835, pour nommer un nouveau parlement; mais ces élections se firent au milieu de la violence et du désordre. Le chef de l'opposition, Papineau, avait parcouru les campagnes et soufflé partout le feu de l'opposition ou plutôt de la révolte. Il excitait à exclure des usages de la vie tout ce qui avait été manufacturé hors de la province, à établir des banques nationales, et à prendre tous les moyens pour faire tomber les banques anglaises.

Aussitôt convoquée, le 21 février 1835, la Chambre d'assemblée protesta contre les paroles de blâme de lord Aylmer adressées à la dernière Chambre, dans le discours de clôture, et prit une attitude d'hostilité très-tranchée contre le Gouverneur et le Conseil. Elle fut prorogée.

Sur ces entrefaites furent publiées les dépêches de lord Aberdeen, nouveau ministre des colonies, qui prescrivait une enquête sévère sur les lieux, afin de bien étudier les sujets de mécontentement et d'y porter remède.

Lord Gosford, recommandable par sa prudence et son esprit de conciliation, reçut cette mission avec le titre de Commissaire royal. Il prenait en même temps le gouvernement de toute la colonie. La publication d'une partie des instructions données à la Commission suscita de violents débats dans la Chambre d'assemblée, et une fiévreuse agitation dans le pays. La presse radicale attisait le feu, et proférait des menaces contre l'Angleterre.

Le district de Montréal surtout était le centre du mouvement révolutionnaire. Il s'y était formé une assemblée constitutionnelle, qui organisa un corps de carabiniers de huit cents hommes; il fut dissous par ordre du Gouverneur.

Ce fut au commencement de cette crise que l'Église du Canada subit une modification importante réclamée par l'accroissement de la ville de Montréal et par le grand développement qu'avait pris son district. Accédant aux vœux qui lui avaient été plusieurs fois exprimés, le Souverain Pontife détachait cette portion du diocèse de Québec, et y créait un évêché, le 13 mai 1836 ; Mgr Lartigue en fut le premier pasteur.

Cependant le haut Canada, un moment entraîné à faire cause commune avec les agitateurs du bas Canada, venait de se rallier au gouvernement. La Nouvelle-Écosse et le Nouveau-Brunswich, où il y avait eu aussi des difficultés, avaient déjà accepté les propositions de l'Angleterre, en sorte que le bas Canada se trouva complétement isolé dans ce conflit.

Le rapport de la Commission, dont lord Gosford était le chef, fut défavorable au parti de l'agitation, et les mesures répressives qu'il proposait furent adoptées par les Communes, le 9 mars 1837

La décision de l'Angleterre ne fit qu'irriter davantage les esprits en Canada. Les assemblées anarchiques se multipliaient dans les villes et dans les campagnes, et devenaient de plus en plus menaçantes. Elles prirent même un caractère ouvertement hostile dans le district des Deux-Montagnes.

Le Gouverneur y fut brûlé en effigie. On publiait avec éloge l'histoire de la république américaine, et des pamphlets incendiaires étaient répandus de tous côtés. La révolte armée était à la veille d'éclater.

Lord Gosford avait de la répugnance pour les mesures extrêmes, et il attendit au dernier moment pour faire venir les troupes du Nouveau-Brunswich. Il aimait à nourrir l'espérance de ramener le calme dans les esprits par quelques mesures conciliatrices et par des concessions opportunes. Tout fut inutile.

La mort de Guillaume IV, arrivée au mois de juin 1837, et l'avénement de la reine Victoria au trône, ne modifièrent rien dans l'état des esprits, et le Canada continua à inspirer les plus vives inquiétudes.

Des sociétés secrètes s'étaient formées pour soutenir le mouvement insurrectionnel. L'agitation gagnait du terrain, surtout au Sud. Les exaltés profitèrent de la destitution de Papineau, comme président de la Chambre, et de celle de plusieurs officiers de milice, pour leur décerner les honneurs du triomphe.

Six comtés formèrent entre eux une association fédérative et tinrent à Saint-Charles, le 23 octobre, une grande assemblée, sous la présidence du docteur Wolfred Nelson, où les résolutions les plus extrêmes furent discutées. On y fit une espèce de déclaration des droits de l'homme et un appel au peuple. Pour mieux leurrer ce peuple crédule, toujours facile à séduire par les démonstrations extérieures, les agitateurs plantèrent avec solennité l'arbre de la liberté, le plus ridicule des symboles des droits reconquis.

L'Évêque de Montréal voulut essayer de ramener les esprits égarés, et il publia un mandement pour recommander l'obéissance au pouvoir établi. Sa parole ne fut pas écoutée.

Au mois de décembre, on vit à Montréal les Fils de la Liberté parader dans les rues, comme pour provoquer l'autorité; mais, prudents comme sont tous les meneurs, ils se dispersèrent sans résistance à la vue de la force armée.

Papineau, le docteur O'Callaghan et vingt-quatre autres, regardés comme les principaux moteurs de l'agitation, furent accusés de haute trahison, et les troupes furent mises en mouvement pour les arrêter. Elles rencontrèrent sur les rives du Richelieu une résistance mieux organisée qu'on ne s'y attendait. Au bruit du tocsin, le docteur Nelson s'était vu entouré, à Saint-Denis, par huit cents hommes déterminés avec lesquels il repoussa le colonel Gore, le 22 novembre; peu de jours après, le colonel Wetherall prenait la revanche à Saint-Charles, où l'insurrection, enivrée de son premier succès, était parvenue à réunir quinze cents hommes et à se fortifier. Pour singer les États-Unis, les chefs du mouvement y avaient déjà préparé une déclaration de l'indépendance du bas Canada. Cette parodie plus ridicule qu'effrayante eut son dénouement dans la défaite complète des insurgés. Un grand nombre y trouva la mort et beaucoup furent faits prisonniers. On n'en conserva que trente-deux qui devaient être livrés aux tribunaux.

Dissipée au sud du Saint-Laurent, l'insurrection avait encore des partisans sous les armes dans le comté du lac des Deux-Montagnes, à Saint-Eustache et à Saint-Benoît.

Lord Gosford proclama, le 5 décembre, la loi martiale pour le district de Montréal, et le général sir John Colborne, qui venait d'être appelé au commandement militaire des deux Canadas, marcha avec deux mille hommes contre les rebelles. Le village de Saint-Eustache fut pris, le 14, après une vive résistance. L'église et le couvent des Sœurs, qui avaient servi à la défense, furent livrés aux flammes avec près de soixante autres maisons, et les environs furent dévastés. Quoique les habitants de Saint-Benoît eussent fait un acte de soumission complète, le général le fit impitoyablement réduire en cendres sous le prétexte qu'il était un des foyers de l'insurrection.

La révolte était ainsi abattue ; mais les principaux moteurs avaient été assez habiles pour abandonner leurs partisans au moment où leur cause paraissait perdue, et pourvoir avant tout à leur sûreté personnelle. C'est ainsi qu'ils agissent toujours.

Tandis que le calme se rétablissait dans le bas Canada, le haut Canada qui était alors dégarni de ses troupes fut tout à coup le théâtre d'une formidable levée de boucliers.

A la tête du mouvement était William Mackensie, déjà connu par son exaltation fiévreuse et ses principes anarchiques. Repoussé dans une attaque maladroite tentée sur Toronto, il se réfugia à Buffalo, où il trouva dans les volontaires américains une troupe d'auxiliaires toujours prêts à seconder les insurrections. Malgré ce renfort, sa petite armée n'était pas constituée pour tenir longtemps la campagne. Elle dut se diviser, et elle n'éprouva partout que des échecs. Enfin, défait de nouveau le 28 janvier 1838, près des chutes de Niagara où il avait voulu prendre position, Mackensie n'eut d'autre ressource que l'exil pour échapper au châtiment qu'il méritait.

Durant l'hiver, les frontières furent encore inquiétées par des bandes de réfugiés, jusqu'à ce qu'enfin les États-Unis intervinssent pour faire respecter les lois de la neutralité.

Les troubles qui venaient d'avoir lieu dans un pays où l'esprit de révolte avait été si longtemps inconnu, produisit une sensation profonde, non-seulement en Angleterre, mais en France et aux États-Unis. Le gouvernement impérial se disposa à prendre toutes les mesures capables de prévenir le retour de pareils désordres. Malgré une vive opposition, il fit adopter, dès l'ouverture du Parlement, une loi suspensive de la Constitution de 1791, et mettant le pays sous le régime militaire de sir John Colborne, qui remplaçait lord Gosford, en attendant son successeur, lord Durham.

Ce nouveau Gouverneur arriva à Québec le 27 mai

1838. A son titre officiel était joint celui de grand commissaire de la Reine, ce qui l'élevait presque au rang de vice-roi. Il en avait le faste et les prétentions. Le vice-amiral Paget avait été chargé de le conduire dans son gouvernement, et un corps d'armée de cinquante mille hommes était mis à sa disposition.

Pour se soustraire à toute dépendance locale, lord Durham congédia le Conseil spécial établi par sir Colborne pour expédier les affaires, et le remplaça par des hommes nouveaux et étrangers. Puis, il organisa diverses commissions chargées d'enquêtes sur l'administration des terres, l'émigration, l'éducation et les institutions municipales.

Le fait le plus saillant de ce gouvernement éphémère fut sa conduite envers les prisonniers politiques arrêtés pendant les derniers troubles. Pour se soustraire aux embarras d'un procès politique, le Gouverneur accorda une amnistie presque générale. Il n'y eut d'exception que pour vingt-quatre coupables, qui furent envoyés aux Bermudes.

Cette amnistie causa la plus grande joie au Canada, parce que les amnistiés étaient regardés comme plus aveugles que coupables. En Angleterre, cet acte fut jugé plus sévèrement, et même la condamnation des vingt-quatre exilés, sans forme de procès, fut désavouée comme illégale par le gouvernement impérial.

Ce désaveu de sa conduite blessa profondément lord Durham. Il donna immédiatement sa démission et s'embarqua pour l'Europe, le 1er novembre 1838.

Sa justification ne fut pas écoutée, et il en mourut de chagrin.

Les rênes du gouvernement retombèrent entre les mains de sir John Colborne, en attendant le successeur de lord Durham.

Le départ du Gouverneur fut le signal de nouveaux troubles dans le haut comme dans le bas Canada. La nuit même de son embarquement, des réfugiés aux États-Unis, soutenus par quelques Américains, prenaient possession du village de Napierville. En même temps, des insurrections partielles éclataient à Beauharnais, à Terrebonne, à Châteauguay, à Varennes, à Contrecœur, à Rouville et sur plusieurs points de la rivière Richelieu.

Une bande armée faisant partie de ce mouvement se dirigea sur le village des Iroquois du saut Saint-Louis, pour les exciter à prendre les armes et à faire cause commune avec eux. Les Sauvages étaient alors à l'église. A la nouvelle de cette provocation, ils sortent indignés. Au cri de guerre des chefs, ils courent aux armes ; mais ce fut pour se précipiter sur les rebelles. Ils en saisirent soixante-quatre, les lièrent avec leur ceinture, et les livrèrent aux mains des autorités de Montréal.

Le général Colborne avait pris ses mesures pour arrêter l'insurrection. Il avait proclamé la loi martiale, armé les volontaires et fait jeter en prison un grand nombre de personnes suspectes. Quand il s'avança, à la tête des troupes, vers la contrée agitée, tout était rentré dans l'ordre. Il put jouir de son triomphe facile et promena partout la torche incendiaire, ne laissant à sa suite que des ruines.

Dans le haut Canada il y avait eu aussi une reprise d'armes, mais la rébellion n'y offrit rien de sérieux et put être réprimée facilement.

Les insurgés, pris les armes à la main, furent traduits devant la cour martiale, qui en condamna quatre-vingt-neuf à mort et quarante-sept à la déportation; tous leurs biens furent confisqués. On n'en livra cependant au bourreau que treize des plus coupables qui périrent avec le chevalier de Lorimier à leur tête, au mois de septembre 1839.

Ces mesures sévères furent fortement blâmées en Angleterre, même dans la haute aristocratie et, entre autres, par le duc de Wellington.

Cependant le long rapport de lord Durham sur l'état du Canada et sur son administration était l'objet d'une étude sérieuse de la part du gouvernement impérial. Tout en maintenant quelques-uns des principes, objet des réclamations perpétuelles de la Chambre d'assemblée, le noble lord n'attribuait tous les malheurs du pays qu'à la différence d'origine de ses habitants, et il en concluait que l'anglification était le seul moyen d'y obvier à l'avenir.

Pour arriver à ce résultat, il penchait pour l'union fédérale de toutes les colonies de l'Amérique du Nord; mais, en attendant que ce plan fût réalisable, il suggérait l'union des deux Canadas sous un seul Gouverneur, avec un nombre égal de représentants, des municipalités électives, un Conseil législatif mieux composé, et enfin un ministère responsable. C'était le moyen de donner au parti anglais la prépondérance dans les affaires du pays.

Les Ministres et les Communes adoptèrent presque toutes les suggestions de lord Durham, malgré l'opposition de lord Gosford et du duc de Wellington et les nombreuses pétitions du clergé catholique et des Canadiens.

Ce bill d'union ne fut sanctionné que le 23 juillet 1840. Il mettait fin à la Constitution de 1791, établie surtout pour conserver son autonomie à la population franco-canadienne de la province de Québec.

XV

Lord Sydenham (1839-1842). — Sir Charles Bagot (1842-1843). — Lord Metcalfe (1843-1845). — Lord Catchard (1845-1847). — Lord Elgin (1847-1854). — Sir Edmond Head (1854-1861). — Lord Monck (1861-1866).

La mise en œuvre du nouveau système colonial fut confiée à Charles Poulett Thompson, depuis lord Sydenham et baron de Toronto. Il était déjà Gouverneur général en Canada depuis le 19 octobre 1839. Il inaugura la nouvelle administration, le 10 février 1841, et Kingston, à l'entrée du lac Ontario, fut choisi pour siége du gouvernement.

Le premier Parlement s'ouvrit dans cette ville le 13 juin, et sa session fut remarquable par la fondation d'institutions civiles importantes : le système municipal, l'éducation populaire, les douanes, le cours monétaire, etc.

Une amélioration qui remonte à cette époque fut la création du bureau des travaux publics annexé à l'administration générale, pour soustraire les grandes entreprises d'intérêt public à des compagnies privées et irresponsables.

En même temps, les progrès toujours croissants de l'Église catholique dans le haut Canada portèrent Grégoire XVI à y fonder un nouvel évêché dont Toronto fut le siège et Mgr Power le premier évêque.

Lord Sydenham ne survécut pas longtemps à son œuvre. Il périt d'une chute de cheval, le 19 septembre suivant, sans inspirer de grands regrets.

Son successeur, sir Charles Bagot, tint les rênes moins longtemps encore. Arrivé le 10 janvier 1842, il mourut quelques mois après ; mais il avait eu le talent, par sa prudence et l'aménité de son caractère, de se concilier l'affection de tous. Son administration ne fut cependant pas exempte de difficultés. Les anciennes querelles politiques se réveillèrent plus d'une fois ; mais il en prévint les funestes effets en faisant entrer dans le gouvernement des personnes remarquables qui étaient regardées comme la tête du parti de la Réforme : Baldwin, Lafontaine, Morin et Hincks, hommes de talent et d'énergie, désireux et capables de travailler efficacement au bien du pays.

Le nouveau Gouverneur, Charles Metcalfe, qui s'était distingué dans l'administration des Indes et de la Jamaïque, ne prit possession de son gouvernement que le 29 mars 1843. De graves dissensions ne tardèrent pas à surgir entre lui et ses ministres. Ceux-ci, sous le prétexte de donner un appui à leur autorité, demandaient à exercer un certain contrôle sur la nomination aux emplois publics, regardée jusquelà comme un des priviléges exclusifs de la Couronne. La résistance du Gouverneur à ce qu'il appelait une atteinte à son droit, et son refus de sanctionner certaines mesures ministérielles, amenèrent la chute du cabinet. La politique du Gouverneur triompha devant les Chambres.

Ce fut sous l'administration de lord Metcalfe que le siége du gouvernement fut transféré à Montréal. Par l'augmentation de sa population, par sa richesse, l'étendue et l'influence de son commerce, cette ville méritait en effet le rang de reine du Canada.

Sous le rapport des intérêts religieux elle n'était pas en arrière. Les églises s'étaient multipliées sur plusieurs points de la cité. Depuis cinq ans, les Frères des Écoles chrétiennes avaient commencé à tenir leurs classes dans le vaste établissement fondé par les Messieurs de Saint-Sulpice, et y distribuaient l'instruction à de nombreux enfants. Mgr Bourget, successeur de Mgr Lartigue comme évêque de Montréal, venait d'appeler près de lui, pour le seconder, deux nouvelles familles religieuses d'ouvriers apostoliques, les PP. Oblats de Marie Immaculée et les Pères de la Compagnie de Jésus. Ceux-ci y ouvrirent un collége quelques années après.

Le commandant des forces, lord Catchard, remplaça un moment, en 1845, lord Metcalfe que l'état de sa santé obligeait à abandonner son gouvernement ; mais il céda sa place, en janvier 1847, à lord Elgin.

L'été suivant fut tristement mémorable par les affreux ravages que fit le typhus épidémique, apporté par les émigrés européens. Leur nombre qui, ordinairement, ne s'élevait, chaque année, qu'à vingt-cinq ou trente mille, s'était élevé tout à coup à plus de soixante-dix mille. Ils arrivaient sur les bords du Saint-Laurent, affaiblis par les privations de tout genre endurées dans leur patrie, épuisés par les fatigues du voyage, dans les conditions les plus pénibles, et souvent brûlés déjà des ardeurs de la fièvre. Il en mourut un très-grand nombre. La contagion se répandit en même temps dans le pays. Québec et Montréal furent particulièrement frappés et tous les rangs de la société y comptèrent des victimes. On vit parmi elles plusieurs martyrs héroïques de la charité : des prêtres, des religieuses, des laïques qui s'étaient dévoués au soulagement des malades.

L'administration de lord Elgin se signala, dès le commencement, par son habileté et sa sagesse. La responsabilité du Conseil exécutif fut mise franchement en pratique, et on s'occupa efficacement de porter remède à ce qui avait été jusque-là un juste sujet de plaintes. Rarement un Gouverneur s'identifia plus intimement avec les intérêts du pays, et réussit mieux à mener à bonne fin les grandes entreprises. C'est sous lui que les lois restrictives de la navigation du Saint-Laurent furent levées, et que les franchises du commerce furent accordées.

Cependant, l'adoption d'une mesure qui blessa le parti anglais exalté, causa un moment d'agitation et de troubles graves surtout dans la ville de Montréal. Le Gouverneur venait de sanctionner le bill d'indemnité en faveur de ceux qui avaient souffert injustement des pertes et des dommages pendant l'insurrection de 1837 et 1838. L'émeute marcha alors un moment tête levée dans les rues de Montréal. Le jour même de la sanction royale, elle assaillit publiquement le Gouverneur, malgré l'escorte armée qui l'accompagnait. Dans leur exaltation, les mécontents se ruèrent sur l'édifice où siégeait le Parlement et l'incendièrent. Il fut consumé dans quelques heures. Avec lui périrent une partie des archives, et une précieuse bibliothèque, formée à grands frais dans l'intérêt de la province. On y avait réuni près de deux mille volumes sur l'histoire seule du Canada : ce fut une perte irréparable.

Cet acte de vendalisme insensé et cette agitation populaire, contre lesquels l'autorité sembla manquer des moyens d'une répression efficace, firent transporter le siége du gouvernement à Toronto. Une loi régla plus tard que, tous les quatre ans, cette faveur serait partagée alternativement entre cette ville et Québec.

A la suite de ces faits déplorables et de l'injure qu'il avait reçue, lord Elgin, un peu découragé, offrit à la Cour sa résignation ; mais, loin de l'accepter, le gouvernement impérial loua sa conduite et, pour lui donner une marque de son entière approbation, ajouta un nouveau titre à sa dignité. Il reçut en même temps de toutes les parties de la province les témoignages les plus flatteurs de la confiance et de l'estime qu'il inspirait.

La province ecclésiastique de Québec, constituée par Grégoire XVI en 1844, ouvrit en 1858 le premier Concile qu'on eût vu en Canada. Parmi les mesures importantes qui occupèrent les Pères du Concile, il faut compter : 1º l'érection de deux nouveaux évêchés que l'on demanda à Rome : l'un à Trois-Rivières, l'autre à Saint-Hyacinthe, au sud de Montréal ; 2º le projet d'une Université catholique.

Ces évêques furent installés l'année suivante, et le séminaire de Québec se chargea lui-même de la fondation de l'Université, à laquelle on donna le nom d'Université-Laval. Au milieu d'un immense concours et aux applaudissements de tous les catholiques, elle fut inaugurée solennellement en 1854. Le Canada possédait déjà des Universités protestantes à Québec, à Montréal et à Toronto.

Lord Elgin quitta le Canada en 1854. La province jouissait d'une grande prospérité, due surtout à son habileté et à la sagesse de son administration. On avait vu s'opérer sous lui d'importantes et nombreuses améliorations. Promoteur zélé et éclairé de l'éducation, il fit élever les écoles normales et contribua puissamment à l'octroi de la charte royale pour l'Université-Laval. Le département des postes abaissa ses tarifs ; les voies ferrées s'étendirent vers l'Ouest ; les communications furent rendues plus faciles avec les États-Unis; de nouveaux phares rendirent plus sûre la navigation du Saint-Laurent. Sa haute protection et son influence contribuèrent au succès qu'obtint le Canada à la grande exposition de Londres en 1861, où l'on vit que, sous bien des rapports, les progrès et les richesses de cette colonie n'étaient pas inférieurs à ceux de plus d'une nation de l'ancien continent.

En quittant le Canada, lord Elgin reçut mission de conclure avec les États-Unis un traité de réciprocité qui ouvrit à l'Angleterre les eaux du lac Michigan, et qui donnait en retour à ceux-là certains droits de pêche dans les eaux britanniques et la liberté de la navigation du Saint-Laurent.

Cette même année, les prédications incendiaires d'un moine apostat, l'Italien Gavazzi, patronné par les ministres protestants des différentes dénominations, excitèrent des troubles graves à Québec et à Montréal. Dans cette dernière ville ils eurent des suites déplorables. La troupe, appelée pour maintenir l'ordre, tira imprudemment sur le peuple et fit plusieurs victimes.

Sous le successeur de lord Elgin, sir Edmond Head, on vit se régler plusieurs questions d'une haute importance pour les intérêts du pays. L'application des fonds provenant de ce qu'on appelait les réserves du clergé protestant, fut enfin réglée. Elle n'intéressait guère que le haut Canada et une seule classe de citoyens.

La tenure seigneuriale, toujours en vigueur dans le bas Canada depuis la fondation de la colonie, fut abolie et remplacée par une rente foncière, rachetable à volonté. Une somme considérable, votée par les Chambres, servit à indemniser les Seigneurs de certains droits éventuels dont ils étaient ainsi privés.

Enfin, une modification grave fut introduite dans la Constitution du pays. Le gouvernement impérial qui s'était constamment opposé à l'élection du Conseil législatif, malgré les instances si souvent renouvelées, consentit enfin à abandonner au choix du peuple la nomination des membres de la Chambre haute.

La sympathie que les Canadiens français conservaient pour la France ne leur laissait échapper aucune occasion de la manifester. On en vit une preuve dans la réception faite au capitaine de vaisseau Belvèse, lorsqu'il vint à Québec, sur une corvette de la station de Terre-Neuve. C'était le premier navire de guerre français qui remontait le Saint-Laurent depuis la conquête. L'accueil que reçurent partout les officiers fut une véritable ovation et un solennel hommage rendu à la France en leur personne.

Les suites de la campagne de Sébastopol ajoutèrent encore à ce sentiment d'ancien patriotisme celui d'une généreuse solidarité pour la douleur. Une souscription de cent vingt-cinq mille francs fut envoyée par cette ancienne colonie française pour le soulagement des veuves et des orphelins de nos soldats vainqueurs.

Le centième anniversaire de la mort de Montcalm,

qui tombait en 1859, fournit l'occasion aux Canadiens français de rendre un éclatant hommage à la mémoire du héros. Ils inaugurèrent dans la chapelle des Ursulines, où il avait été enterré, un pieux monument qui porte la pompeuse inscription historique composée autrefois par l'Académie des Inscriptions et Belles-Lettres, mais qui n'avait jamais été exécutée.

Depuis l'incendie du Parlement, le siége du gouvernement avait alterné entre Toronto et Québec. Les Chambres le suivaient. Ce système ambulant entraînait d'énormes dépenses sans offrir un avantage réel. A la demande de la législature provinciale, la Reine trancha la difficulté du choix et désigna, en 1857, la ville d'Ottawa (autrefois Bytown) pour siége du gouvernement. Cette ville, sur la rivière Ottawa, ne datait que de 1811 ; mais sa position centrale, ses relations faciles avec tout le pays, le grand développement que lui avait fait prendre l'extension de son commerce, présageaient sa grandeur future. Depuis 1847 elle était le siége d'un évêché catholique.

Lord Monck remplaça sir Edmond Head en 1861. Son administration commença au milieu d'une agitation qui aurait pu devenir sérieuse. C'était comme le contre-coup de la guerre acharnée que se faisaient alors le Nord et le Sud des États-Unis, ou plutôt le résultat des sourdes menées et des tentatives infructueuses des Fénians. Mais la vigilance et l'attitude énergique du gouvernement surent rétablir l'ordre et la tranquillité sur les frontières et les maintenir à l'intérieur.

La manifestation généreuse que provoqua la situation faite à la religion en Italie par le parti anticatholique restera dans l'histoire comme un beau témoignage des dispositions des catholiques du Canada. Ils firent présenter au Souverain Pontife, en 1860, une énergique protestation contre les iniques spoliations dont il était victime, et, en même temps, l'œuvre du Denier de saint Pierre prit une forme régulière et se développa dans tout le pays.

Ce n'était pas assez. Le Canada prouva qu'il était prêt, s'il le fallait, à offrir aussi le sacrifice du sang. En 1866, trois cent cinquante jeunes gens de toutes les classes de la société s'enrôlèrent dans les Zouaves pontificaux et partirent pour Rome.

Fier de ses enfants, le pays, à l'aide de souscriptions volontaires, voulut se charger de toutes les dépenses d'armement, d'équipement, de voyage et même d'entretien.

Leur passage en corps fut une suite d'ovations, même au milieu des populations qui ne partageaient pas leur foi. Un Américain protestant, les voyant, leur demanda d'où ils venaient et où ils allaient. — « Nous venons, dirent-ils, du Canada, et nous allons
» à Rome pour entrer dans l'armée du Souverain
» Pontife. — Vous avez donc une prime d'engagement
» élevée pour faire un si long voyage? — Nous allons
» à nos frais et nous portons même de quoi subvenir à
» nos dépenses. Nous voulons combattre pour l'ordre
» et la religion. — Bravo! jeunes gens, dit l'interlocu-
» teur, les larmes aux yeux, que Dieu vous bénisse! »

Le passage à travers la France provoqua bien d'autres sympathies. Un poëte catholique, Victor de La Prade, de l'Académie française, les a salués par ces beaux vers, paraphrase de la devise de leur drapeau :

Allez votre chemin, Français du Nouveau-Monde !
Race de voyageurs tout à coup ranimés ;
Allez, laissant chez nous une trace féconde,
Offrir un noble sang au Dieu que vous aimez.
De nos jeunes Croisés vous êtes deux fois frères ;
Marchez aux mêmes cris et dans les mêmes rangs,
Faisant dire comme eux par vos œuvres guerrières :
Quand Dieu frappe un grand coup, c'est de la main des Francs!
Allez votre chemin, celui de vos ancêtres,
Ce chemin de martyrs qu'ils ont fait tant de fois ;
Gardez Rome éternelle au plus clément des Maîtres,
Image de son Dieu trônant sur une croix.
. . . .
Portez au Roi pasteur votre sang et nos larmes :
Nos droits sont dans le sien confondus aujourd'hui.
. . . .

L'année 1867 vit s'opérer dans l'organisation intérieure du Canada un changement qui modifiait son administration. Les différentes provinces anglaises du nord de l'Amérique, à l'exception de Terre-Neuve et de l'île du Prince-Édouard, furent réunies pour former une Confédération avec son administration et son gouvernement central ; mais en laissant à chacune d'elles son gouvernement local et particulier. La ville d'Ottawa est devenue la capitale de toute la Confédération ; puis Québec, celle du bas Canada, sous le nom de province de Québec ; Toronto, celle du haut Canada, sous le nom de province d'Ontario ; Halifax, celle de la Nouvelle-Écosse, et, enfin, Frédéric-Town, celle du Nouveau-Brunswich.

En même temps que l'Angleterre admettait cette transformation dans l'administration de ses colonies, elle leur laissait presque entièrement le droit de se gouverner elles-mêmes. Le lien qui les unit à la mère patrie ne semble plus que nominal. Elle s'est réservé cependant la prérogative de nommer le Gouverneur général de la Confédération, et le droit mal défini d'annuler au besoin les décisions des Parlements qui seraient en contradiction directe avec les lois de l'Empire.

A la suite de ces concessions faites à ses colonies, l'Angleterre leur laissa le soin de pourvoir à leur sûreté territoriale. Elle a retiré ses troupes, et la Confédération a organisé sa défense. Un corps de quarante-cinq mille hommes de troupes régulières a été formé, et la milice a été embrigadée.

Ainsi organisé, le Canada jouit, à l'heure actuelle, de l'ordre et de la liberté et n'a rien à envier à la vieille Europe.

XVI

COMPLÉMENTAIRE

§ I. — *Géographie du Canada.*

Le Canada compris dans le « Dominion » ou la Confédération des provinces britanniques de l'Amérique du Nord, a pour limites : au nord, le territoire de la baie d'Hudson ; à l'est, l'océan Atlantique ; au sud, le même océan, les États-Unis et les grands lacs ; à l'ouest, l'Orégon.

Ce territoire est compris entre le 42° et le 52° de latitude nord, et entre le 54° 40' et le 66° 30' de longitude ouest. Il forme dans sa partie centrale un vaste bassin dans lequel coule le Saint-Laurent, du sud-ouest au nord-est, entre deux chaînes de montagnes. Celle du sud commence au cap des Rosiers, à l'embouchure du Saint-Laurent, et se continue dans les États-Unis, pour se rallier aux Alléganies ou Apalaches.

La seconde chaîne au nord du Canada semble prendre naissance au cap Tourmente, près de Québec, quoiqu'une de ses branches s'étende dans le Labrador. Elle se prolonge à l'ouest, jusqu'au-delà des grands lacs. On a donné à ces montagnes le nom de Laurentides.

Le Canada est remarquable par l'abondance de ses eaux intérieures. Son grand fleuve, dont on place la source au-delà du lac Supérieur, a un cours de plus de deux mille kilomètres. Il traverse les lacs Supérieur, Huron, Érié et Ontario, et reçoit de nombreux tributaires. Les plus considérables sont l'Ottaoua et le Saguenay.

Le lac Supérieur, le plus grand de ses lacs, a près de quatre cent quatre-vingts kilomètres de longueur sur cent deux de largeur. Sa profondeur atteint trois cent quarante mètres, quoique sa surface ne soit qu'à cent quatre-vingt-deux mètres au-dessus de la mer. La pureté de ses eaux est remarquable. Ses rives, surtout au sud, offrent les aspects les plus pittoresques. Leur richesse minérale en cuivre est connue depuis longtemps. On l'exploite aujourd'hui sur une très-grande échelle.

Le lac Huron reçoit les eaux du lac Supérieur par la petite rivière Sainte-Marie, qui porte le nom de Saut-Sainte-Marie, quoiqu'elle ne soit qu'un long rapide.

Ce lac, de trois cent trente-trois kilomètres de longueur, sur quatre-vingt-dix de largeur en moyenne, a trois cent trente-six mètres de profondeur ; mais son niveau au-dessus de la mer n'est que de cent soixante-seize mètres. Le long de sa côte septentrionale, se trouve la grande île Manitoulin, qui a deux cent quatre-vingts kilomètres de longueur. Les Sauvages la vénéraient comme la demeure du Grand-Manitou. La petite île de Missillimakinac, située au nord-ouest, sur le canal qui unit le lac Huron au lac Michigan, est restée célèbre dans l'histoire du Canada.

La rive nord du lac Huron est aride ; mais la rive sud est très-fertile et se couvre d'établissements importants.

Le lac Huron reçoit par la rivière des Français les eaux du lac Nipissing, appelé autrefois le Lac des Sorciers, et, par la rivière Severn, celles du lac Simcoe.

La rivière Sainte-Claire sert de canal au lac Huron, pour se décharger dans le lac Érié. Ce lac, de trois cent vingt-huit kilomètres de longueur, en a quatre-vingt-quatre de largeur. Son niveau est à peine dix mètres plus bas que celui du lac Huron, et sa profondeur n'atteint qu'à vingt-cinq mètres. Il a des bas-fonds dangereux, et il est exposé aux tempêtes. Sur sa rive nord se trouve la contrée la plus fertile et la plus riche du haut Canada.

La rivière de Niagara relie le lac Érié au lac Ontario. Elle forme la célèbre cataracte de ce nom.

La hauteur verticale de la chute est de cinquante-cinq mètres ; mais, pendant un kilomètre en amont, la rapidité des eaux est extrême, et elles roulent au milieu des rochers avec un horrible fracas. La chute a la forme d'un fer à cheval de près de six cents mètres de large. L'Ile-à-la-Chèvre divise la chute en deux parties inégales.

CHUTE DU NIAGARA.

Quelques auteurs américains ont voulu calculer la quantité d'eau qui passait par cette chute. Leur solution très-variée donne comme moyenne trente-quatre millions trois cent vingt et un mille six cent quarante-quatre mètres cubes par minute.

Le lac Ontario, c'est-à-dire le « beau lac », a deux cent quarante kilomètres de longueur sur quatre-vingt-treize de largeur. Sa profondeur atteint deux cent soixante mètres, quoique son niveau ne soit qu'à soixante-dix mètres au-dessus de l'Océan. Ses rives sont gracieuses et très-riches : elles sont couvertes de villages florissants et de populeuses cités. Toronto, sur la rive nord, est la capitale de la nouvelle province d'Ontario ; elle est en même temps le centre d'un très-grand commerce.

La contrée au nord du lac Ontario et à l'est du lac Simcoe est remarquable par sa fertilité, par un grand nombre de petits lacs, mais surtout par l'élévation de leur niveau. Celui du lac Simcoe est à deux cent quatorze mètres au-dessus de l'Océan, et celui du lac Balsam à deux cent quarante-sept mètres.

La ville de Kingston, à la pointe nord-est du lac Ontario, où il se décharge dans le Saint-Laurent, est le principal poste maritime du Canada sur les lacs. Elle est située près de l'ancien fort Frontenac, qui a porté longtemps le nom de Catarakouy.

Depuis sa sortie du lac Ontario, le Saint-Laurent conserve son nom jusqu'à la mer. Son lit, près de là, est semé de tant d'îles qu'on leur donne le nom des Mille-Iles. En s'approchant de l'île de Montréal, il s'élargit pour former le lac Saint-Louis, que viennent grossir les eaux de la rivière Ottawa, affluent du nord. Cette rivière, qui a un cours de plus de quatre cent soixante-sept kilomètres, arrose une contrée dont les forêts sont une immense richesse. Elles fournissent annuellement au marché européen plus de onze millions six cent soixante-dix mille mètres cubes de bois de construction de toute nature.

C'est sur les bords de l'Ottawa que se trouve la ville de ce nom, aujourd'hui la capitale générale du Canada, et le siége du gouvernement de la nouvelle Confédération.

On admire, près d'Ottawa, la célèbre chute des Chaudières, sur la rivière Ottawa, et celle du Rideau, à l'embouchure de la petite rivière de ce nom.

L'île de Montréal, formée par le Saint-Laurent et par la rivière d'Ottawa qui se divise, pour la baigner, au nord et à l'est, doit son nom à la montagne qui s'élève sur la rive sud, et qui semble dominer comme une reine sur la contrée. A sa pointe nord, se trouve le fameux rapide appelé à tort le Saut-Saint-Louis, sur une longueur de près de cinq kilomètres; la rapidité du courant est estimée à vingt-quatre kilomètres à l'heure.

La ville de Montréal, la plus considérable et la plus belle du Canada, est au sud de l'île. Elle compte cent quatre mille habitants.

Depuis 1860, l'île de Montréal est reliée au continent sud par le magnifique pont tubulaire appelé Victoria, une des plus hardies constructions des temps modernes.

Ce tube a trois kilomètres de long, et repose sur vingt-trois piliers, qui s'élèvent à plus de dix mètres

PONT VICTORIA A MONTREAL

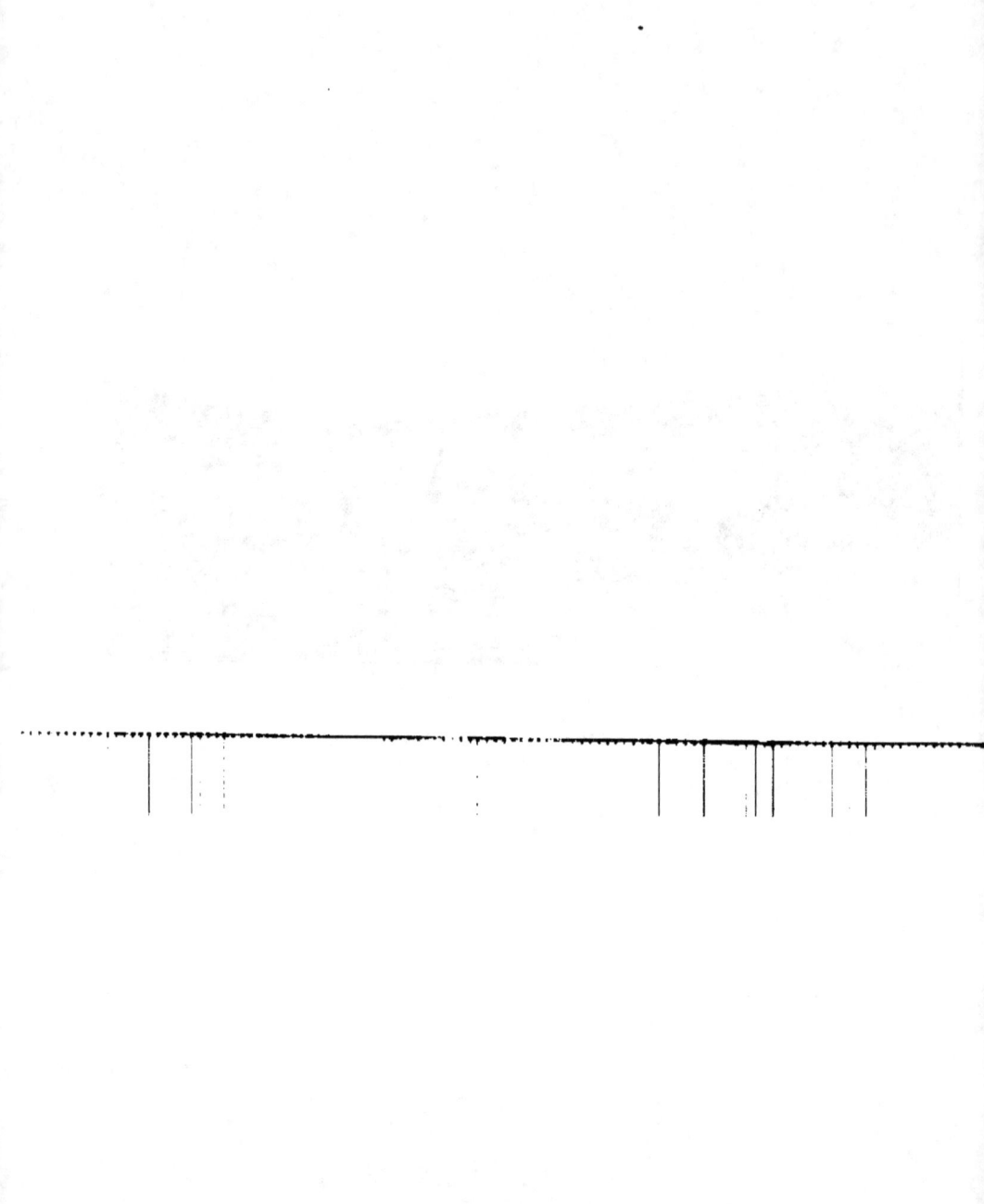

au-dessus des plus hautes eaux. L'arche du milieu mesure cent dix mètres.

En descendant le fleuve de Montréal à Québec, on est au centre de l'ancien Canada. Ses rives sont couvertes d'habitations gracieuses, de riches villages et de petites villes.

Ses affluents au sud, dans sa partie élargie qui porte le nom de lac Saint-Pierre, sont la rivière Richelieu, qui sert de décharge au lac Champlain, et la rivière Saint-François. Toutes deux arrosent de très-riches et très-fertiles contrées.

Le Saint-Laurent reçoit au nord les eaux du Saint-Maurice, près de la jolie ville de Trois-Rivières, la plus ancienne du pays après Québec. Le flux et le reflux de la mer se font sentir jusque-là.

Deux cent quarante kilomètres au-dessous de Trois-Rivières se trouve la cité de Québec, longtemps capitale de tout le Canada, et aujourd'hui capitale de la province qui porte son nom. C'est près de cette ville que se trouve, sur la rive gauche, le village de Sillery, et, sur la rive droite, la rivière de la Chaudière, qui forme, près de son embouchure, une imposante cascade.

Quand Jacques Cartier vint explorer le Saint-Laurent en 1535, l'emplacement de Québec était occupé par le village sauvage de Stadaconé. Champlain, le fondateur de la ville française en 1608, n'y trouva plus les Sauvages; mais ce lieu lui parut avec raison comme la porte du pays. Du haut du cap que forme la côte, à la pointe de Québec, on commande le passage du fleuve qui n'a vis-à-vis que quatorze cent soixante-douze mètres de large. La citadelle, bâtie sur ce point élevé, est regardée comme une des plus fortes du monde. La haute ville est remarquable par ses édifices publics et privés.

Aussitôt après la ville, le fleuve en s'élargissant forme une vaste rade. Dans le port même de Québec, les marées atteignent un maximum de sept mètres. La moyenne est de quatre mètres. Pour donner une idée du port de Québec, il suffit de dire que *le Great-Eastern*, ce vaisseau de plus de deux cent trente mètres de long, a pu jeter l'ancre près de la ville, et suivre à son aise le mouvement de la marée.

La pittoresque cascade du Montmorency est près de la ville, sur la rive gauche. Elle a soixante-seize mètres de chute.

Après la rade de Québec, que ferme l'île d'Orléans, le fleuve va toujours en s'élargissant jusqu'à son embouchure. Devant la pointe, à l'est de l'île d'Anticosti, il a environ cent huit kilomètres de large.

Parmi les nombreuses rivières qu'il reçoit avant ce terme, il faut signaler sur la rive gauche, à cent soixante kilomètres de Québec, la rivière du Saguenay qui, pendant quatre-vingt-douze kilomètres, a toutes les allures d'un grand fleuve. Sa largeur a plus de deux kilomètres et sa profondeur, devant Tadoussac, dépasse de cent mètres celle de Saint-Laurent. Ses rives, hautes souvent de cinquante mètres, sont presque partout abruptes et offrent l'aspect le plus grandiose.

La grande île d'Anticosti, de cent quatre-vingt kilomètres de long sur quarante-huit de large, n'est qu'un vaste rocher dénudé et presque entièrement stérile.

Le Nouveau-Brunswich est une des provinces confédérées du Canada. Sa capitale, Frédéric-Town, a été érigée en évêché en 1842, et un autre évêque catholique a été installé dans la baie de Miramichi, à Chatham, en 1860.

La contrée offre beaucoup de ressources pour le commerce du bois et pour la chasse. Sa population, en 1871, s'élevait à trois cent vingt-neuf mille habitants.

La Nouvelle-Écosse, autrefois l'Acadie, qui compte environ trois cent six mille quatre cents habitants, est aussi entrée dans la Confédération du Canada et forme une province qui comprend l'île du Cap-Breton. Halifax en est la capitale. Son port, un des plus beaux du monde, est l'arsenal maritime de l'Angleterre dans l'Amérique du Nord. Cette ville, formée en vicariat apostolique en 1817, puis en évêché en 1843, est devenue archevêché en 1852.

Port-Royal, sur la côte nord de l'Acadie, reçut la première colonie française de ces contrées en 1604.

L'île du Cap-Breton est très-peu peuplée. Elle possède un évêché à Arichat depuis 1844. La ville de Louisbourg, qui a eu une si grande importance dans la dernière guerre des Français, n'a jamais été relevée de ses ruines depuis 1758.

L'île du Prince-Édouard, autrefois île Saint-Jean,

n'est pas encore entrée dans la Confédération du Canada, à cause de la nature du fermage de ses terres. Sa population, en 1871, était de quatre-vingt-dix-neuf mille deux cent soixante habitants.

Son sol est très-fertile et ses pêcheries très-abondantes. Sa capitale, Charlotte-Town, autrefois Port-la-Joie, a été érigée en vicariat apostolique en 1819 et en évêché en 1829.

L'étendue de cette île en fait un petit continent de plus de cinq cents kilomètres de long sur près de quatre cents de large.

Cette terre, l'une des premières découvertes, est une des moins connues dans son intérieur, à cause de la rigueur excessive du climat et de la nature de son sol couvert de forêts, de montagnes, de marais et de lacs. Sa population, en 1871, était de cent quarante-huit mille trois cent quatre-vingt-sept habitants. La ville de Saint-Jean est sa capitale et le siége de son gouvernement. Un évêché y a été érigé en 1847, et, depuis 1856, un second évêché a été établi dans la ville du Havre-de-Grâce.

Un vicariat apostolique a, en outre, été fondé le 17 septembre 1871 dans la baie Saint-Georges, pour la côte ouest de l'île.

C'est à la baie de la Trinité, au sud-ouest, qu'aboutit le câble électrique de deux mille cinq cent soixante kilomètres, parti de Valentia, au sud de l'Irlande.

La richesse de Terre-Neuve vient surtout de la pêche de la morue qui se fait vis-à-vis de sa côte orientale, sur un immense banc de sable de plus de huit cents kilomètres de long. Plus de trois mille vaisseaux de toutes les nations se livrent à cette pêche, et enlèvent chaque année trente-cinq millions de kilogrammes de morue.

Au sud de Terre-Neuve, la France possède encore les deux îlots de Saint-Pierre et de Miquelon, seuls débris de ses vastes possessions de l'Amérique du Nord ; mais les pêcheurs français ont encore le droit d'avoir, sur la côte est de Terre-Neuve, des établissements temporaires pour sécher le poisson.

§ II. — *Climat ; Productions.*

Le climat du Canada est très-varié. Il est facile d'y constater cette singularité atmosphérique, que les zones isothermes ne suivent pas les degrés de latitude. Québec, à 46° 49' de latitude, atteint, en hiver, jusqu'à — 38°, et en été jusqu'à + 33° ; tandis qu'à Nantes, sous le 47° 13' de latitude, le froid atteint rarement — 6° et la chaleur + 25°.

Le haut Canada, dans sa partie sud, est beaucoup plus tempéré que le bas Canada. A partir de Montréal, la terre reste couverte de neige depuis le mois de décembre jusqu'au mois d'avril, et la navigation est complétement interrompue. Les fleuves et les rivières gèlent en grande partie.

La direction des vents influe beaucoup sur le climat du Canada. Les vents du nord-ouest sont les plus violents et les plus constants. Malgré la rigueur de l'hiver, le climat est très-sain et le sol très-fertile. A part les régions du Nord, toutes les céréales et presque toutes les plantes potagères y prospèrent. Les fruits y sont très-abondants.

Les forêts sont une des grandes richesses du Canada et fournissent d'énormes ressources pour les constructions, l'ébénisterie, la sculpture et la menuiserie.

L'érable du Canada fournit du sucre à ses habitants (1). On l'obtient au printemps en recueillant sa sève et en la soumettant à l'évaporation.

La plante médicinale qui a eu le plus de réputation est le gensein, que le P. Lafitau découvrit dans les forêts du saut Saint-Louis, et qui se rencontre dans presque tout le pays. On lui reconnaît les mêmes propriétés qu'à celui qui vient de la Montgolie. Il s'est vendu jusqu'à cinquante francs le kilogramme ; mais les marchands l'ayant mis au four au lieu de le faire sécher à l'ombre lui enlevèrent de sa qualité, et le prix baissa considérablement (2).

(1) En 1852, on en recueillit deux millions et demi de kilogrammes.
(2) L'abbé Ferland, *Cours d'histoire du Canada.*

§ III. — *Zoologie.*

Les plus grands animaux du Canada sont l'orignal, qui ressemble à l'élan, et le caribou, espèce de renne.

L'ORIGNAL.

Viennent ensuite l'ours blanc, qui ne quitte jamais les régions glacées, puis l'ours noir, l'ours roux, le chevreuil, le loup, le lynx, le porc-épic, le chat sauvage et le renard. On trouve, surtout dans les régions

LE CARIBOU.

du Nord, un renard dont la fourrure est comme argentée et se vend très-cher. Beaucoup d'autres animaux sont encore recherchés à cause de leur fourrure, comme le vison, l'écureuil, le rat musqué, la marte, la fouine, l'hermine, la loutre, le lièvre et surtout le castor, qui devient de plus en plus rare.

LE PORC-ÉPIC.

Les animaux domestiques d'Europe s'y sont très-bien acclimatés, à l'exception de l'âne.

On y trouve peu de reptiles. Le serpent à sonnette est le seul dangereux.

Les oiseaux du Canada sont presque tous voyageurs. L'aigle, le faucon, le chat-huant, le grand-duc, le dindon, le pigeon, le corbeau, la perdrix, la tourterelle, l'oiseau-moqueur, le rossignol et l'oiseau-mouche, y reviennent chaque année. Les oiseaux de rivière sont surtout très-nombreux à certaines époques. Ce sont les cygnes, les oies, les outardes, une grande variété de canards, etc.

Les animaux qui peuplent les mers, les rivières et les lacs sont, proportion gardée, plus abondants encore : les baleines, les vaches marines et tous les autres cétacés se trouvaient autrefois dans le golfe Saint-Laurent. Il faut aujourd'hui remonter plus au nord. Mais le marsouin, le loup et le veau marin y sont toujours très-nombreux. Les petits poissons, à certaines époques, se montrent en quantité prodigieuse.

Les eaux douces ne sont pas moins riches en espèces variées. Les plus grandes sont l'esturgeon et le saumon. Le poisson armé, ainsi nommé à cause de sa bouche qui forme un bec allongé, est une des spécialités et des curiosités des eaux du Canada.

Les insectes de toute nature y pullulent et deviennent quelquefois un vrai fléau, comme les cousins ou maringouins, la mouche hessoise, les hannetons, les sauterelles et les suceurs de toutes sortes.

§ IV. — *Géologie et Minéralogie.*

Le sol du Canada appartient en grande partie aux terrains primitifs et aux terrains de transition. Le granit se montre à découvert sur presque tous les points. On trouve dans bien des localités des calcaires et des schistes, l'ardoise, la pierre meulière, la pierre ollaire, les gypses.

Les mines houillères de la Nouvelle-Écosse sont d'une grande richesse.

Le Canada a aussi ses pierres précieuses : la calcédoine, la cornaline, le jaspe, l'opale, l'agate et la serpentine. Les argiles bonnes pour la brique et la poterie sont abondantes, ainsi que les ocres de différentes couleurs.

La richesse minérale du pays a été longtemps à peu près ignorée, parce qu'il n'était guère possible de l'exploiter. Aujourd'hui on connaît les gisements puissants de cuivre du haut Canada et de grands dépôts de minerai de fer. L'argent s'y montre souvent mêlé au cuivre. On rencontre l'or surtout au sud du Saint-Laurent, dans la province de Québec, ainsi que le plomb, le titane et même un peu de mercure.

§ V. — *Agriculture ; Commerce ; Industrie.*

Le Canada est un pays essentiellement agricole, et son sol fait sa richesse. L'exportation annuelle de ses grains dépasse trois millions d'hectolitres.

Le mouvement des animaux domestiques a suivi celui des céréales.

Le commerce général du pays est dans la même progression que la population. On l'a vu quadrupler dans l'espace de six ans, et il est puissamment secondé par le développement de l'industrie.

L'état prospère et toujours croissant des banques du pays est un gage des progrès de son commerce.

Les grandes lignes de communication ouvertes dans toutes les directions ont contribué puissamment à ce développement. De vastes canaux, capables de recevoir des bâtiments de plus de deux cents tonneaux, permettent aux navires européens de surmonter les obstacles que la navigation trouve dans les rivières, et de pénétrer jusqu'au fond des grands lacs. Le Saint-Laurent devient ainsi comme le débouché des vastes régions de l'Ouest.

Les chemins de fer offrent une autre ressource. Ils sillonnent le pays. La plus grande voie, celle du Grand-Tronc, va d'une extrémité à l'autre du pays, et forme une ligne de treize cent vingts kilomètres. Elle traverse le Saint-Laurent sur le pont tubulaire Victoria.

Une autre ligne bien plus gigantesque est déjà en voie d'exécution. Elle reliera le lac Supérieur à l'Orégon, en traversant l'Amérique britannique.

Les lignes télégraphiques se croisent dans toutes les directions et desservent même de petites localités.

Deux fois par semaine, des steamers transatlantiques mettent le Canada en rapport direct avec l'Europe.

§ VI. — *Population; Religion; Éducation.*

La population du Canada, restée longtemps stationnaire, a pris de grands développements. En 1760, elle était de soixante-dix mille âmes, et, en 1829, de six cent quatre-vingt-seize mille. En 1852, elle s'élevait à deux millions trois cent douze mille cent quatre-vingt-deux, et, en 1869, à trois millions trois cent soixante-dix-neuf mille sept cent quatre-vingt-six.

Le nombre des Sauvages, anciens habitants du pays, diminue chaque jour. Dans le Canada proprement dit, ils sont à peine sept à huit mille : Hurons, Iroquois, Algonquins, Montagnais, Chipeways, Abénaquis.

Pendant la domination française, la religion catholique était seule reconnue en Canada. Elle lui a imprimé cette forte empreinte de moralité et de sentiments élevés qui distingue ses habitants. Le pays lui doit ses principaux établissements de charité et d'éducation. La Confédération compte aujourd'hui cinq archevêques et dix-huit évêques.

Le culte protestant s'est introduit avec la conquête et domine dans le haut Canada. Il compte, dans tout le pays, six évêques anglicans et plus de douze cents ministres de différentes dominations.

Grâce à l'encouragement généreux du gouvernement, l'état de l'instruction publique est au niveau des pays les plus avancés. La province possède plusieurs Universités pour la collation des degrés et les études professionnelles, et seize colléges ou séminaires où se distribue une instruction classique complète.

Comme complément de l'éducation, il faut citer

les nombreuses associations littéraires, historiques et scientifiques, les chambres de lecture, les bibliothèques, les feuilles publiques au nombre de plus de cent dix, tant en anglais qu'en français.

Le gouvernement entretient deux observatoires, l'un à Québec et l'autre à Toronto, et il fait faire par une commission spéciale des études complètes sur la géologie de tout le pays.

§ VII. — *Gouvernement; Pouvoir législatif et judiciaire.*

Depuis 1867, les provinces anglaises de l'Amérique du Nord forment une Confédération qui a son administration générale avec un Gouverneur représentant la Couronne et nommé par elle; un Sénat dont les membres sont nommés à vie par la Couronne, et une Chambre des communes élue par le peuple. A cette administration appartient la législation pénale, douanienne et commerciale, ainsi que les questions d'intérêt commun et international.

Cette Confédération se compose de neuf provinces : la province d'Ontario, la province de Québec, le Nouveau-Brunswich, la Nouvelle Écosse, l'île du Prince-Édouard, Terre-Neuve, les territoires du Nord-Ouest, la Rivière-Rouge et la Colombie anglaise.

Chaque province unie est régie par une administration locale, composée d'un Lieutenant-Gouverneur avec ses ministres, d'un Conseil législatif dont les membres sont à vie, et d'une Chambre de représentants dont les membres sont élus par le peuple.

Toute l'intervention de la métropole est dans le *veto* qu'elle se réserve pour certains actes du Parlement fédéral.

Les municipalités locales conduisent les affaires propres des villes, des paroisses, des cantons et des comtés.

Le pouvoir judiciaire s'exerce par des tribunaux de différents degrés, en partie calqués sur ceux de la métropole; mais, dans certains cas, il est permis d'interjeter appel au Conseil privé en Angleterre.

On le voit, l'embryon élevé avec tant de soins par Champlain a grandi et est devenu un géant : malheureusement la France n'a su ni le protéger ni le défendre.

APPENDICE

Note A, *pages* 10 *et* 209.

Jacques Cartier est le seul qui ait employé le mot d'Esurguy. Il fut curieux de connaître comment ces peuples si peu avancés dans les arts pouvaient se procurer cet ornement; et voici la tradition qu'il recueillit de la bouche des Sauvages : « Quand un
» homme a deservi la mort ou qu'ils ont pris au-
» cun ennemi à la guerre, ils le tuent, puis l'inci-
» sent sur les cuisses èt par les jambes, bras et
» épaules, à grandes taillades; puis ès-lieux où est le
» dit Esurguy, avalent le dit corps au fond de l'eau
» et le laissent dix ou douze heures, puis le retirent
» à mont et trouvent dedans les dits cornibets, des-
» quels ils font des pastesnostres, et de ce usent

» comme nous faisons d'or et d'argent, et le tiennent
» la plus précieuse chose du monde (1). »

Que ce récit soit vrai ou qu'il soit une plaisanterie des Sauvages désireux de cacher leur secret, il est certain que cette pêche ne se faisait plus dans le Saint-Laurent cinquante ans plus tard. Les peuples de la contrée n'avaient plus ces coquillages, d'après le témoignage de Lescarbot qui publia son *Histoire de la Nouvelle-France*, en 1609. « Peut-estre, dit-il,
» ils en avoient perdu le mestier ; car ils se servent
» fort de Matachiaz (grain de rassade) qu'on leur
» porte de France. »

Cet usage s'est conservé longtemps parmi les peuples qui n'avaient pas de rapports avec les Européens. Nous en avons indiqué l'emploi, *page* 19. Les Colliers et les Branches de porcelaine étaient un agent universel. Les grains qui les composaient provenaient de certains coquillages marins, connus sous les différents noms de Vignole, Escargot de mer, *Concha Veneris*. Les Italiens les appelaient *Porcella*, d'où, selon le P. Lafitau, on a fait porcelaine.

Les Sauvages les brisaient et, en frottant les morceaux sur des pierres, ils leur donnaient la forme de petits cylindres aplatis ou allongés. Il y en avait de blancs et de violets ; ces derniers étaient les plus estimés. Ils étaient percés dans l'axe du cylindre et enfilés sur des lanières de cuir. C'étaient alors des branches de porcelaine. Les colliers, sous la forme

(1) III° Voy., ch. vii.

d'une ceinture de soixante-dix centimètres de long environ, étaient composés de plusieurs branches dont les grains étaient liés entre eux, comme dans un tissu, et disposées avec goût, de manière que le mélange des couleurs produisait des dessins variés. Les colliers ordinaires avaient douze rangs de cent quatre-vingts grains chacun. Les Sauvages en faisaient des ceintures, des bracelets, des pendants d'oreilles et quelquefois des plaques qu'ils suspendaient sur la poitrine et sur le dos. Le F. Sagard raconte qu'il en a vu décorés de la sorte.

Ces coquillages ainsi travaillés recevaient généralement le nom de Wampum et provenaient surtout des côtes de la Nouvelle-Angleterre et de la Virginie. On en recueillait aussi sur les côtes de Long-Island, et les Hollandais, qui habitaient ces parages, se livraient à cette spéculation qu'ils considéraient comme leur principale richesse. Le Wampum fut longtemps leur monnaie usuelle. Six grains blancs et deux noirs valaient deux sols.

Les Andastoès étaient célèbres pour ce genre de commerce. Champlain mentionne cette spécialité dans sa carte.

NOTE B, *page 22.*

Tombeaux hurons.

Châteaubriand a eu raison de dire que le culte des tombeaux tient une grande place dans l'histoire des hommes. Il révèle le sentiment intime de l'immorta-

lité, si profondément gravé dans le cœur humain, et qu'on retrouve même au milieu des peuples sauvages. Les tombeaux des Hurons sont certainement une des pages de leur histoire la plus curieuse à étudier. « Nos Sauvages, écrivait le P. de Brébeuf (1), ne
» sont pas Sauvages en ce qui regarde les devoirs
» que la nature même nous oblige de rendre aux
» morts. Ils ne cèdent point en ceci à plusieurs na-
» tions beaucoup mieux policées. Vous diriez que
» tous leurs travaux et leur commerce ne se rap-
» portent qu'à amasser de quoi honorer ceux qui ne
» sont plus. Ils n'ont rien d'assez précieux pour cet
» effet. Ils prodiguent les pelleteries, les haches et
» la porcelaine en telle quantité que vous jugeriez,
» à les voir en ces occasions, qu'ils n'en font aucun
» cas, et, cependant, ce sont toutes les richesses du
» pays. Vous les verrez souvent, en plein hiver,
» presque nus, pendant qu'ils ont de belles et bon-
» nes fourrures qu'ils réservent pour les morts. C'est
» leur point d'honneur, et c'est en cette occasion
» qu'ils veulent surtout paraître magnifiques. »

Nous avons dit qu'il y avait deux sortes de sépultures chez les Hurons : l'une privée et temporaire, qu'on peut appeler le culte de la famille et de l'amitié; l'autre publique et solennelle, à laquelle la nation entière prenait part au milieu d'un grand concours et d'un imposant appareil. C'était le culte public et comme national.

---

(1) *Relation de 1636.*

Les petits enfants et ceux qui mouraient de mort violente n'avaient pas part à ces honneurs funèbres. Les premiers étaient ensevelis sur le bord des chemins, pour donner à leur âme, selon la croyance commune, une occasion facile d'entrer dans d'autres corps. On ensevelissait les autres sur le théâtre même de leur fin tragique. Leurs âmes étaient regardées comme n'ayant aucun commerce, dans l'autre vie, avec ceux qui mouraient de mort naturelle.

La première forme de sépulture avait lieu trois jours après le décès, lorsque les parents et les amis avaient donné une pleine satisfaction à leur douleur. Le matin, avant de partir pour le champ de la mort, le capitaine du village ordonnait de *faire chaudière* pour le défunt, c'est-à-dire, de faire un festin. Dans leurs idées grossières, ils croyaient que c'était donner au mort un grand soulagement et le témoignage le plus sincère de leurs regrets. Le capitaine chargé de conduire le deuil ne manquait pas de faire l'éloge du défunt et d'énumérer en détail les présents offerts par ses amis pour l'honorer. « C'est là, ajoute le » P. de Brébeuf, la consolation la plus agréable aux » parents. »

Quelques-uns de ces présents ou des objets qui avaient appartenu au mort, comme son arc, son casse-tête, sa pagaie, étaient ordinairement suspendus à ce tombeau aérien. (*Voir* la gravure, à la page 117.)

Les parents du défunt revenaient pendant plusieurs jours pour pleurer auprès de sa dépouille mortelle ; mais ils restaient persuadés que son âme, avant la *fête des Morts,* ne s'éloignait pas de la cabane qu'elle avait habitée, et qu'elle venait la nuit se nourrir des restes du repas de la famille.

Quelquefois ils ne consentaient pas à porter au champ de la mort les dépouilles de ceux qu'ils avaient tendrement aimés. « On a vu une mère, dit le P. Bres-
» sani, conserver dans sa cabane pendant plusieurs
» années le cadavre de son enfant, malgré l'horrible
» infection qu'il exhalait, mais dont l'amour maternel
» surmontait sans peine les répugnances. »

Ce dépôt domestique était regardé comme tellement sacré et digne de respect, qu'avant d'éteindre les flammes qui auraient menacé la cabane ou un village entier, les familles mettaient d'abord en sûreté les ossements de ceux qui y étaient conservés.

Par leur nature même, ces tombeaux du champ des morts n'étaient que temporaires, et il n'est pas étonnant qu'il n'en reste aucune trace.

Il n'en est pas ainsi de la seconde espèce de tombeaux hurons. Ces monuments curieux, qui datent aujourd'hui de plus de deux siècles, offrent à l'archéologue des objets d'étude d'un très-haut intérêt pour l'histoire de ces peuples. Nous en connaissons la description détaillée par les lettres des missionnaires contemporains et surtout par celle du P. de Brébeuf qui les avait vus de ses yeux. Il ne manquait plus, pour confirmer leurs récits, que de retrouver dans le sol quelques-uns de ces antiques ossuaires; plusieurs ont été découverts au milieu de ce siècle.

Tous les huit ou dix ans, les Hurons avaient l'usage de célébrer ce qu'ils appelaient la *fête des Morts*. Les villages d'une tribu étaient tous invités à y prendre part. Le lieu et l'époque de la cérémonie étaient choisis dans le Conseil des anciens. Elle consistait à transporter solennellement les ossements dans une fosse commune.

Chaque famille préparait ses morts. Elle allait les prendre dans le champ funèbre et, quel que fût leur état de décomposition, elle dépouillait leurs ossements de tout ce qui restait de chair, et les enveloppait dans de riches peaux de castor. On en a vu cependant faire figurer des cadavres entiers quand ils n'étaient pas trop décomposés, ou des squelettes dont les os avaient été réunis et reliés ensemble. « J'admirai, écrit le P. de Brébeuf, la tendresse
» d'une femme envers son père et ses enfants. Elle
» est fille d'un grand capitaine. Elle peignait sa che-
» velure ; elle maniait ses os les uns après les autres
» avec la même affection que si elle eût voulu lui
» rendre la vie. Elle mit auprès de lui son *Atsa-*
» *toneouai*, c'est-à-dire, son paquet de buchettes de
» conseil, qui sont tous les livres et papiers du pays.
» Pour ses petits enfants, elle leur mit des bracelets
» de porcelaine et de rassade aux bras, et baigna
» leurs os de ses larmes. On ne l'en pouvait quasi
» séparer. »

Le P. de Brébeuf fut invité, en 1636, à assister à la fête des Morts, à laquelle prenait part le village d'Ihonatiria où résidaient alors les missionnaires. Elle eut lieu le lundi après la Pentecôte, près du village d'Ossossane.

La marche du convoi funèbre était si lente, que le village d'Ihonatiria mit trois jours à faire les seize kilomètres qui le séparait d'Ossossane. L'histoire des défunts était le seul sujet de la conversation. De temps en temps toute la foule poussait des cris lugubres en signe de deuil et pour soulager les âmes.

Pour cette grande scène funèbre on avait creusé, près du village d'Ossossane, une fosse circulaire de trois mètres et demi environ de profondeur et de huit mètres et demi de diamètre. Un linceul énorme formé de près de quatre cent quatre-vingts peaux de castor tapissait le fond et les côtés, et dépassait assez pour pouvoir recouvrir le dépôt.

Les différents convois arrivaient au rendez-vous et on y vit bientôt réunies plus de deux mille personnes.

Près de la fosse était élevé une espèce de théâtre ou de plate-forme de trois mètres de haut sur quatorze à quinze de large. Il couvrait un vaste espace. De longues perches dressées le long de ce théâtre étaient destinées à recevoir les plus riches présents, pour les rendre visibles à la foule. On en compta plus de douze cents et ils restèrent exposés pendant deux heures, autant pour satisfaire la vanité des uns que pour exciter la cupidité des autres.

Enfin on se mit en devoir de combler la fosse. On mit d'abord au centre trois grandes chaudières ; « mais, remarque malicieusement le P. de Brébeuf, » elles n'étaient vraiment bonnes que pour les morts :

» l'une était percée, l'autre n'avait pas d'anse, et la
» troisième ne valait guère mieux. »

Les corps entiers et les squelettes furent alors rangés en ordre sur le fond, et les autres ossements furent jetés pêle-mêle par dessus. La fosse se trouva remplie à un demi-mètre près. Enfin, quelques femmes jetèrent sur ces ossements des poignées de blé d'Inde, pour servir aux morts dans leur voyage vers l'Ouest où se trouve, d'après la croyance de ces peuples, le *pays des âmes*. On recouvrit le tout avec le linceul de castor, et on combla le vide avec du sable, du bois et des pierres.

Les Sauvages passèrent là la nuit dans des jeux et des festins.

Le lendemain, les présents offerts furent distribués aux étrangers et aux capitaines. Anenkionde, le capitaine général du pays, en offrit un au P. de Brébeuf pour le remercier de sa présence.

Cette forme de sépulture en usage chez les Hurons devait, par sa nature, avoir laissé des traces dans le sol sur plusieurs points de leur territoire. Quelques-uns de ces vastes tombeaux ont été en effet découverts. Si l'on n'a pas encore trouvé celui qu'avait vu le P. de Brébeuf, les six qui ont été explorés présentent la même forme et les mêmes caractères historiques. On dirait qu'ils ont servi de thème à sa description.

La première découverte remonte à 1845 et fut faite près de Barrie, sur les bords du lac Simcoe. Ce tombeau ne fut l'objet d'aucune étude. Il n'y avait là personne qui pût remonter à son origine par la connaissance de l'histoire des Hurons.

A partir de 1847, cinq autres tombeaux ont été successivement découverts sur divers points de la contrée, et ils ont donné lieu aux recherches et aux descriptions les plus minutieuses. L'un d'eux, à huit kilomètres de Penetangueschene, avait les mêmes dimensions que celui qui a été décrit par le P. de Brébeuf. Au milieu des ossements qui reposaient aussi sur un lit de castor, il y avait vingt-six chaudières en cuivre, une grande hache en fer, des calumets et une quantité de grains de rassade et de wampum ; enfin trois gros coquillages marins, percés à leur base spirale, qui servaient de trompe aux Sauvages.

On a compté dans un tombeau quinze cents têtes. Toutes les chaudières, qui s'y trouvaient encore au nombre de vingt-six, avaient été mises hors de service par deux et trois coups de hache, dans le milieu, pour ôter sans doute tout appas à la cupidité.

Il n'y a de variété entre ces tombeaux que dans la richesse des ornements qui accompagnent les ossements. On y a trouvé des bracelets, des pendants d'oreilles, des pointes de flèche, de petits cylindres en verre polycrônes, et même une cuiller en fer.

Jusqu'à présent, tous ces tombeaux ne remontent qu'à la présence des Français en Canada, comme le prouvent les curiosités qu'ils renferment.

Nous donnons, d'après nature, la vue d'un de ces tombeaux, tel qu'on le trouvait encore en 1853, au milieu de la forêt, dans le district de Medonte. La

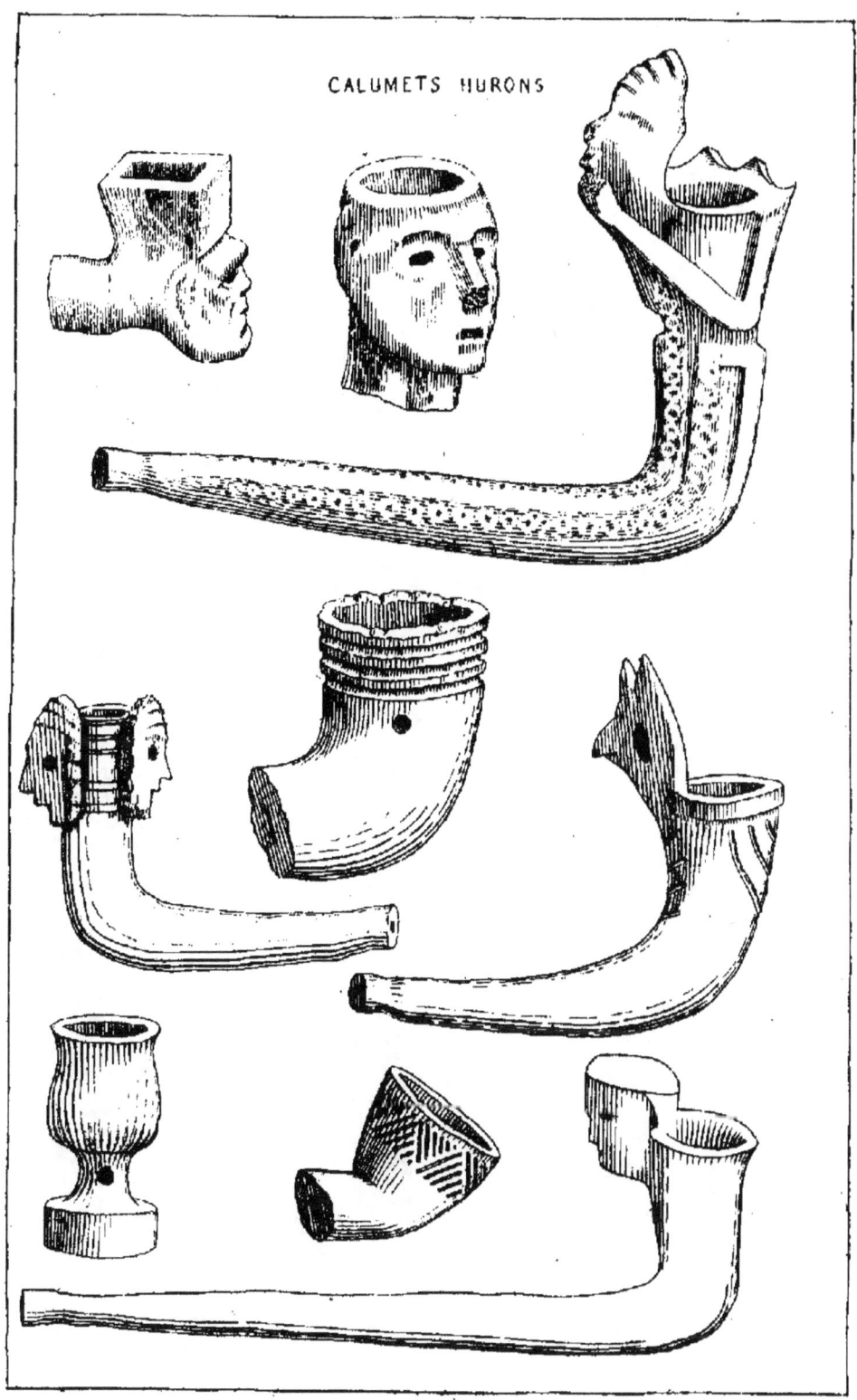

½ GRANDEUR

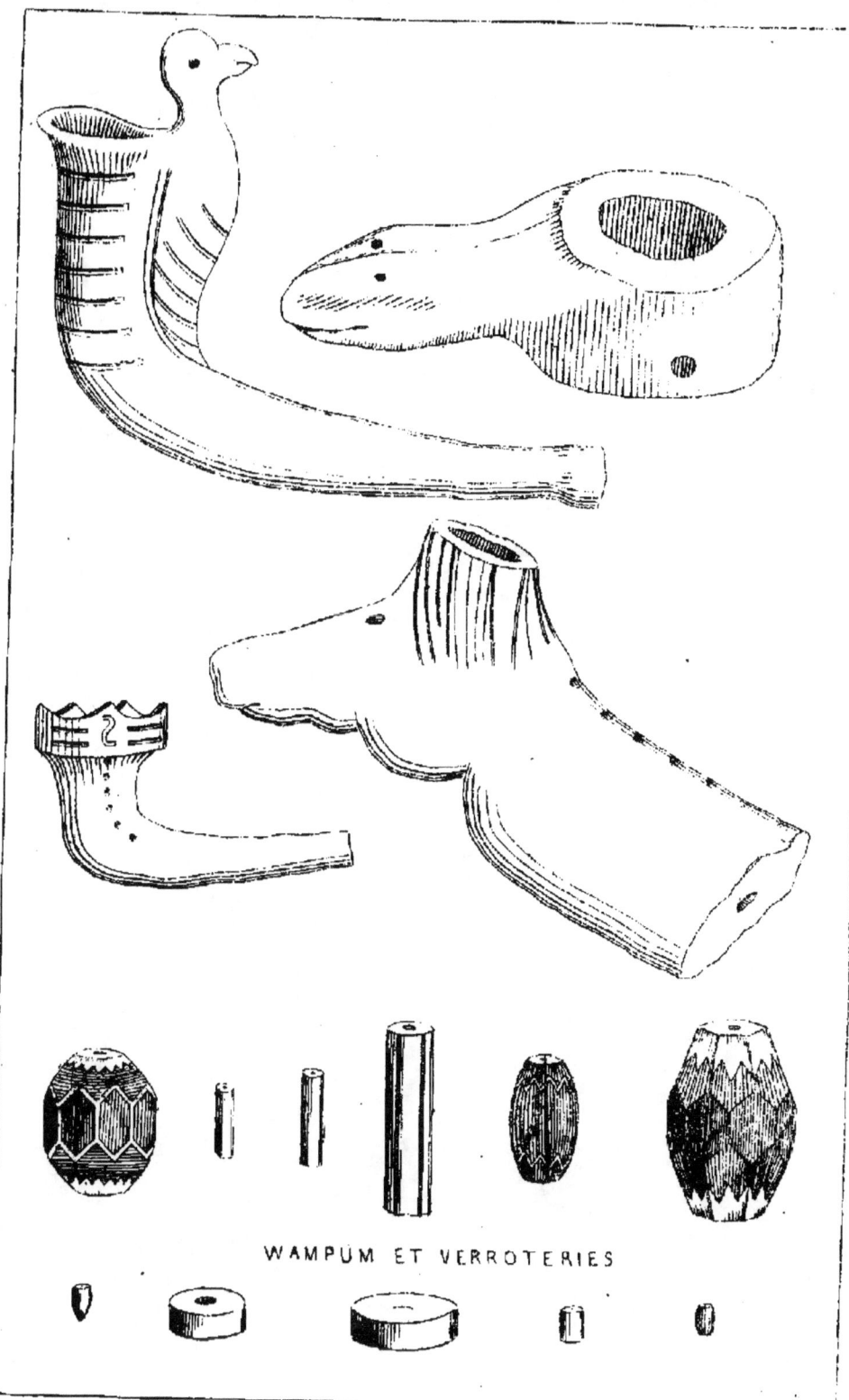

WAMPUM ET VERROTERIES

1/2 GRANDEUR

fosse, de cinq mètres de diamètre, laisse à découvert de nombreux ossements exposés aux injures de l'air et à la dent des bêtes fauves. La cupidité a enlevé les six chaudières qui s'y trouvaient avec des calumets et des fragments de colliers de toute forme et de toute dimension (1).

Note C, *page* 74.

Le nom de Sillery rappelle un des plus curieux et des plus glorieux souvenirs de l'Église du Canada.

Le commandeur Noël-Michel Bruslard de Sillery, ancien ambassadeur de France à Madrid et à Rome, entra dans l'état ecclésiastique à un âge avancé et se livra à tous les genres de bonnes œuvres. Voulant participer aux pénibles travaux qu'imposait la conversion des Sauvages du Canada aux ouvriers de l'Évangile, il fonda, en 1637, près de Québec, au lieu qui a conservé son nom, une Mission pour les néophytes algonquins et montagnais, et lui donna le nom de Saint-Joseph, patron de la Nouvelle-France et le sien.

Le commandeur de Sillery ne résida jamais en Canada, comme nous l'avons dit par erreur; il était seulement membre de la Compagnie des cent associés et trop âgé pour entreprendre un long voyage. Il était mort, le 26 septembre 1640, avant d'avoir pu

---

(1) Extrait du *Voyage d'exploration dans le pays des Hurons,* par le R. P. F. Martin, S. J.

achever son œuvre ; mais ses proches parents et le garde des sceaux, de Marillac, tinrent à honneur de la compléter. L'humble chapelle construite dès les premiers jours d'installation fut donc rebâtie en 1647, dans de plus grandes proportions. On y réintégra la plaque en cuivre que le pieux fondateur avait fait graver et exposer dans la première chapelle, pour rappeler la fondation à perpétuité d'une messe votive à la très-sainte Vierge « pour la conversion des Sau-
» vages et pour ceux qui s'emploient à leur instruc-
» tion ».

La copie de cet acte et les autres pièces qui concernent l'établissement de cette Mission ont heureusement échappé à la dispersion des archives du collége de Québec, en 1800. Le R. P. F. Martin les a reproduits dans l'Appendice à la *Relation* du P. Bressani, qu'il a publiée en 1852.

On conserve aussi dans son intégrité le registre des actes de baptême et de mariage des Sauvages de cette mission.

On y voit figurer les noms des principaux missionnaires du Canada qui ont eu soin de cette Réduction ou qui s'y préparaient à leur périlleux apostolat. Ce sont les PP. Masse, de Brébeuf, Le Jeune, Gabriel Lalemant, Bressani, Buteux, Chaumonot, Marquette, Gravier, etc.

Cette Mission de Sillery où l'on vit fleurir, nous disent les *Relations* du Canada, d'héroïques exemples de vertus qui faisaient l'admiration des missionnaires eux-mêmes, n'eut que soixante et quelques années d'existence. Les maladies, l'épuisement des terres par le blé d'Inde et l'éloignement des bois forcèrent les Sauvages à se disperser. Les traces de leur séjour en ce lieu se sont peu à peu effacées, et elles ont disparu entièrement lorsque le commerce et l'industrie, toujours croissants, ont envahi ce rivage et l'ont couvert de leurs vastes établissements.

Des âmes généreuses qu'animait un sentiment patriotique autant que religieux ont voulu réveiller des souvenirs si précieux, qui ne vivaient plus que dans l'histoire, et les perpétuer par un monument capable de braver les siècles et de servir d'enseignement aux générations futures.

On savait, par les *Relations* des Missions du Canada, que l'un des premiers missionnaires de ces contrées, le P. Énemond Masse, était mort à Sillery, en 1640, à l'âge de soixante-douze ans, et qu'il avait été enseveli au milieu de ses néophytes dans la chapelle Saint-Michel dont il était alors chargé. Ces données et les traditions sur la position du pieux sanctuaire ont guidé dans leurs fouilles des hommes intelligents et dévoués et ils ont eu le bonheur, en 1869, de voir leurs efforts couronnés de succès. Ils ont retrouvé les précieux restes du serviteur de Dieu.

Les cœurs chrétiens se sont émus et, avec un zèle et une générosité dignes d'éloges, ils ont voulu donner à l'illustre missionnaire une honorable sépulture et profiter de l'occasion pour consacrer par un monument la mémoire des faits qui s'étaient passés dans ce lieu.

Ce pieux projet reçut bientôt son exécution. Un socle élevé en pierres de taille, orné sur ses quatre faces de panneaux en marbre blanc qui portent des inscriptions commémoratives, sert de base à une pyramide tronquée que surmonte une croix en marbre. C'est simple et élégant.

MONUMENT DU P. MASSE
à Sillery, près de Québec.

Le 26 juin 1870, ce monument fut inauguré par les bénédictions de l'Église, au milieu d'un immense concours de fidèles qui se réjouissaient de voir revivre, après tant d'années, de si consolants souvenirs.

Note D, *pages* 95 *et* 113.

Deux forts français dans le pays des Hurons.

Après plusieurs essais de résidences au milieu des villages hurons, les missionnaires jugèrent, en 1639, qu'il serait plus favorable à leur œuvre de modifier leur position. Ils crurent qu'il valait mieux n'avoir qu'une seule résidence isolée des villages sauvages et complétement indépendante. Ils se mettaient ainsi à l'abri des importunités des Sauvages; ils pouvaient plus facilement se concerter; ils trouvaient la vie paisible de communauté, un asile en cas de maladie, et enfin une tranquille solitude pour vaquer aux exercices de la retraite annuelle.

Dans l'isolement où ils allaient se trouver, les missionnaires avaient besoin de prendre des sûretés contre les incursions si fréquentes des Iroquois. Ce plan, soumis au cardinal de Richelieu, avait reçu sa haute approbation. La construction d'un fort fut décidée, et le Cardinal accorda une subvention de trente mille livres pour ce travail et pour l'entretien de quelques soldats.

Les missionnaires jetèrent les yeux sur un terrain inoccupé dans la tribu des Attaronchronons. Il était situé sur la rive droite d'une petite rivière, aujourd'hui nommée rivière Wye, et qui prit alors le nom de Sainte-Marie ainsi que la nouvelle résidence, située à quatre kilomètres du village le plus rapproché.

La latitude de ce poste est 44° 25' et sa longitude 82° 11'. C'était bien le centre du pays, et de là dans toutes les directions les communications étaient faciles.

Le plan de l'établissement fut bientôt fixé. Une ceinture de pieux élevés, enfermant un enclos quadrangulaire, forma une première barrière. Dans cette enceinte se trouvaient quelques champs pour la culture, un cimetière pour les chrétiens, et deux grandes cabanes, l'une destinée à servir d'hôpital pour les Sauvages malades, et l'autre d'hôtellerie pour les Sauvages voyageurs qui y étaient hébergés pendant quatre jours.

La construction principale, à laquelle on mit immédiatement la main, fut un fort régulier flanqué de bastions, dont les ruines, après plus de deux cents ans, existent encore et forment la plus grande curiosité de la contrée. En cas d'attaque, il pouvait offrir une retraite assurée où la résistance était facile.

Ce fort était assez grand pour contenir la chapelle et la maison des missionnaires, où logeaient quelques Français attachés, les uns à leur service, les autres à la Société des Marchands.

Au moment de cette fondation, la résidence comptait treize missionnaires et dix-sept Français. En 1640, elle avait, de plus, vingt-deux soldats pour en imposer aux ennemis des Hurons.

Cette œuvre prospéra pendant plusieurs années. Les Sauvages y venaient en grand nombre, soit par curiosité, soit pour recevoir quelques remèdes, et plus souvent encore pour achever de se faire instruire ou pour assister aux grandes fêtes de la religion qui se célébraient là avec toute la pompe possible. Nous voyons qu'en 1647, le nombre de ces voyageurs qu'il fallut héberger monta à trois mille. Un peu de blé d'Inde écrasé sous la pierre et bouilli avec quelques poissons fumés suffisait pour leur nourriture.

Cependant, ces beaux jours n'eurent qu'une courte durée ; car bientôt la lutte devint plus acharnée entre les Hurons et les Iroquois, lorsque ceux-ci, animés de la rage de la destruction, eurent résolu d'envahir le pays des Hurons et d'anéantir, s'ils le pouvaient, jusqu'au dernier de ses habitants.

L'année 1648 fut mémorable par ses désastres. L'ennemi ayant surpris le grand village de Teanaustayae, en massacra presque tous les habitants. Il marcha sur Saint-Ignace, à huit kilomètres du fort Sainte-Marie, et le saccagea. Une partie des Hurons s'étaient enfuits au village voisin de Saint-Louis, où ils essayèrent en vain de résister.

Le poste de Sainte-Marie était ainsi à découvert. Il était encombré par les fuyards et par des troupes nombreuses de femmes et d'enfants, et courait les plus grands dangers. Les vainqueurs, enivrés de leurs triomphes, songèrent à l'attaquer pour profiter de la panique qu'ils avaient répandue. A leurs yeux cette victoire paraissait plus glorieuse que toutes les autres. Ils allaient se mesurer avec les Français.

Tous les préparatifs étaient faits pour les recevoir. Mais la terreur et la confusion qui régnait parmi les réfugiés rendaient l'ordre et l'activité bien difficiles pour la défense.

Plus confiants dans le secours du ciel que dans la valeur des guerriers, les missionnaires eurent recours à la prière et commencèrent une neuvaine en l'honneur de saint Joseph dont on allait célébrer la fête. Leur confiance ne fut pas vaine.

Le 11 mars, au moment où les Iroquois s'avançaient contre le fort Sainte-Marie, ils furent saisis tout à coup d'une terreur panique sans qu'on en ait pu découvrir le motif, et ils s'enfuirent en toute hâte au village Saint-Ignace où ils immolèrent leurs prisonniers.

Dans l'appréhension du retour prochain des Iroquois, les Hurons voulaient fuir plus loin, et se retirer dans une petite île, à trente ou trente-cinq kilomètres de là, dans le lac Huron. Les missionnaires ne voulaient pas les abandonner et promirent de les suivre avec les autres Français. C'est dans cette circonstance critique qu'ils se décidèrent à réduire en cendres tous les édifices.

Depuis cette époque, le pays des Hurons était resté désert. Ils avaient tous fui et ils ne sont jamais rentrés dans leur patrie. Ce n'est que dans ce siècle que quelques émigrants européens ont commencé à s'établir dans ces solitudes, pour les défricher. Les scènes qui s'y étaient passées, il y a deux siècles, leur étaient complétement inconnues, et cependant il possédait des monuments, témoins curieux de son passé, tels que les restes des deux forts français, dont l'origine et la construction étaient consignées dans les *Relations* des Missionnaires.

Le premier était facile à retrouver en suivant ces indications claires et précises. En 1859, le gouvernement canadien nous donna la mission d'aller en reconnaître les ruines et d'en relever les plans. Les murs, qui s'élèvent encore à un mètre et demi au-dessus du sol, sont à trente mètres des bords de la rivière Wye. Ils sont en bonne maçonnerie. Ce travail offrait d'autant plus de difficultés qu'il n'y a pas de pierres dans les environs et qu'il a fallu les transporter de très-loin.

Le fort a la forme d'un parallélogramme allongé, muni de bastions à ses angles. Les deux courtines de l'ouest et du sud ne conservent aucune trace de construction. Plusieurs tranchées ouvertes nous ont même convaincu qu'il n'y a eu là aucune fondation solide. De fortes palissades en pieux devaient sans doute former ces courtines, et elles suffisaient à la défense des côtés où il y avait le moins à craindre. La courtine de l'est a au milieu de sa longueur une interruption irrégulière.

Les fossés qui protégeaient l'enceinte sont encore très-visibles aujourd'hui, à l'ouest et au sud du fort, et si l'on ne peut pas apprécier leur profondeur primitive, il est très-facile de constater leur direction. Celui qui règne au sud, au pied des bastions, est

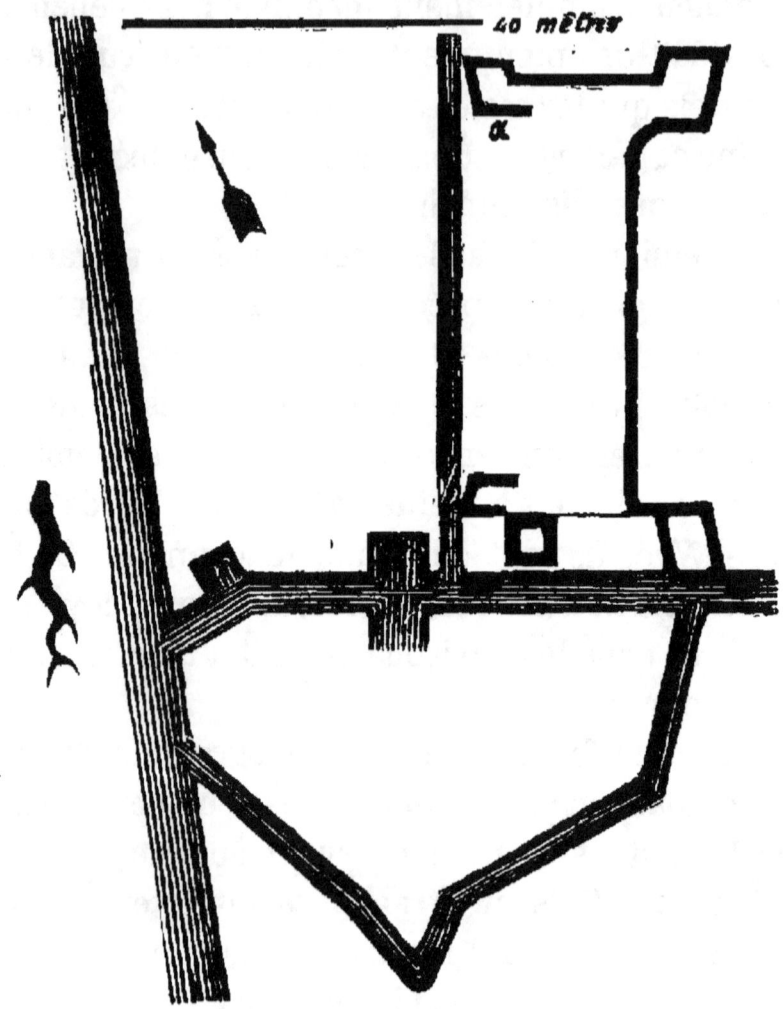

FORT SAINTE-MARIE
Sur la rivière Wye.

beaucoup plus large que les autres. Il se prolonge jusqu'à la rivière, et a dû être assez profond pour recevoir ses eaux. Il devait non-seulement protéger le fort, mais aussi servir de port et d'abri aux légers canots des Hurons voyageurs. On voit encore en trois endroits, *c c c,* qu'il s'élargissait en forme de bassin carré où les barques pouvaient se loger et où le débarquement était plus facile.

La forme et la dimension des bastions du sud offrent une variété et des anomalies dont il est difficile aujourd'hui de se rendre compte. Ainsi, près du bastion *b* qui est plus petit que les autres, on voit les fondations d'une construction carrée dont les murs sont très-épais. On les prendrait volontiers pour la base d'une tour du haut de laquelle on pouvait voir au loin et surveiller les approches.

En faisant faire des fouilles à l'intérieur du bastion *a,* nous avons trouvé, à soixante-dix centimètres environ de profondeur, les restes d'un plancher brûlé, de grands clous en fer, des ossements de castors et un morceau de cuivre informe qui devait provenir d'un ustensile de ménage.

Au sud du fort et le long du large fossé que nous avons décrit, on voit un assez vaste terrain protégé du côté de la campagne par une espèce de redan, qui avait son fossé communiquant avec la rivière, et son parapet en terre, dont on peut suivre encore les lignes. C'était sans doute dans ce lieu que les voyageurs venaient dresser leur tente pendant leur visite à Sainte-Marie.

Les missionnaires, en détruisant ce fort par les flammes, ne songeaient qu'à suivre leurs néophytes dans l'île qu'ils avaient choisie pour retraite.

Au nord-ouest de Sainte-Marie et à une petite distance du rivage huron, on aperçoit un groupe de trois îles que les Anglais ont nommées la Foi, l'Espérance et la Charité. La dernière est la plus vaste ; elle a huit kilomètres de large sur douze environ dans sa plus grande longueur.

C'est dans cette île que les Hurons espéraient trouver un lieu de sûreté. Son nom sauvage était Ahoendoe. Les missionnaires lui donnèrent celui de Saint-Joseph. Elle était fréquentée depuis longtemps par les Hurons, à cause des ressources qu'elle leur offrait pour la chasse et la pêche; même, depuis un an, quelques familles avaient commencé à s'y fixer, et les missionnaires y avaient établi une petite Mission. Ce n'était donc pas pour eux une terre étrangère, et la vue, à l'horizon, du sol qu'avaient habité leurs pères, leur laissait toujours l'espérance de rentrer dans leur patrie.

Le jour de l'incendie de Sainte-Marie, on travaillait encore activement aux derniers préparatifs du transport de toute cette colonie. Un vaste radeau, formé de gros arbres de dix-sept et vingt mètres de long, avait reçu en dépôt tout ce qu'il y avait de provisions et de bagages et bon nombre de familles huronnes. Un grand bateau et plusieurs canots avec quarante Français et tout ce qui restait de Sauvages accompagnaient le radeau, pour franchir les quarante kilomètres qu'ils avaient à parcourir le long d'une côte très-accidentée, et sur les eaux du grand lac qui a plus de soixante mètres de profondeur dans ces parages. Le temps le plus propice favorisa ce périlleux trajet.

Les missionnaires avaient choisi pour la nouvelle colonie la côte sud de l'île, au fond d'une baie vaste et sûre.

Aussitôt débarqués, ils s'occupèrent à se mettre en état de défense en cas d'attaque. Ils élevèrent un fort en pierres, et placèrent en avant du campement des Sauvages un fossé avec son parapet pour les abriter. Les cabanes montaient à plus de cent.

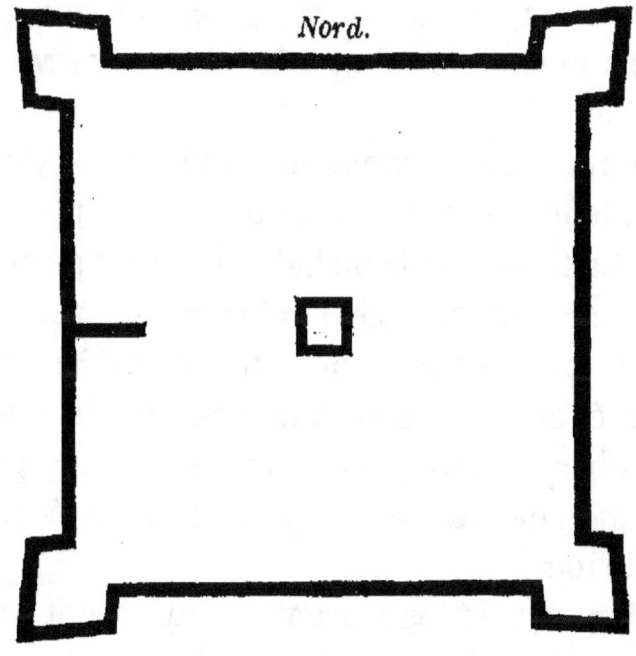

FORT SAINTE-MARIE
Dans l'île Saint-Joseph.

Ce nouveau fort reçut le nom de Sainte-Marie comme celui qu'il remplaçait. Il est moins grand, mais beaucoup plus régulier. La direction de ses lignes révèle dans ceux qui l'ont tracé des notions très-exactes de castramétation. Ses murs plus épais que ceux du premier s'élevaient primitivement à quatre mètres soixante centimètres. Ils ont encore aujourd'hui près de deux mètres.

Au centre existe, bien conservée, une citerne en maçonnerie, de trois mètres carrés et de près de deux mètres de profondeur. L'eau y séjourne toujours.

Les lignes du fossé qui devait entourer le fort ont presque entièrement disparu. Les arbres de la forêt ont tout envahi ; l'état marécageux des environs a contribué à niveler le sol et à faire disparaître toute trace de travaux.

On se ferait difficilement une idée de ce que les Hurons et leurs missionnaires eurent à endurer dans ce poste. La famine et la maladie en firent périr un si grand nombre, qu'en 1650 la plupart des survivants se décidèrent à s'éloigner de cette terre désolée. Les plus attachés aux Français demandèrent aux missionnaires à fuir avec eux pour se mettre sous la protection du canon de Québec. C'est ce qu'ils exécutèrent au mois de juin.

Cependant, quelques Hurons s'obstinèrent à rester encore dans l'île. Mais, deux ans après, une bande de guerriers iroquois vint les attaquer jusque dans cette retraite et les massacra impitoyablement. Nous sommes porté à croire que ce fut en même temps l'époque de la destruction du second fort Sainte-Marie.

Ses ruines ont été visitées pour la première fois en 1848, et quelques fouilles pratiquées dans le bastion du nord-ouest mirent au jour des objets curieux et très-significatifs :

1º Des colliers sauvages formés de fragments de coquillages de différentes dimensions, ou d'une pierre ollaire de couleur rougeâtre, taillés en forme de disques plats ;

2º Des anneaux en cuivre ;

3º Quelques ossements humains ;

4º Un moule à hostie. Cet instrument de sacristie, en parfait état de conservation et plus vénérable que curieux, a été acheté très-cher par un Anglais pour en enrichir un musée de Londres (1).

NOTE E, *page* 113.

Reliquaire de N.-D. de Chartres.

Les Hurons chrétiens, réfugiés dans la colonie, occupèrent successivement plusieurs stations :

1º L'île d'Orléans, près de Québec. Ce lieu, situé sur la côte sud-ouest, porte encore le nom d'Anse-du-Fort ;

2º Le village de Notre-Dame-de-Foye, aujourd'hui Sainte-Foi, à quatre kilomètres de la ville ;

3º Celui de Notre-Dame-de-Lorette, aujourd'hui Vieille-Lorette, à huit kilomètres de la ville ;

(1) Extrait du *Voyage d'exploration dans le pays des Hurons*, par le R. P. F. Martin, *S. J.*

4° Celui de la Jeune-Lorette, à quatre kilomètres plus loin, où l'on voit encore les restes de cette nation jadis si célèbre.

Cette colonie huronne, exclusivement composée de chrétiens, était dirigée par le P. Chaumonot, un de leurs missionnaires, qui les avait suivis dans leurs migrations. Ils étaient regardés avec raison comme une des belles conquêtes de la Foi. Leur constance et leur piété ne se démentirent jamais. Ils montrèrent surtout une tendre dévotion envers Marie. Leur premier village devait son nom à une statue de la Mère de Dieu, qui avait été envoyée de Belgique. Elle était formée du bois d'un chêne, au milieu duquel on avait trouvé une image de la sainte Vierge, qu'on honore aujourd'hui au village de Foye, près de Dinant, en Belgique.

Le nom du village de Notre-Dame-de-Lorette lui vient du célèbre pèlerinage d'Italie, où l'on vénère la pieuse maison de la sainte Vierge sous le nom de *Sancta Casa*. La chapelle des Sauvages avait été construite dans la même forme et les mêmes dimensions. Le P. Chaumonot avait recueilli lui-même ses proportions et avait dirigé les travaux. Le souvenir de cette origine et le désir de donner un témoignage de leur piété envers la Mère de Dieu, les porta à envoyer leur offrande à la chapelle d'Italie. Elle consistait en un collier formé de rassades de différentes couleurs. Il portait sur un fond noir ces paroles en lettres blanches : AVE MARIA. Le présent était accompagné d'une lettre en huron avec sa traduction.

On voit encore aujourd'hui l'un et l'autre dans le vénéré sanctuaire.

Le même sentiment de confiance et de piété filiale leur inspira de faire un don semblable à l'illustre pèlerinage de Notre-Dame de Chartres. On y vénérait une statue miraculeuse de la très-sainte Vierge qui remontait aux temps les plus anciens et qui recevait les hommages de la chrétienté entière. Ils préparèrent un collier en rassades et, pour qu'on ne pût pas se méprendre sur son origine ni sur sa destination, ils y tracèrent l'inscription : VIRGINI PARITURÆ VOTUM HURONUM. Ce collier a un mètre quarante-six centimètres de longueur sur sept centimètres de largeur. Les lettres en grains noirs sur un fond blanc ont quarante-cinq millimètres de hauteur. Une petite bordure en poil de porc-épic teint en rouge encadre le tout.

Ce présent, accompagné des lettres des missionnaires et d'une lettre des Hurons, fut reçu par les chanoines de Chartres avec une grande pompe, et porté en procession dans la chapelle souterraine, où on le voit encore aujourd'hui.

Pour perpétuer le souvenir de cet acte de piété envers la Mère de Dieu, et établir un lien étroit de prières et de bonnes œuvres entre l'illustre église de Chartres et cette mission lointaine de pauvres Hurons transformés par la religion, les chanoines voulurent leur témoigner leur reconnaissance par un monument digne de leur générosité et de leur foi.

Ils firent faire un beau reliquaire en argent du poids

de six marcs, dont nous donnons ici la figure. Il a la forme de la robe de la sainte Vierge, relique précieuse du riche trésor de Chartres. La même figure se voit aussi dans l'ancien sceau du chapitre.

Ce reliquaire consiste dans une boîte plate, ornée sur ses deux faces de deux gravures niellées. L'une représente le *Mystère de l'Annonciation*, d'après un tableau du Louvre. L'ange Gabriel, dans l'attitude d'un profond respect, tient à la main gauche un lis, symbole de la virginité de la Mère de Dieu ; de la droite, il montre l'Esprit-Saint qui va opérer le mystère.

Le sujet gravé sur la seconde face doit plus à l'imagination de l'artiste. S'il a su s'inspirer d'un symbolisme intelligent en plaçant l'image de la Vierge dans la grotte antique, et en lui mettant à la main le livre des traditions primitives si longtemps restées mystérieuses, et près d'elle ces eaux abondantes qui rappellent le puits druidique creusé, selon l'usage, près de l'autel des sacrifices, il a été moins heureux dans l'image de la sainte Vierge, dont le style et la pose forment un contre-sens historique.

Il est permis de regretter que l'artiste n'ait pas cherché à reproduire la statue miraculeuse qui faisait la richesse et la réputation de ce célèbre pèlerinage. On aurait vu l'Enfant-Jésus bénissant de sa droite les dévots serviteurs de sa Mère, et de l'autre tenant le globe de la terre en signe de sa toute-puissance.

Sur le verso de la plaque, qui sert de couvercle au reliquaire, on lit une inscription latine, qui nous donne

(½ grandeur)

RELIQUAIRE

donné par le Chap. de Chartres à la mission de Lorette
en Canada.

les noms des donateurs, celui de l'artiste et l'époque du monument :

JUSSU VENERANDORUM D. D.
CAP. INSIGN. ECCL.
CARN. THOMAS MAHON CARNOTENS.
ELABORAVIT ANNO M.D.CLXXIX.

(Ce travail a été fait par Thomas Mahon, de Chartres, sur l'ordre des vénérables chanoines de l'insigne église de Chartres, l'an 1679.)

ERRATA

Page 60, ligne 27 : lisez *Ragueneau* au lieu de *Raguenaud*.

Page 87, ligne 15 : Le castor a été indiqué par inadvertance comme se chassant dans les forêts ; il ne se prend que dans les rivières.

Page 104, ligne 6 : lisez *leur autorité respective* au lieu de *mutuelle*.

Page 128 : Ahasistari n'était pas un guerrier *iroquois*, mais un *huron*. On peut citer parmi les chefs iroquois qui se convertirent Saonchiogoüa, Oureouharé, Garakontié, le Grand-Agnier, qui mourut en combattant dans les rangs des Français, et bien d'autres.

Page 156, lisez : *Voir la note* E au lieu de la *note B*.

Page 176, à la note *État présent de l'Église*, ajoutez : *du Canada*.

Page 179, ligne 13 : lisez *survivants* au lieu de *survivant*.

Page 180, ligne 3 : lisez le P. *Silvy* au lieu de *Sylvie*.

TABLE DES MATIÈRES

		Pages.
Avant-Propos..		VII
I.	Découverte du Canada. — Jean Vérazzani (1523). — Jacques Cartier (1534).......................	1
II.	Sauvages de la Nouvelle-France................	11
III.	Expédition de Roberval. — Mort de Jacques Cartier. — Essais malheureux du marquis de La Roche. — Premiers voyages de Champlain. — De Monts en Acadie. — Destruction de Port-Royal..	27
IV.	Samuel de Champlain (1608-1635)...............	41
V.	Le chevalier de Montmagny (1636-1647). — Travaux des missionnaires. — Mort du P. de Noüe et du P. Jogues..	73
VI.	M. d'Ailleboust (1647-1651). — Massacre des missionnaires. — M. Jean de Lauzon (1651-1657). — Mgr de Laval. — Le vicomte d'Argenson. — Le baron du Bois d'Avaugour (1658-1663)........	105

		Pages.
VII.	Gouvernement royal (1663). — M. de Mézy. — Le marquis de Tracy (1665-1666). — M. de Courcelles (1665-1672).............................	143
VIII.	Le comte de Frontenac (1672-1682). — M. de La Barre (1682-1685). — Le marquis de Denonville (1685-1689).............................	167
IX.	Le comte de Frontenac (1689-1698). — Hauts faits de Le Moine, chevalier d'Iberville............	187
X.	Le chevalier de Callière (1699-1703). — Le marquis de Vaudreuil (1703-1726)................	203
XI.	Le chevalier de Beauharnais (1726-1746). — M. de La Jonquière (1746). — M. de La Galissonnière (1747). — M. de La Jonquière (1748-1752). — Le marquis Duquesne de Menneville (1752-1755). — Le marquis de Vaudreuil (1755-1759). — Le marquis de Montcalm................	221
XII.	Mort de Wolfe et de Montcalm. — Conquête du Canada. — Condamnation de Bigot et de ses complices.................................	237
XIII.	Domination anglaise : Le général Murray (1760-1764). — Guy Carleton (1764-1778). — Insurrection et indépendance des colonies anglaises. — Le général Haldiman (1778-1780). — Lord Dorchester (1780-1796). — Le général Prescott (1796-1799). — Sir Robert Milnes (1799-1807). — Sir James Graig (1807-1811). — Le général sir Georges Prévost (1811-1815)................	255
XIV.	Le chevalier Scherbrook (1816-1818). — Le duc de Richemond (1818-1820). — Le comte de Dalhousie (1820-1828). — Sir James Kempt (1828-1830). — Lord Aylmer (1831-1835). — Lord Gosford (1835-1838). — Sir John Colborne; lord Durham (1838-1839)....................	289

		Pages.
XV.	Lord Sydenham (1839-1842). — Sir Charles Bagot (1842-1843). — Lord Metcalfe (1843-1845). — Lord Catchard (1845-1847). — Lord Elgin (1847-1854). — Sir Edmond Head (1854-1861). — Lord Monck (1861-1866)	309
XVI.	COMPLÉMENTAIRE :	
	§ I. Géographie du Canada	321
	§ II. Climat; Productions	331
	§ III. Zoologie	333
	§ IV. Géologie et Minéralogie	336
	§ V. Agriculture; Commerce; Industrie	337
	§ VI. Population; Religion; Éducation	338
	§ VII. Gouvernement; Pouvoir législatif et judiciaire	340
APPENDICE :		
	Note A, pages 10 et 209.—Esurguy, porcelaine, wampum, etc.	343
	— B, page 22. — Tombeaux hurons	345
	— C, page 74. — Sillery	353
	— D, pages 95 et 113. — Forts hurons	356
	— E, page 113. — Lorette	367

---

844. — Poitiers. Imprimerie générale de l'Ouest : A. BUÉ.

Poitiers. — Imprimerie générale de l'Ouest.